起業の天才！

江副浩正　8兆円企業リクルートをつくった男

大西康之
Onishi Yasuyuki

東洋経済新報社

はじめに　江副浩正は「服を着たゾウ」――瀧本哲史氏インタビュー

かつて日本には、江副浩正《えぞえひろまさ》という「起業の天才」がいた。

彼が立ち上げたリクルートは、今や株式時価総額が7兆円を超え、国内10位。総合情報産業の会社として屈指の存在となった。

だが彼の名は「起業の天才」ではなく、戦後最大の企業犯罪「リクルート事件の主犯」として人々に記憶された。

そんな彼を高く評価していた人物がいた。京都大学で教鞭をとる一方で、ベンチャーに挑む若者を育てるエンジェル投資家として活躍し、『僕は君たちに武器を配りたい』『ミライの授業』などの著書で知られる瀧本哲史氏だ。

私は、この本を書くため、2018年5月9日、瀧本氏をインタビューした。江副氏とはいかなる人物だったのか――本編を始める前に、その本質を的確にとらえた瀧本氏の言葉をそのまま伝えることにしたい。

翌2019年8月10日、瀧本氏は47歳の若さでこの世を去った。この国の未来を切り拓こうとした氏のご冥福をお祈りするとともに、こころから哀悼の意を表する。

星新一のショートショートに『服を着たゾウ』という作品があります。

ある日、ひとりの男が動物園のゾウに催眠術をかける。

「おまえはゾウではない。人間なのだ。人間の心を持ち、人間として考え、人間の言葉が話せる」

催眠術にかかったゾウは檻の鍵を開け街に出ます。洋服屋で背広を仕立て、芸能プロダクションへ行ってタレントになり、子供たちの人気者になります。やがて遊園地や、お菓子の会社、オモチャの会社の経営者としても大成功する。人に成功の秘訣を聞かれるとゾウはこう言います。

「わたしの心の奥に、おまえは人間だ、という声がひそんでいるのです。しかし、人間とはなにか、わたしにはよくわからなかった。そこで、本を読んで勉強をしたのです。人間とはどういうものか、人間ならなにをすべきか、などについてです。つねに学び、考え、その通りにやってきただけです。わたしが世の役に立っているとすれば、このためかもしれません。あなたがた、自分が人間であると考えたことがおありですか」（星新一『服を着たゾウ』より）

江副浩正という人は、この物語に出てくるゾウにそっくりな人でした。

大学を出てすぐに自分の会社をつくった江副さんは、ゾウが「人間とはなにか」が分からなかったのと同じで、「経営者とはなにか」がよく分からなかった。「自分は経営が分かっていない」という欠乏感の塊でした。経営者とはなにか、経営者ならなにをすべきかを経営学者のピーター・ドラッカーの本から懸命に学び、純粋にそれを実行したのです。

それゆえ、リクルートは「ファクトとロジック」「財務諸表と経営戦略」の会社になりました。人の情緒に訴える「カリスマ経営」の対極に位置する、日本では珍しいタイプの会社です。「世界の情報をすべて整理する」という社是を掲げたアメリカのグーグルも、ロジックの会社です。その意味で、リクルートとグーグルは同じタイプと言えるかもしれません。

「服を着たゾウ」が「人間とはなにか」を考えながら成長したように、江副さんも会社に危機が訪れるたびに「経営者とはなにか」を自問して成長しました。

最初の危機は求人情報誌を軌道に乗せたばかりのころのことでした。当時のリクルートの十数倍の規模を持つ出版社のダイヤモンド社が同じ求人情報誌を立ち上げたのです。2度目の危機は読売新聞が『読売住宅案内』を創刊して攻めてきたときです。

そんなとき江副さんは年齢や性別にかかわらず「誰でもいいから結果を出せる人」を登用しました。小さな会社のリクルートは結果が出なければ、死んでしまうからです。適材適所の人材起用によって「料金を値下げする」という安直な方法ではなく「『週刊住宅情報』(「SUUMO」の前身)のラックをコンビニエンスストアに並べる」という斬新なアイデアが生まれ、リクルートは大きく飛躍しました。

江副さんの経営は常に目的合理的で「資本主義そのもの」でした。江副さんを筆頭に東大で心理学を学んだ人たちが作ったリクルートは、極めて科学的な会社であり、その後の日本のベンチャー企業の原型になりました。にもかかわらず、「リクルート事件」があったため、経営者としての江副さんの革新性は世の中にあまり知られていません。今では、リクルートの若手社員も、江副さんがどんな人物だったか知りません。

江副さんは、多少いかがわしい部分もありますが、非常に多面的な人でした。マイクロソフトのビル・ゲイツや、アップルのスティーブ・ジョブズも人物としては、かなりいかがわしい。そもそも起業家とは、いかがわしいものですから、江副さんが特別というわけではありません。

江副さんの経営には「顕教」と「密教」がありました。顕教が「来《きた》るべき情報化社会の先頭に立つ」という超理想主義だとすれば、その情報を利用した株の空《から》売りで「こすっからく儲ける」部分が密教です。その多面性こそが、江副浩正という人の特徴でした。

その江副さんが「リクルート事件」を起こしてしまったのは、当時の日本に洗練された投資家がいなかったからです。起業家はたいていの場合、最初は誰もが「暴れ馬」です。暴れ馬をちゃんとした競走馬に育てるには、優れた調教師が欠かせません。レースで勝つには騎手の力も必要です。アメリカで調教師や騎手の役目を果たしているのがエンジェル投資家です。

エンジェル投資家は狂気に駆られた若者を御するため、グレイヘア（白髪の老人、成熟した大人）と呼ばれるシニアの経営者を取締役として送り込んだり、自分たちが経営に関与したりします。アップルのジョブズには創業期からマイク・マークラという経験豊富な投資家が付いていたし、グーグルの創業者であるセルゲイ・ブリンとラリー・ペイジにはサン・マイクロシステムズやノベルで経営者として経験を積んだエリック・シュミットが付いていた。

しかし残念ながら江副さんには助言者がいなかった。「情報が人間を熱くする」というスローガンを掲げた江副さんはデータセンターを作ってクラウド・コンピューティングをやろうとしていた。いささか早すぎた感はありますが、先見の明はあったのです。

そんな江副さんがダークサイドに堕《お》ちてしまったのは、彼を乗りこなす騎手、つまりまともなエンジェル投資家が日本にいなかったからです。その状況は今も変わっていません。

リクルートが他のベンチャーと異なるのは、江副さんという強烈なキャラクターの創業者が去った後も、会社として成長し続けたところです。理論が好きな江副さんは、創業メンバーと一緒に、会社が成長し続ける「仕組み」を作りました。リクルートの社員は、江副浩正というカリスマではなく、江副さんが構築した思想体系を信奉していたから、江副さんがいなくなってもブレずに目的合理的な資本主義を貫くことができたのです。

リクルートという最高のロールモデルがありながら、日本にはリクルートに続く会社が出てこない。いくつかは生まれていますが、成長のスピードが遅いし、スケールも小さい。日本の企業社会はいまだに、武士の名残で組織に忠誠を尽くす同調性の強いサラリーマンで構成されており、江副さんのような純粋な資本主義者は「異端」として排除されてしまいます。

大企業で粉飾決算などの不祥事が絶えない今、江副さんが生きていたら、保身に汲々とする日本の経営者にこう尋ねることでしょう。

「経営者とはどういうものか、経営者ならなにをすべきか。わたしはつねに学び、考え、そのとおりにやってきました。あなたがた、自分が経営者であると考えたことがおありですか」

序章　ふたりの天才

「この仕事は、企画書を書いた君にやってもらうよ」

有馬誠《ありままこと》がリクルートに入社したのは、１９８７年（昭和62年）８月１日、30歳のときだった。京都大学工学部を卒業後、名門企業の「倉敷紡績（クラボウ）」に入社し、同社のコンピューター事業に携わっていたところを、リクルートにヘッドハントされたのだ。有馬はその後、孫正義《そんまさよし》のもとでヤフーの立ち上げに関わり、グーグル日本法人のトップを務め、ネット情報産業を支える収益構造を築いた。のちに「日本のインターネット広告の父」と呼ばれるようになるのだから、この転職は天職と出会う、神の配剤だったのかもしれない。

銀座の本社ビルに初めて出社すると、朝、いきなり上司にどさりと分厚い資料を渡された。

「これからこの会社と提携の交渉をするから、お盆休みの間にこれを読んで、レポートをまとめてきてください」

それは「Fitel（ファイテル）」という名前のベンチャー企業の英語の資料だった。

創業者はコロンビア大学教授のグラシエラ・チチルニスキー。アルゼンチン生まれのロシア系ユダヤ人女性で経済学と数学の専門家だ。

チチルニスキーは、のちに「カーボン・クレジット（地球温暖化ガスの排出権取引制度）」の提唱者として世界的に有名になる。学究のかたわらでベンチャー企業を何社も立ち上げるやり手だった。

実家にファイテルの資料を持ち帰って読み始めた有馬は、その斬新な発想に驚いた。

このころ、証券の世界でもグローバル化が始まり、ニューヨーク―ロンドン、ロンドン―東京などで株の国際取引が本格化していた。しかしインターネットのなかったこの時代、売買に伴う情報のやり取りは電話、テレックス（電報）、ファックスで行われた。株の売買ではまず売り手と買い手が売買の約束、いわゆる約定を交わし、数日後に互いの口座で決済する。ところが電話やファックスでやり取りしていると、約定を交わしたのに約束の決済日に払い込みがない、払い込んだのに株が届かないといったトラブルが後を絶たない。確認の手段がなく、証拠も残らないから「言った」「言わない」の水掛け論になる。スムーズに決済を完了できるのは全体の半分程度という有様だった。

「イクイネット」と名付けたファイテルのシステムは、同社のホストコンピューターを介して投資家、証券会社、銀行の三者間を結び、2国間にまたがる証券取引データを一元的に処理した。たとえば日本の機関投資家が米国の証券を売買する際、取引にかかわる国内証券会社、現地証券ブローカー、ブローカーの指定銀行、証券会社の指定銀行間の取引及び決済データをコンピューターで一括処理する、画期的なものだ。

約定から決済までの手続きがオンライン化されるので、いちいち書類を書かなくてもすべての取引が「ファイテル・ナンバー331」「ファイテル・ナンバー567」といった具合に記録される。書類がなくなったり「言った」「言わない」で揉めたりすることもない。

1985年設立でロンドンに本社を置くファイテルは、米国のソロモン・ブラザーズやメリルリンチなどの国際金融機関、約30社を顧客に持ち、世界の国際間決済の約10%を処理していた。

（こんなコンピューターの使い方があるのか）

有馬はいちいち感心しながら資料を日本語に直し、システムの要点を報告書にまとめた。

夏休みが終わり、報告書を携えて出社すると、担当役員に呼ばれた。

「報告書はできているね。これから江副さんにファイテルの説明をしてもらうから」

「江副さん」とは江副浩正、リクルートを1960年に起業した創業社長だ。この会社では、社長のことを社長と呼ばない。「さん」付けか、ニックネームの「エゾリン」。

「え、僕がやるんですか？」

「報告書を書いたのは君だろ」

（入社間もない平社員が社長にプレゼンするのか）

部下に資料をまとめさせて上司が発表するのが日本の大企業の常識であり、平社員が社長に直接説明するなどという話は聞いたことがない。ドキドキしながら社長室に入ると、江副は事前に渡された報告書を貪《むさぼ》るように読んでいた。

「これ書いたの、だれ？　こんな報告書が書ける人間、うちにはいないだろ」

明らかに興奮している。

「今月、中途で入社した有馬くんです。彼にまとめてもらいました」

役員に背中を押され、有馬が一歩前に出た。

「そうか、君が書いたのか。素晴らしい。この会社、大川さんも狙ってるらしいけど、絶対にウチが取るから。この仕事は君にやってもらうよ」

大川とは、ベンチャーからコンピューター・システム構築の大手にのし上がったCSKの創業者、大川功《おおかわいさお》である。1980年、情報サービス産業のベンチャーとして初めてCSKを上場させ、「ベンチャーの父」と呼ばれることもある大川に、江副は密かなライバル心を燃やしていた。

有馬は、中途入社でおまけに30歳とまだ若い自分に、こんな大きな買収案件を任せる江副の思い切りの良さに驚いた。8年間、倉敷紡績でずっとコンピューターをいじってきた自分はたしかに適任かもしれないが、江副に会ったのは、もちろん、この日が初めてだ。

大きな鼻と愛嬌のある目をしたアメリカ人

一方のファイテルは、国際株取引のオンライン化を世界に広げようと、東京進出を急いでいた。日経平均は1万5000円を超え、うなぎのぼりが続いている。東京はニューヨーク、ロンドンと肩を並べる巨大市場に成長しつつあった。東京に事務所を開いたファイテルは、パートナーとなる日本企業を探していた。

ファイテルの東京オフィスは、前の年に森ビルが赤坂に完成させたアークヒルズの中核に聳《そび》え立つ白亜の高層ビル、アーク森ビルにあった。まわりにホテル、集合住宅、コンサートホールを従えた37階建てのビルは高度な情報化に対応するインフラを備えインテリジェント・ビルと呼ばれた。「バブル日本」の象徴である。ジャパンマネーに吸い寄せられた外資系証券会社などが競ってオフィスを構えた。彼らを顧客とするファイテルも背伸びをしてここに拠点を置いた。

有馬のカウンターパートになった男は、入社して間もないがプログラム開発とカスタマー・サービスの責任者だった。毎週のようにロンドンとニューヨークを往復し、その合間を縫って東京にやってくる。米国人にしては小柄な身長172センチ。大きな鼻と少し垂れた愛嬌のある目をしており、時折、突拍子もなく甲高い笑い声を立ててまわりを驚かせた。

名をジェフ・ベゾスという。

7年後にアマゾン・ドット・コムを立ち上げ、やがて世界最大の資産家になる男は、こんなところで社会人としての第一歩を踏み出していた。

ベゾスは名門プリンストン大学で電気工学と計算機科学を専攻し、米国の成績評価であるGPAで4・2ポイント（通常は4・0ポイントが最高値）という極めて優秀な成績で卒業した。コンサル大手のアーサー・アンダーセン（現・アクセンチュア）、インテル、通信大手AT&Tなど錚々《そうそう》たる企業から就職の誘いがあったが、ベゾスが選んだのは、無名のベンチャー企業、ファイテルだった。1994年にアマゾン・ドット・コムを立ち上げるまでのベゾスの足跡をたどると、ベゾスが極めて計画的にファイテルを選んでいたことが分かる。

ファイテルで「株取引のオンライン決済」を学んだベゾスが次に選んだ会社は大銀行のバンカース・トラスト（現・ドイツ銀行）だ。ここでもオンライン・システムの開発に従事した。その優秀さは群を抜いており、26歳の若さで副社長に抜擢された。だがベゾスはこの大銀行にも安住しない。このころ出会ったコロンビア大学コンピューター学科助教授のデビッド・ショーの誘いを受け、彼が立ち上げたヘッジファンドに移籍する。

ショーもチチルニスキーに負けず劣らずの天才だった。チチルニスキーが株の国際取引をオンライン化したのに対し、ショーは為替の裁定取引（アービトラージ）をオンライン化した。ショーはコンピューターで裁定取引をする異色のヘッジファンド、「D・E・ショー」を立ち上げ、ベゾスを引き抜いて上級副社長に据え、コンピューター・ネットワークの開発を任せた。

ベゾスがファイテル、D・E・ショーというベンチャーでチチルニスキーやデビッド・ショーといった天才たちの下で働いたのは、けっして偶然ではない。プリンストン大学の在学中から「いずれはコンピューターを使ったビジネスで起業する」と決めていたベゾスは、そのために必要な経験を着々と積み上げていた。将来の自分に必要な人脈とスキルを冷静に選んでいたのだ。

D・E・ショーで働いているとき、ベゾスはあらゆるものをオンラインで売る「エブリシング・ストア」を構想する。いきなり「あらゆるもの」を売るのはリスクが大きすぎるので、株や通貨と同じように品質にバラつきがなく、実物を手に取らなくても消費者が安心して買える本

（書籍）から始めた。ベゾスがシアトルのガレージでアマゾン・ドット・コムを立ち上げたのは1994年のことである。

株式、通貨、書籍。

どれも形は「紙」だが、本質は「情報」だ。紙でできた株券、紙幣、書籍は情報を運ぶ媒体に過ぎない。コンピューターと通信が結びつくことにより、情報を運ぶ媒体は「紙」から「コンピューター・ネットワーク」に置き換わる。やがて「紙」から解き放たれた「情報」は、とてつもない価値を持つことになる。プリンストン大学でコンピューターを学んだベゾスは、そんな未来を予感していた。

「見た目はかわいい子ちゃんだったけど、中身は火星人。別世界からやってきて、地球人にうまく合わせている感じだったわ」

ファイテルの創業者ＣＥＯ、チチルニスキーは2011年、『フィナンシャル・タイムズ』のインタビューでベゾスについてこう話している。

日本でリクルートと交渉するとき、チチルニスキーは自分が定宿にしている全日空ホテルに有馬たちを呼んだ。ホテルはアークヒルズの隣にあった。

ベゾスと言えば今ではスキンヘッドがトレードマークだが、20代半ばの当時はまだ髪の毛があった。その髪の毛を整髪料できっちり撫で付け、いつもパリッとしたスーツを着ていた。リクルート以外の取引先は証券会社や銀行だったからだ。

チチルニスキーと一緒にいるときのベゾスはけっして余分なことは話さない。理知的な笑みを浮かべ、静かにボスの横に控えていた。チチルニスキーが大まかな方針を決めて帰ると、ベゾスはその方針に沿ってテキパキと仕事を進めた。有馬の記憶によると「本社に聞いてみるから、ちょっと待ってくれ」という場面は一度もなかった。大学を出たてのベゾスは11人いるファイテルの社員の中でもっとも若かったが、チチルニスキーからは全幅の信頼を得ていた。「任された」という意味では有馬も同じである。江副は、中途入社の30歳、有馬にファイテルとの交渉を全面的に任せていた。

江副とチチルニスキーの代理であるふたりの交渉はトントン拍子で進み、リクルートは日本の金融機関に対するイクイネットの独占販売権を取得した。そのしばらく後、リクルートはファイテルに12％出資する。１９８７年9月にはファイテルとの仕事を担当する子会社の「リクルート国際ＶＡＮ」を設立し、有馬はその会社の取締役に抜擢された。

事業が始まると江副はいよいよファイテルに入れ込み、最終的には約10億円でこの会社を買収してしまった。学者のチチルニスキーにとって、ファイテルは副業に過ぎなかった。条件さえ良ければ会社を売ることにためらいはない。

30年前に江副が着手していたクラウド・サービス

ジェフ・ベゾスと江副浩正。１９８７年の秋から１９８８年の秋までのほんのわずかな時間、ふたりの天才の軌跡が交わった。

江副がリクルートの前身「大学新聞広告社」を創業したのは、ベゾスが生まれる4年前の1960年（昭和35年）である。ふたりの間には親子ほどの年の差があった。ファイテルは創業まもないベンチャーでベゾスはそこの平社員。江副はそのファイテルを買収した会社のトップ。立場は天と地ほども違ったが、ふたりは間違いなく同じ未来を見ていた。もしあのとき、ふたりがコンピューター・ネットワークの未来について語り合っていたら、意気投合していたに違いない。

ベゾスはプリンストン大学を出てからの自分のキャリア形成について、「後悔最小化のフレームワーク」という独特の思考方法を使ってこう説明している。

「80歳になったら、自分はウォール街を去ったことを後悔するだろうか？　ノー。インターネットの誕生に立ち会えなかったことを、自分は後悔するだろうか？　イエス」

ファイテルを買収したときの江副も同じである。江副は社業がコンピューター・ネットワークと融合する未来を予見していた。

リクルートがコンピューターを導入したのは1968年。ほとんどの会社に電卓もなかった時代のことだ。企業から請け負っていた適性診断テストの採点にIBMのコンピューターを使った。コンピューター導入を決めたときの社内報で、江副は、日本経済新聞の『情報革命』という朝刊1面の特集記事を引用しながら、コンピューター・ネットワークへの熱い想いを語っている。

〈記事はその結びで、「第一次産業革命は農業社会から工業社会への歴史を開いたが、情報革命は工業社会の次にくる知識産業社会――知識産業が主導する未来社会を形成する、いわば21世紀への階段なのだ（中略）」と新たな可能性への追求を迫っている。（中略）わが社でもテスト事業における新たな可能性を追求すべく電子計算組織の導入を決定しました。（中略）同システムのレンタル料は、既に導入済みの一二三〇（筆者注：ＩＢＭの機種）、同追加分および付帯費用含めて月額一五〇万円、年間一八〇〇万円になります。これはわが社の現在の資本金に近い額です。経営的にはかなり危険性の高い投資活動です。しかし導入が遅れれば、それだけ別の危険性を大きくします〉（１９６７年8月11日付『週刊リクルート』）

資本金に匹敵する投資で社運をかけたコンピューターの導入から20年間、江副はずっとコンピューター・ネットワークによる「知識産業社会」の到来を待ち続けた。

そしてついに、１９８４年、日本でも通信の自由化が決定する。日本の通信を独占していた日本電信電話公社（電電公社）が民営化されＮＴＴになると同時に、民間企業に通信事業への門戸が開放された。江副は、情報通信分野に怒濤《どとう》のような投資を開始する。１９８７年のファイテル買収はその流れの中で打った重要な布石のひとつだった。

断じてその場の思いつきではない。タイミングを計り、狙いすました上での買収だ。待ちに待った知識産業社会、コンピューター・ネットワークの時代がやってくる。東大、京大の理工系の学生を大量採用し、腕っこきのコンピューター・エンジニアを中途採用して、江副は新しい時代に飛び込んだ。

１９８７年にファイテルを買収した江副は、ニューヨークとロンドン、そして日本の川崎に「テレポート（通信機能を備えた巨大コンピューター基地）」を作り、３つの拠点を国際回線で結んで金融機関などにサービスを提供しようとしていた。コンピューターのパワーや通信回線の速度は今とは比べ物にならないが、現在アマゾンの収益源の柱となっている「アマゾンウェブサービス（ＡＷＳ）」と同じものを、30年以上も前に構想していたのだ。つまりクラウド・コンピューティングである。

アマゾンは、世界最大のネット小売業者だが、もはやそれはアマゾンの一部でしかない。アマゾンの事業の中でもっとも高い収益を上げている（年間約１３０億ドル）のが、企業向けのクラウド・コンピューティングのＡＷＳなのである。

ＡＷＳは、各企業がコストをかけて独自のサーバーを持つという、それまでの常識を覆した。財務会計から給与計算、顧客管理からそのデータの解析まで、ありとあらゆるサービスを用意している。セキュリティも万全。なんとＣＩＡ（米中央情報局）までもが顧客になっている。しかも、江副が狙っていたとおり、地球上あらゆるところにサーバーがあるので、たとえば深夜ロンドンで使われていないサーバーを日中の東京で企業向けに稼働させれば、電力コストが下げられるうえ、使用効率が上がるのでメンテナンスにかかる人件費も相対的におさえられる。サービス価格は企業が自前のコンピューターを持つよりはるかに安い。

アメリカのＧＥ（ゼネラル・エレクトリック）、マクドナルド、あるいは動画配信で急成長しているネットフリックス、日本企業では、日立製作所、キヤノン、キリンビール、ファーストリテイリング（ユニクロ）、三菱ＵＦＪ銀行など、世界中の名立たる企業がＡＷＳを利用している。

「あれだよ、あれ。僕はあれがやりたかったんだ」

もし江副浩正が生きていたら、アマゾンのAWSを見て、そう言ったことだろう。

襲いかかった最強の捜査機関

江副は2013年1月31日に東京駅で倒れ、人事不省《じんじふせい》のまま2月8日に息を引き取った。76歳だった。

いや、実際にはもっと前、52歳のときに日本という国に殺されていたのかもしれない。日米欧を繋ぐ夢の実現に着手した矢先、思いもしない方向から飛んできた直撃弾によって、その社会的生命を撃ち抜かれたからだ。

江副に襲いかかったのは、捜査権（被疑者を逮捕・拘束し取り調べる）と公訴権（被疑者を裁判にかける）を併せ持ちほぼ百パーセントの有罪率を誇る〝最強の捜査機関〟東京地検特捜部だった。通常、事件は、警察官が捜査し、容疑者の身柄や証拠類を検察に送致して（送検）、検察官が事件を起訴するか不起訴にするか決める。しかし特捜部だけは、容疑者を拘束し取り調べ、起訴できるオールマイティな捜査機関なのである。

皮肉なことに、追及の火の手は江副が築こうとした「日米欧テレポート」のひとつ、日本の川崎から上がる。

江副がつくろうとしたのは大型コンピューターを何十台も設置し、大容量の高速回線で結ばれた情報通信ネットワークの要となる「データセンター」。そんなものは当時の日本にはない。前例のないものを作ろうとするとさまざまな規制の壁が立ちはだかった。だが、川崎市のやり手の助役（いまの副市長職に当たる）は、川崎駅西口前の広大な工場跡地の再開発に強い意欲を持ち、江副の「テレポート構想」に理解を示した。再開発の敷地は容積率の制限で14階建てのビルしか建てられなかったが、「特定街区」に指定され、20階建てが可能になった。

江副は、子会社のマンション・デベロッパー「リクルートコスモス」がグループ企業で初めて上場することが決定すると、この助役にコスモスの未公開株を譲渡した。譲渡といっても無料《ただ》で渡したわけではなく、同じくリクルートの子会社のノンバンク「ファーストファイナンス」から資金を貸し付けて、株を買ってもらったのだ。コスモス株は上場後に値上がりし、株をすぐに売った助役は、あっというまに1億2000万円の差益を手にした。

〈「リクルート」川崎市誘致時　助役が関連株取得　公開で売却益1億円　資金も子会社の融資〉――1988年6月18日、朝日新聞の社会面トップに大見出しが躍る。

株価や地価が急騰するバブル景気の真っ只中、ふつうの年収ではマイホームが買えなくなってしまった人々は、これを読んで怒りに震えた。その後、朝日のみならずすべてのマスコミが追及をはじめると、首相の竹下登、大蔵大臣の宮澤喜一、中曽根康弘・前首相、安倍晋太郎・自民党幹事長など政界実力者、官界では労働省（現・厚労省）、文部省（現・文科省）トップの事務次官、新聞社の社長やNTT幹部など財界の有力者に未公開株が譲渡されていたことが次々と発覚する。

株を配った江副と、それを受け取った政・官・財の要人への悲憤慷慨《ひふんこうがい》は燎原《りょうげん》の火のように燃え広がった。

１９８８年11月に江副は、国会に証人喚問される。時代が昭和から平成になった翌89年２月13日、自分の会社の未公開株という「賄賂《わいろ》」をバラ撒いた容疑で東京地検特捜部に逮捕された。東京・銀座にふたつの自社ビルをもつ「成り上がりの起業家」江副浩正にバッシングを浴びせる人々の怒りを背に受けて、特捜部は、検事52人、事務官１５９人を動員して、延べ３８００人を聴取、リクルートや関連会社など80ヵ所を捜索した。「戦後最大の疑獄」リクルート事件である。

江副は、政財官の大物20人が有罪となった一大疑獄事件の「主犯」として断罪される。

社史から消えた創業者

こうして、戦後もっともイノベーティブだった天才起業家の業績は、見果てぬ夢とともに歴史から抹消された。

創業者がいなくなったリクルートは、事件後も成長を持続すると、江副が亡くなった翌年の２０１４年10月東証一部上場を果たし、時価総額７兆８０００億円の企業となった（２０２０年11月時点）。だが、リクルートのホームページ上の社史には、リクルート事件のことも、創業者・江副浩正の名前もない。

「リクルート事件・江副冤罪説《えんざい》」を唱えるジャーナリストの田原総一朗は、当時、リクルートコスモス上場の主幹事を務めた大和証券会長の千野宜時《ちのよしとき》に尋ねている。資本主義社会では株は上がりもするし下がりもする。上場前の株は「賄賂」になるのだろうか、と。千野はこう答えた。

「企業がはじめて、店頭や東証二部などに上場するときに、つきあいのある人、知人、社会的に信用のある人々に公開前の株を持ってもらうのは、当たり前のことで、どの企業もがやっている証券業界の常識ですよ」

ひとりの起業家を、社会全体で吊るし上げ、犯罪者の烙印を押した「リクルート事件」とは、いったい何だったのか。

江副の「部下」だったジェフ・ベゾスは、アマゾンの株式時価総額が1兆5000億ドル（約160兆円）に迫り、1663億ドルを保有する世界一の資産家になった（『フォーブス』誌の世界長者番付）。アカデミー賞授賞式会場の客席に座ると、司会者が紹介しテレビで大写しになるほどアメリカを代表する名士でもある。

コンピューター・ネットワークに未来を見たふたりのその後の明暗は、日本経済と米国経済の今に投影される。

リクルート事件で江副が逮捕された1989年、日本企業はわが世の春を謳歌していた。その年の「世界の株式時価総額ランキング」を見ると、1位は民営化から5年を迎えたNTT。2位から5位までに日本興業銀行（現・みずほ銀行）、住友銀行（現・三井住友銀行）、富士銀行（現・みずほ銀行）、第一勧業銀行（同）の大銀行がずらりと並ぶ。三菱銀行（現・三菱UFJ銀行）

が7位、東京電力が9位で、ベストテンのうち実に7社が日本企業である。その下にはトヨタ自動車、日立製作所、松下電器産業（現・パナソニック）、東芝といった製造業が名を連ね、ベスト20社のうち実に14社が日本企業だった。

30年後の2020年10月末時点の世界ランキングで、50位以内に入っている日本企業はトヨタ自動車（49位）ただ1社。トヨタの時価総額は約24兆円で、韓国・サムスン電子（16位、約40兆円）にも遠く及ばない。ベスト10には中国のアリババ・グループ（6位）とテンセント・ホールディングス（8位）が顔を出し、トップ50には実に9社（香港のチャイナモバイルを含む）の中国企業が名を連ねている。

リクルート事件から30年。つまり平成の30年間、日本経済は世界の成長から完全に取り残されたのである。

一方、世界のランキングの上位はこうなっている。

1位アップル、2位はサウジアラビアの国営石油会社のサウジアラムコ、3位アマゾン・ドット・コム、4位マイクロソフト、5位がアルファベット（グーグルの持ち株会社）、6位アリババ・グループ・ホールディング（中国）、7位フェイスブック、8位テンセント・ホールディングス（中国）、9位がバークシャー・ハサウェイ、10位がウォルマート。10社中7社が、「知識産業」であるベンチャー企業だ。

1989年の米国ランキングでトップ10に名を連ねたIBM、エクソン、ゼネラル・エレクトリック（GE）、AT&T、タバコのフィリップモリス、デュポン、ゼネラルモーターズ（GM）

といった伝統企業はいずれも上位からはじき出されている。この30年で米国経済を構成する細胞はそっくり入れ替わった。

新型コロナウイルスの感染拡大で消費や雇用が1930年代の大恐慌並みに落ち込んだ2020年の夏、知識産業を代表するGAFAM（グーグル、アップル、フェイスブック、アマゾン、マイクロソフト）の株式時価総額の合計が600兆円を突破し、東証一部上場企業2170社の合計を上回った。

日本の最強企業、トヨタ自動車を含む日本の自動車メーカー9社は時価総額の合計で米国の電気自動車（EV）ベンチャー、テスラに抜かれた。年間の販売台数で見れば900万台を超えるトヨタに対し、テスラはわずか37万台。だが株式市場は、EVと自動運転によって古い自動車産業を破壊しようとするテスラに軍配を上げた。

日本はいつから、これほどまでに新しい企業を生まない国になってしまったのか。答えは「リクルート事件」の後からである。

リクルート事件が戦後最大の疑獄になったことで、江副が成し遂げた「イノベーション」、つまり、知識産業会社リクルートによる既存の産業構造への創造的破壊は、江副浩正の名前とともに日本経済の歴史から抹消された。

だが日本のメディアが、いやわれわれ日本人が「大罪人」のレッテルを貼った江副浩正こそ、まだインターネットというインフラがない30年以上も前に、アマゾンのベゾスやグーグルの創業者であるラリー・ペイジ、セルゲイ・ブリンと同じことをやろうとした大天才だった。その江副を、彼の「負の側面」ごと全否定したがために、日本経済は「失われた30年」の泥沼にはまり込んでしまったのである。

新型コロナウイルスのパンデミック禍は、古い日本を脱ぎ捨てる千載一遇のチャンスでもある。しかし正しく生まれ変わるためには、どこでどう間違えたのかを、真摯《しんし》に問い直さなければならないだろう。江副が遺した大いなる成功も大いなる失敗も歴史から葬り去ってはならない。なぜなら、大いなる失敗もまた、大いなる成功への始まりになることを、人類は歴史上なんども経験している。

私（筆者）は、江副浩正の生涯をたどることで、戦後日本が生んだ稀代の起業家があのとき見ていた景色、そして「もし」この男の夢が実現していれば、どんな日本になっていたのかを考えてみたい。未完のままのイノベーションを完成させてみたい。

コロナ禍という人類未曾有の危機にある私たちが、今からこの国で、未来を切り開き、生き抜いていくためにも。

はじめに　江副浩正は「服を着たゾウ」——瀧本哲史氏インタビュー　1
序章　ふたりの天才　6
主な登場人物　26

第1部　1960

第1章　ユニコーンの誕生　33
第2章　紙のグーグル　64
第3章　進撃のダイバーシティー　87
第4章　「日本型経営」を叩き潰せ　124
第5章　APPI　147
第6章　打倒Y　162

第2部　1984

第7章　江副か稲盛か　205

第8章　森田の未来、真藤の未来、江副の未来　238

第9章　情報の海へ——ALL HANDS ON DECK!（総員配置につけ!）　267

第3部　1989　昭和の終焉・平成の夜明け

第10章　変容　293

第11章　情報が人間を熱くする　322

第12章　世紀のスクープ　346

第13章　反転　395

第14章　「おまえら。もっといかがわしくなれ!」　419

エピローグ　453／江副浩正　関連年表　458／主要参考文献　472

主な登場人物

登場順 ＊はリクルート社員

江副浩正
リクルート創業者。東大新聞の広告取りアルバイトから会社を起こした。「東大が生んだ戦後最大の起業家」。

＊有馬誠
１９８７年リクルート入社。ファイテル買収をジェフ・ベゾスと交渉。後にグーグル日本法人トップを務める。

ジェフ・ベゾス
アマゾン・ドット・コムを創業する前、リクルートが買収したオンライン決済会社「ファイテル」で働いていた。

＊池田友之
リクルート創業メンバー。リクルート事件のとき、リクルートコスモス社長。親分肌。

＊大沢武志
リクルート創業メンバー。東大卒業後、産業心理の専門家として日立製作所に入社。江副に誘われ転職。適性テストを考案。学究肌。

＊森村稔
リクルート創業メンバー。東大卒業後、コピーライター第1号として博報堂に入社。江副に誘われ転職。芸術肌。

亀倉雄策
１９６４年の東京五輪のエンブレムをデザインした巨匠。リクルートの社章もデザイン。江副が師と仰ぐ。

＊鶴岡公
リクルートの前身「大学新聞広告社」の社員第1号。高校を卒業して東大新聞の職員をしていた。

森稔
森ビル会長。江副の友人で東大の同窓。

立花隆
本名、橘隆志。ジャーナリスト。東大生のとき、リクルートでアルバイト。

小倉義昭
江副の友人。全国の大学に『企業への招待』（のちのリクルートブック）の配本網を築く。安比高原の用地買収で活躍。

西田みどり（江副碧）
大阪茨木の社長令嬢で慶応卒の才女。１９６４年に江副と結婚。

中内㓛
「主婦の店・ダイエー」を小売日本一に育てた「安売り王」。リクルート創業期から江副を支援。のちにリクルート会長。

寺沢末次郎
ダイヤモンド社社長。『就職ガイド』を発刊し『企業への招待』をおびやかす。

＊田中壽夫
リクルート創業メンバー。営業担当役員。温厚な性格。

＊下田雅美
リクルート創業期の社員。トヨタ自動車から求人広告を取るため「トヨタ課」を設立。

＊重田里志
１９６９年、高卒で入社。社内で最初に宅建の資格を取り、池田の後のリクルートコスモス社長。

＊河野栄子
早稲田大学卒。初の女性営業職として日産系ディーラーからリクルートに転職。のちに社長。

＊金哲彦
マラソンランナー。早稲田大学卒、リクルート入社時に在日韓国人であることをカミングアウト。リクルートランニングクラブを立ち上げる。

＊吉井信隆
１９７９年、商社からリクルートに中途入社。江副の側近。

＊藤原和博
１９７８年入社。伝説の営業マン。のちに杉並区和田中学校長。

江戸英雄
三井不動産会長。東京湾を埋め立てて、東京ディズニーランドの用地を作る。財界の重鎮として江副を可愛がる。

＊東正任
１９７６年入社。江副、藤原とバンド「コスモス」を結成。音楽業界に顔が利く異能の人。中内に気に入られ、福岡ドーム開発にも携わる。

＊間宮舜二郎
名古屋の教科書出版社から中途入社。リクルートに「大人の営業」を持ち込む。

務臺光雄
読売新聞社長。「販売の神様」。『読売住宅案内』を発刊し、リクルートと激闘。

＊大條充能
１９８４年入社。総務部でイベント担当。

稲山嘉寛
第５代経団連会長。日本最大の鉄鋼メーカー新日本製鐵（現・日本製鉄）の社長、会長を歴任。

＊竹原啓二
リクルート幹部。リクルート事件のときの総務、法務部長。

中曽根康弘
総理大臣。通信自由化を断行。江副が献金。

太田英子
中曽根の秘書。「金庫番」。
瀬島龍三
陸軍作戦参謀。伊藤忠商事会長。中曽根のブレイン。
土光敏夫
第4代経団連会長。「メザシの土光さん」。土光臨調で3公社民営化に道筋。
牛尾治朗
ウシオ電機社長。財界と政界のパイプ役。江副の友人。
稲盛和夫
京セラ創業者。第二電電創業メンバーから江副を外す。
飯田亮
セコム創業者。第二電電創業メンバー。江副の友人。
千本倖生
元電電公社幹部。第二電電創業メンバー。
盛田昭夫
ソニー創業者。「世界のモリタ」。リクルート創業期から江副を支援。
円城寺次郎
日本経済新聞社社長。コンピューターを使った新聞編集に先鞭をつける。

森田康
日本経済新聞社社長。「経済に関する総合情報機関」を目指す。社交ダンスで江副と親交。リクルート事件で辞任。
真藤恒
電電公社最後の総裁にしてNTT初代社長。石川島播磨重工の「ドクター合理化」。リクルート事件で逮捕。
式場英
NTT幹部。真藤チルドレン。リクルート事件で逮捕。
長谷川寿彦
NTT幹部。真藤チルドレン。リクルート事件で逮捕。
＊若佐則雄
新潟鐵工所から中途入社。情報ネットワーク事業の立ち上げに関わる。
＊生嶋誠士郎
元産経新聞記者。情報ネットワーク事業の担当役員。
＊高橋理人
1982年入社。『住宅情報』を経て電子メディア事業部。のちに楽天常務。
＊蔵野孝行
1972年入社。「関西の主」。

＊冨永兼司
１９７９年入社。江副の「採用狂」を支えた人事部長。

＊伊庭野基明
１９８６年、日本ＩＢＭから中途入社。米国にコンピューター・センターを立ち上げる。

安倍晋太郎
自民党の大物政治家。江副が献金。安倍晋三元首相の父。

竹下登
総理大臣。リクルート事件で辞任。

青木伊平
竹下秘書。リクルート事件の最中に自殺。

大倉昊
ノエビア社長。江副の友人。江副とともに、愛人同伴の沖縄クルーズを写真週刊誌に撮られる。

小松秀熙
川崎市助役。リクルートコスモス未公開株の譲渡を受ける。

田原総一朗
ジャーナリスト。

千野冝時
リクルートコスモス株上場の幹事社、大和証券の会長。

諸井虔
秩父セメント会長。リクルート事件で日本経営者団体連盟（日経連）副会長を辞任。

堤義明
西武鉄道グループ・オーナー。リゾート開発で江副のライバル。

五島昇
東京急行電鉄社長。リゾート開発で江副のライバル。

鹿内春雄
フジサンケイグループ会議議長。江副の友人。

戸張捷
ゴルフ解説者。江副に気に入られリクルート取締役に。

＊山田滋
１９７２年入社。宣伝部長。神戸支社長。

＊坂本健
１９７３年入社。リクルート事件のときの広報部長。

＊鶴宏明
１９８３年入社。リクルート事件のときの江副の秘書。

＊位田尚隆
１９６９年、日本ＩＢＭから中途入社。江副の後の社長。

山本博
朝日新聞横浜支局デスク。数々のスクープをものにした敏腕記者。「リクルート報道」を主導。

佐渡賢一
東京地検特捜部の検事。

＊松原弘
１９７０年、坂本藤良経営研究所を経て入社。リクルート事件のときのリクルートコスモス社長室長。江副の側近。

楢崎弥之助
社会民主連合の議員。「国会の爆弾男」。

＊小野敏廣
１９７４年入社。リクルート事件のときの経営企画部室長。

宗像紀夫
東京地検特捜部副部長。リクルート事件を担当。

＊辰巳雅朗
１９６３年入社。リクルート事件直前の社長室長。

＊福田峰夫
１９７５年入社。辰巳の後任の社長室長。のちに角川書店社長。

＊松永真理
１９７７年入社。『とらばーゆ』編集長。ＮＴＴドコモで「ｉモード」の開発に携わる。

夏野剛
ネット広告のベンチャー「ハイパーネット」副社長を経てＮＴＴドコモで「ｉモード」開発に携わる。

藤波孝生
自民党議員。中曽根政権の官房長官。リクルート事件で逮捕。

＊奥住邦夫
創業メンバー。１９６３年入社。一貫して経理財務を担当。

＊薄葉康生
１９８７年入社。電子メディア事業部メンバー。グーグル日本法人に移籍。

＊笹本裕
１９８８年入社。電子メディア事業部メンバー。ツイッター日本法人社長。

＊柏木斉
１９８１年入社。「リクルートのプリンス」。リクルートは彼の社長時代に１兆８０００億円の借金を完済。

第1部

1960

1972年に竣工した西新橋ビル（通称Nビル）にて。中段右から2番目が江副浩正。

第1章　ユニコーンの誕生

自己破産した男

２０１８年（平成30年）２月、東京・中央区のマンションにひとりの男を訪ねた。この本を書くためにどうしてもこの男に会っておかねばならなかった。

池田友之《いけだともゆき》。

リクルート創業メンバーの中で「江副がもっとも頼りにした男」と言われ、リクルート事件のときは焦点となったマンション・デベロッパー「リクルートコスモス」の社長をしていた。当時49歳だった男は79歳になっていた。事件の後、池田は一度もメディアに登場していない。

リクルート事件では、江副が政治家や官僚にバラ撒いたリクルートコスモスの未公開株が上場後に値上がりし、その差額が賄賂《わいろ》とみなされた。リクルートグループ27社で初めて上場したコスモスの初代社長の池田も当然、コスモス株を保有していた。しかし池田の場合、事件の余波と日本経済を襲ったバブル崩壊でコスモス株が紙屑同然となり、株購入のために借り入れた金が返せず自己破産に追い込まれた。

江副も鬼籍《きせき》に入り、事件から30年が経過したこともあって、今回、池田は私の取材依頼に応じた。インタビューの場所に指定してきたのがこのマンションだ。

部屋を確認するため郵便受けを見ると、そこには池田友之という名前ではなく奇妙な文字が刻まれていた。

「水産無脊椎《むせきつい》動物研究所」

一瞬、部屋を間違えたのかと思ったが、住所も部屋番号も合っている。インターホンを押すと、本人が現れた。

「分かりにくい場所だったでしょ。まあ、どうぞ」

マンションは1戸が2階建てになった変わった構造で、部屋の中に階段があった。上の階の仕事場に入ると壁に海洋生物の巨大なポスターが貼られていた。

「ナマコですか?」

当てずっぽうで尋ねると池田は相好を崩した。

「惜しい! ウミウシって言うんだ。綺麗だろ」

母親が、築地魚市場の場外で生鮮食料品の店を経営していたせいか、池田は子供のころから海洋生物が大好きだった。高校2年の夏には同級生と伊豆の大島に行き、日がな一日、潮溜まりで海の生き物たちを観察した。

東大では文学部で美術史を専攻したが、江副に見込まれて創業期のリクルートを支えた後、どうしても夢が諦めきれずに会社を辞め、東京水産大学の選科生になり、研究者の道を目指した。しかし30歳を過ぎてからでは、一線で活躍する研究者になるのは難しい。そう悟った池田は江副の懇願を受けてリクルートに戻った。

「僕はね、もともと会社の経営に興味はなかったんだ。こうしてウミウシの研究をしているほうが幸せなんだよ」

戦後最大の疑獄に巻き込まれ、自己破産の地獄を味わった男は静かに笑う。事件後はこの水産無脊椎動物研究所の理事としてひっそりと暮らしていた。

私はかねて抱えていた疑問を池田にぶつけた。

「リクルートコスモス社長室長の松原弘《まつばらひろし》氏が、参議院議員の楢崎弥之助《ならさきやのすけ》氏に現金を渡そうとするシーンを隠し撮りした日本テレビの報道。あれでリクルートは許せない、けしからん会社だという世論が一気に燃え上がりました。松原氏は池田さんの直属の部下だったわけですが、楢崎氏を黙らせるために現金を渡せと指示したのは池田さんだったのですか」

当時、〝国会の爆弾男〟と呼ばれた楢崎はリクルート疑惑追及で急先鋒の野党議員だった。池田は楢崎によって江副、松原とともに東京地検に贈賄罪で告発されている。池田は忌々《いまいま》しげに言った。

「会社であの（ニュース）番組を見て驚いた。すぐにリクルートコスモスの経理（での金の流れ）を止めた。そのうえで金の出入りを調べ500万円（松原が楢崎に渡そうとした金額）の出どころを徹底的に洗い出した。ところがコスモスからそんな金が出た形跡はなかった……」

「コスモスでないとすれば金の出所はリクルート本体ですか」

「そうだろうね」

「江副さんの指示ですか」

「テレビを見てそう思った。でも、あとから冷静に考え直すと、真相は分からない。松原さんは検察の取り調べでも完全黙秘だったからね」

池田の指示でないとすれば、江副本人かトラブルシューティングを任されていたリクルート本社総務部系幹部の勇み足という線が濃厚だ。しかし、江副は、部下に現ナマを忍ばせた菓子箱をぶら下げて議員宿舎に行かせるような不用心なことをする男ではない。池田が続ける。

「江副は多面的な人間で、一つの行為で二つ、三つの目的を達成することに喜びを見出すタイプだ。一つの行為で一つの目的を果たすだけでは、彼には面白くない」

「どういうことでしょうか?」

「たとえばリクルートの創業期、鹿児島に広大な土地を買った。表向きの理由は、社員が自然と触れ合える研修所の建設だが、二つの裏の意味があった。一つは政府がそのあたりに石油備蓄施設を建設することによる土地の値上がり。もう一つは情報誌の印刷費など運転資金を銀行から借りる時の担保。少しばかり倫理感が欠如していたが、抜群に頭がよかった」

頭もよかったうえに、ここぞというときには勝負に出る度胸もあったのだろう。私は聞いた。

「そんなに頭のいい江副さんがつくったリクルートというのは、どんな会社だったのですか」

リクルート誕生

江副は、1960年（昭和35年）3月31日、23歳の時に「大学新聞広告社」を創業。その年の10月、本屋で『株式会社のつくり方』という本を買って、自分で定款を書いた。資本金は父親が出してくれた60万円。港区の法務局で登記した社名は「株式会社大学広告」。東大新聞からはじまり、各大学新聞に出稿する求人広告を扱うことから、巨大な情報産業会社リクルートはスタートしたのだった。

池田は懐かしそうに言った。

「創業時に入居していたビルは夜の10時にシャッターが閉まって、追い出されるんだ。するとみんなで行きつけの飲み屋に行って会議の続き。みんな江副の会社ではなく、自分の会社だと思っているから、自分が主役なんだ。楽しくないはずがない」

江副は、本人すら気づいていない才能を見抜き、リクルートの中でその才能を存分に発揮させた。終身雇用と引き換えに社員に会社への忠誠を誓わせていた昭和の時代。「モチベーション」を軸に多種多様な人材を生き生きと働かせた江副はマネジメントの天才でもあった。

池田も、江副によって、自分が知らない才能を目覚めさせられたひとりである。

自分は学究肌と思っていた池田には、まったく別の才能があった。それは天性のリーダーシップ、人を巻き込む力である。大学2年生の時、江副がつくった会社「大学広告」にアルバイトとしてやってきた池田は、すぐに何十人かいるアルバイト仲間のリーダーになった。「トモさん」と呼ばれる池田の周りにはいつも人だかりができた。「仕事がきつい」と文句が出ても、池田に「頑張ろうよ」と言われると、なぜかみなが納得した。

人を巻き込む力は営業でも発揮される。日本オリベッティや日本ＩＢＭ。入り込むのが難しいと言われていた外資系企業から、アルバイトの池田が涼しい顔で求人広告を取ってきた。

大学３年になると学業に専念するため池田は大学広告のアルバイトに行かなくなった。するとその年の夏、池田の下宿に江副が現れた。

江副は真剣な眼差しで言った。

「大学広告には君の力が必要だ。もう一度、僕と一緒にやってくれないか」

江副は熱弁を振るった。

「大学生の就職はコネで決まっている。でもそれは自分に合った仕事がしたい学生にとっても、優秀な人材が欲しい企業にとっても不幸なことだ。学生にさまざまな企業を紹介し、企業に有為の学生を送り込む求人広告は意味のある仕事なんだ」

江副が手土産《てみやげ》に持ってきたアイスクリームをつつきながら、池田はぼんやりと話を聞いていた。この時代のアイスクリームは、なかなかの貴重品である。一介のアルバイトに過ぎない自分に、なぜこれほど執着するのか。池田は思い切って聞いてみた。

「私のどこが、そんなにいいんですか」

「君には求心力がある。僕にはない力だ」

江副の眼差しは真剣だった。その気迫に押される形で池田はつい口走ってしまう。

「お世話になります」

やがて就職情報誌が一世を風靡し、飛躍への階段を駆け上がりはじめると、実力主義のリクルートには腕自慢が集まった。彼らは門前払いを苦にせず1日に何十社も訪問し、求人広告をかき集めてくる。営業の腕は確かだが、プライドも高く、俺が俺がでまとまらない。そんな荒くれを束ねたのが池田である。池田がいなければリクルートはおそらく、離陸前に空中分解していた。江副は本人も気づいていなかった池田の求心力を見抜き、仲間に引き入れた。

リクルート事件の後、江副に近づく社員は少なかったが、自己破産した池田の周りには、かつての部下が集まった。

江副が集めた人材は「元リク（元リクルート社員）」と呼ばれ、今もネット企業やスポーツ、エンタテインメント・ビジネスなどさまざまな分野でマネジメント能力を発揮している。ソフトバンク、ヤフー、楽天の躍進も「元リク」の存在無しには語れない。

元リクの元部下たちは「トモさん」を助けるため、池田を自分がつくった会社の顧問にした。

江副の人を見る目は確かだった。

心理学者とコピーライター

さらに創業期のリクルートに、なくてはならない男がここに加わる。

大沢武志《おおさわたけし》。

神戸大学から東大に転入し、江副と同じゼミで教育心理を学んだ大沢は、卒業後、産業心理の専門家として日立製作所の人事部に入社した。学究肌の大沢がリクルート在籍中に書いた『心理学的経営　個をあるがままに生かす』という本は、今も企業の人事担当者の「バイブル」とされている。

大沢は心理学を経営に応用することに誰よりも情熱を燃やしていたが、大企業の日立は「終身雇用」と「年功序列」にどっぷり浸かっており、大沢が唱える「モチベーション経営」には見向きもしない。就職情報誌に続く自社の柱として「採用テスト」の開発に着手した江副は、大沢を開発の仲間に引き入れた。

「大沢さん、僕らは企業の採用活動を一手に引き受けることで『日本株式会社の人事部』になりたいんだ。そのためにこのテスト事業をものにしたい。どうしても君の力が必要だ」

大沢が応じた。

「僕は僕の理論で日本企業の組織を活性化したい。ここでそれができるなら、喜んで参加する」

そして、もう一人、江副にない才能をもっていた創業メンバーが森村稔《もりむらみのる》だ。

東大文学部を卒業した演劇青年の森村は、朝日新聞社、文藝春秋、日本放送協会（ＮＨＫ）の入社試験を受けて全滅し、１９５９年春、東大卒初のコピーライターとして広告代理店の博報堂に就職した。広告の宣伝文句を書く「コピーライター」という職種が世間ではまだ珍しかった時代である。

森村はトヨタ、日本航空、山一證券といった大口のクライアントを任され、ノルマは1日コピー30本。ナイーブな森村にとっては、大変なストレスである。日曜日になると気晴らしに江副の大学広告に顔を出し、求人広告のコピーを書いた。

「さすが、森ちゃんはセンスがいいねえ」

森村がコピーを書くたびに江副は褒めた。横柄なクライアントに辟易《へきえき》していた森村には、それがなにより嬉しかった。江副は自分の技術を認めてくれる。博報堂では、昼めしを食べる間もなく次から次へと追い立てられるようにコピーを書きなぐる。そのストレスの発散に大学広告でコピーを書く。

江副は「一緒にやらないか」としつこく森村を誘ったが、社員3人の学生ベンチャーに転職する気にはならない。しかし思わぬ出来事が森村の気持ちを変えた。入社4年目の1962年、成績優秀で東大卒の森村は課長に昇進した。会社にすれば森村の頑張りに報いたつもりだった。しかし文章を書く仕事がしたい森村は、管理職になどなりたくない。森村は博報堂を辞めて東京大学新聞研究所の研究員に転身するが、ここは無給である。金欠の森村を江副はなおも誘った。

「週に3日でいいから、うちで編集長をやってくれないか。ちゃんと給料は出すからさ」

背に腹は替えられず、森村は江副の申し出を受けた。ところがやっているうちに夢中になり、気がつけば毎日、江副の会社に出社していた。

森村は新聞研究所を辞めて社員になった。1963年のことである。「大学広告」は「日本リクルートセンター」に名前を変えていた。大沢もそうだが、当時はまだ珍しかった「転職」によって、リクルートのスタートアップにかかわることになったのだ。

泥臭い「営業」の池田、モチベーション経営のもととなる「心理学」の大沢、のちに商業デザイン界の天皇・亀倉雄策《かめくらゆうさく》を引き寄せた「コピー」の森村。こうしてリクルートの骨格が完成した。

怪物ユニコーンの条件

アメリカ・シリコンバレーの新興企業に投資する有力ベンチャー・キャピタル（VC）が、見込みがあると判断した若い起業家に必ず出す〝宿題〟がある。

「君のアイデアが素晴らしいのは分かった。だが、それを実現するにはチームが必要だ。君より優秀な人間を3人集めて来たら、カネを出そう」

起業家を志す人間には「お山の大将」が多いが、「なんでも自分が一番」では会社は大きくならない。「ユニコーン（幻の一角獣＝10億ドルを超える企業価値を持つ未上場ベンチャー）」を立ち上げる人間は、優れたビジョンと、そのビジョンの実現のために優秀な人間を巻き込んでいく力を兼ね備えた人間でなくてはならない。

池田はいつも人の輪の中心にいた。親分肌で面倒見がいい。戦略を立てるだけでなく、率先垂範で前線を走り、みなを引っ張る力があった。内向的な江副にはない能力である。大沢は心理学の研究者として「本物」だった。森村には江副にない教養とセンスがあった。

江副は自分にない能力を持つ彼らを高く評価した。自分より秀でた人間をまわりに置くことで、自分のやりたいことを実現していく。

江副ほど採用に金をかけた経営者はいなかった。情報通信に進出しようとした時には、東大、京大クラスの理系学生を「1000人採れ」と号令し、学生1人当たり600万円、総額60億円を採用費として計上した。そんな〝採用狂〟ぶりを元側近のひとりはこんな風に表現する。

「江副さんは日本のカーネギーなんですよ」

米国の鉄鋼王アンドリュー・カーネギーとは大きくでたものだが、彼の口からカーネギーの墓標の話を聞いて合点がいった。

「自分よりも優れた者に働いてもらう方法を知る男ここに眠る」

カーネギーの墓にはこんな墓碑銘が刻まれている。カーネギー自身が書かせたものだ。

1835年スコットランドに生まれ、渡米して13歳から週給1ドル20セントで働いたカーネギーは、自分の無学を知っており、優秀な人材獲得には金に糸目をつけなかった。23歳で起業して周囲に学ぶべき「大人」がいなかった江副が「書中の師」と仰いだピーター・ドラッカーもこのエピソードを好んで引用した。

リクルートは、10億ドルというユニコーンの条件をはるかに超えて、企業価値7兆8000億円（2020年11月現在）の大企業に成長した。

3人の母親――飢餓とコンプレックス

江副は2003年（平成15年）、自伝『かもめが翔んだ日』（朝日新聞社）を著した。

それまでの江副は「過去のことを聞かれるのは弱いんだな。夢や理想を追うこともしない。将来の抱負とか、何を目指すかと問われると困ってしまう」と、取りつく島のない答えを返し、つねに「ヒア・アンド・ナウ」（自分が今ここにいること）にしか興味がなく、「合理主義が服を着て歩いているような人物」（田原総一朗『正義の罠』）だったが、自伝の冒頭で、心境の変化を綴っている。

〈かつての私はいつも未来を見つめ、働くことが生き甲斐であり喜びとなっていて、過去を振り返ることはなかった。歳月は足速に過ぎ去って、私ははや六十七歳。昨今は来《こ》し方を振り返る時間が増えた。記憶が失われないうちに回顧録を書くことにした〉

この本を書いたころから、『リクルートのDNA　起業家精神とは何か』（角川oneテーマ21・2007年3月）、『リクルート事件・江副浩正の真実』（中央公論新社・2009年10月）と、堰を切ったように「来し方」を振り返り始めている。残された生命はあと10年しかなかったことは知る由もなかったろうが、なにか予感めいたものがあったのか、それとも捲土重来、再びリクルートへの復権を狙っていたのか。今となってはわからない。

ここからしばらくは、生前彼が書いたものをもとに、天才起業家・江副に巻き込まれた人たちの証言や資料を交えながら、生い立ちからリクルート創業までをたどることにする。江副自身〈私が書いたものであるから、私にとって都合のよいように書いているところも少なくない〉(『リクルート事件・江副浩正の真実』)と記しているように、彼の「告白」がすべて真実とは限らないし、記憶というものは変容する。「都合の悪いこと」は書かなかっただろう。だが、一代にして新たな産業を興した天才の、「飢餓とコンプレックス」から語りはじめる生い立ちは傾聴に値するものがある。

〈私は、昭和十一年六月十二日、大阪市天王寺区上本町八丁目で、江副良之《よしゆき》、マス子の長男として生を受けた。一歳半年上の姉がいたが、私の生後一ヵ月で夭逝《ようせつ》した。母は、長女を亡くした悲しみと私の産褥《さんじょく》で病に臥《ふ》し、神経衰弱で入院していたが、病は回復せず、私が一歳の頃に愛媛県今治市の生家に帰った。母の記憶は私にはない〉(『かもめが翔んだ日』、以下『かもめ』とする)

自分の出生を静かな語り口で書き始めているが、江副には、母親が3人いる。生母のマス子と、継母が2人。

父・良之は、佐賀県佐賀市赤松町で生まれ、九州帝国大学に併設された第八臨時教員養成所を卒業後、愛媛県今治市の今治実科高等女学校(現・今治明徳高校)に数学の教師として赴任する。マス子はその女学校の教え子だった。マス子の旧姓は菊川。実家は乾物を扱う問屋を営んでいた。

女学校を卒業し、大阪・心斎橋の大丸百貨店で働いていたマス子は、そこで良之とばったり再会する。良之は今治実科高等女学校を辞めた後、長野県立飯山中学で教鞭をとったが、そこも辞め、以後は、大阪で〈府立茨木中学、桃山中学、北野中学、大阪市立第七商業学校、大谷女子高校、清風高校と、人並み以上に職場をかえた〉(『あぶく銭師たちよ！　昭和虚人伝』佐野眞一)という。

1932年、ふたりは結婚。2年後の昭和9年に女の子を授かった。そして1936年(昭和11年)、長男の浩正が生まれる。この年、昭和維新を唱える陸軍青年将校が蜂起、高橋是清蔵相など政府要人を殺害、官邸や警視庁を占拠した2・26事件が起き、日本は泥沼の15年戦争へと傾斜していく。

マス子が長女を身ごもったころから、良之はダンスホールで働くダンサーの深澤咲子に熱を上げていた。マス子が問い詰めると、良之は激高する。浩正が1歳のとき、病気療養を理由に良之はマス子と浩正を、佐賀市赤松町にある自分の生家に預けた。

浩正が3歳になるころ、マス子の病が癒え、ふたりは大阪に戻ったが、良之と咲子の関係は変わらず、それが元で良之とマス子はよく口論になった。

良之は、今度はマス子と浩正を今治のマス子の実家に帰した。だがいったん、嫁に行った娘がいつまでも実家に暮らしていては「出戻りか」と疑われ、世間体が悪い。

「どうか大阪に帰らせてください」と手紙を書くと、良之は「お前は病気だ」と決めつけ、浩正だけを引き取り、マス子を離縁した。

大阪上本町の家に引き取られた浩正は、良之の妹の須磨子や、住み込みのお手伝いさんの手で育てられた。

〈幼稚園に入園したときには、父は母と離婚していた〉（『かもめ』）

と書いているから、園児とともに父母が出席する入園式の折に、良之が幼い浩正に大人の事情を話したのかもしれない。

良之は、浩正が小学校にあがるとき、佐賀に疎開させた。浩正は祖父の家から佐賀市立赤松小学校に通うことになる。この年、つまり１９４１年の12月８日、日本海軍がハワイの真珠湾を奇襲、対米英戦が始まった。破滅への第一歩を踏み出したとはいえ、まだ本土への空襲はなかった時期で、おそらく良之は咲子との生活を始めるために、浩正を生家に預けたのだろう。

〈文房具店で「鉛筆をください」と言ったら、「ない」と言われて鉛筆を出された。佐賀では「ない」は「はい」の意味だった。言葉が通じないため、私は萎縮し、クラスのみんなとの間に心の壁ができた。その壁はなかなか低くならなかった。同級生の家に遊びに行くこともなく、私はひとりぼっちだった〉（『かもめ』）

孤独な浩正の面倒を見てくれたのは、婚期の遅れていた叔母だった。だが、優しく接してくれたその叔母も、召集令状がきて１週間後に出征を控えていた男性と結婚し、夫とともに中国の大連に旅立つ。大連に住んで３ヵ月後、夫は戦地に出てそのまま行方不明になった。

一緒に暮らす祖父は、恩給（年金）暮らしで、囲碁を打つのが唯一の楽しみだった。

〈市役所に勤めた祖父は、真面目で平凡な毎日をすごしてきて、そのような人生はつまらなかった、と晩年思っていたようだ。

「浩正、おまえは軍人か、（中略）検事になるか、名前が新聞に載るような人間になれ。少々悪いことでも構わん。ただし、刑務所に行くようなことは絶対にしてはならん」とよく言っていた〉（『かもめ』）

その教えのとおり江副は、その後、新聞に載るようになった。ただし、検事にはならず、検事に苛酷な取り調べを受ける側の人間になるのだが。江副は「法に触れさえしなければどんどんなんでもやってみろ」という祖父の教えどおり、違法でなければなにをやってもいいとばかり世間の常識を覆し、なりふりかまわず未来を切り開いていく。

36色のクレヨン

生母・マス子について、江副はこんな告白をしている。

〈小学校二年の夏休み前。校門の前に、三十代半ばの婦人が立っていた。

当時、生徒は名前を書いた布を胸元に縫い付けて通学していた。婦人は私の名前を見て言った。

「あなた、江副浩正ね。私はあなたのお母さんよ。ついていらっしゃい」

私は驚いた。人さらいではないかと思いつつ、恐る恐るついて行った。

小学校の近くの、鍋島《なべしま》藩城址公園に連れて行かれ、そこでおもむろに言われた。

「私はあなたのお母さんよ。四国からあなたに会いに来たのよ」

話を聞くうちに、叔母や叔父の名前が次々に出てきたので嘘ではないとわかったが、見覚えのない顔。母という実感が私にはなかった。

「学校の勉強はどう？　お友達はできた？　おじいちゃんは可愛がってくれてるんでしょう」

話しかける母に私は、「はい」とか「ええ」と、最小限の言葉で答えていた。

私は戸惑い、胸がどきどきしていた。二時間近く話したあと、母から、包装された箱と、私のために編んだという白いセーターをもらった。

「寂しいだろうけど待っててね。また来るからね」との言葉を残して、母は帰っていった。（中略）

母が帰ったあと私は、周囲に誰もいないことを確かめて、もらった「サクラクレヨン」と書かれた大きな箱のふたを開けて驚いた。上下二段、三十六色のクレヨンが並んでいる。真っ赤から少しずつ黄色に向かって色が変わり、そこから青に向かい少しずつ色が変わって配列されている。

その頃、（中略）人々の衣服も国防服で、赤や黄色の洋服を着る人は非国民といわれた。そんな時代だったから、多彩な色と配列の美しさに私の心はときめき、三十六色のクレヨンをじっと見つめた。

そっと赤のクレヨンを取り出して、目の前にあった小石に塗った。その上に青のクレヨンを取り出して塗ったら、重なった部分が紫色になった。つぎに黄色を取り出して青に重ねたら緑色になった。クレヨンを重ね合わせると色がさまざまに変化していった。

灰色の毎日を過ごしていた私は、その色彩の変化に興奮した。

クレヨンとセーターを持って家に向かったが、翌週には父が佐賀に来るという電報が届いていたことを思い出した。父にはどのように話したものか。私はその先のことを考えて思い悩んだ。父から叱られるのではないかとの不安があり、あれこれと思いを巡らした末に、クレヨンとセーターは、母には悪いが捨ててしまおう、と決意した。

県庁前のお堀端に行き、大楠の木の下で、拾った石とクレヨンをセーターに包んでお堀に投げた。セーターがゆっくりと沈んでいく。それをじっと見ていた私は、悪いことをした、今度母が学校へ来たらどうしようと、うしろめたい気持ちになった〉（『かもめ』）

母・マス子は二度と来ることはなかった。

継母たち

1945年（昭和20年）の6月、13万戸が焼失した大空襲で大阪の家を焼け出された良之が、深澤咲子を連れて佐賀の家に転がり込んできた。咲子は胸に幼子を抱えている。江副の異母弟だ。

良之は江副を客間に連れて行き、幼子を抱いた咲子に引き合わせた。

「この人がお前のお母さんだ。『お母さん』と言ってみなさい」

「お母さん」とは言えず、江副の目に涙が滲んだ。

それでも江副は6歳年下の弟の面倒をよく見た。咲子が弟を叱ると必ずかばった。そんな江副を咲子も可愛がった。

8月、戦争が終わると、良之はすぐに大阪に戻る。3ヵ月後、咲子が江副と弟の手を引いて一家の新たな住処となる豊中市末広町の借家に到着すると、良之はそこで阪急デパートに勤める野田きくゑという女性とふたりで暮らしていた。

良之と咲子ときくゑ、そして江副と弟の5人がひとつ屋根の下で暮らす重苦しい生活が始まる。

「彼女に出て行ってもらってちょうだい」

「今すぐ出て行けと言っても、彼女も住むところがない」

マス子のときと同様、家の中は諍《いさか》いが絶えず、小学生の江副は神経をすり減らした。そして、とうとう咲子が音《ね》をあげた。このころにはもう江副は咲子のことを「お母さん」と呼んでいた。

「あなたには悪いけど、お母さんはこの家を出て行くからね。何故出て行くのか、今のあなたには解らないだろうけど、大人になったら解ってもらえると思う」

江副は、〈彼女が出て行く理由を私は十分理解していた。小学校五年生のときだった〉と自伝に記している。

豊中の家には、満州から引き揚げてきた良之の弟と妹夫婦、その娘らも住み着いた。一時期は、10坪の家に7人が暮らし、ひとりになれるのは便所だけというありさま。食料は欠乏し、高いヤミ米を買う金もなく、江副は転校した豊中市立克明小学校の健康診断で栄養失調と診断される。

〈それを聞いた父は、デパートに勤める女性（筆者注：きくゑのこと）に、鶏がらを時間をかけて煮立てた白いスープを作らせ、飲ませてくれた。とても美味しかった。育ち盛りの私の身体は、動物性蛋白質やカルシウムを欲していたようだ。このような小学生時代の飢餓と貧しさの体験が、私をハングリーな人間にしたと思う〉（『かもめ』）

欲していたのは、たんぱく質やカルシウムだけではなかっただろう。江副は、36色のクレヨンと白いセーターを投げ捨てたように、マス子と咲子のふたりの母親を失った。

アダム・スミスとマルクス

小学校の成績は優秀だったので、若い担任の先生が関西有数の進学校、甲南中学を受験するように良之を説得してくれた。江副は、１９４９年（昭和24年）４月、灘と並ぶ名門私立の甲南中学・高校へ進んだ。月謝（授業料）が高くて、高校教師の父親には経済的負担が大きかったが、富裕層の子弟が多いこの学校の教育と人脈が、ベンチャー起業家への扉を開き、江副の運命の歯車が静かに回り始める。

〈甲南高校では、旧制時代の名残りで社会科の教科に「経済学」があった。私は、イギリスの経済学者アダム・スミスの『国富論』の講義を受け、経済学に関心を抱くようになった。

国富論は、「個々人が自己の利益のために働けば、資本は富の生産と分配のために有効に働く。政府による規制や統制は小さい方が望ましい。各々が自らの利益を追求していれば、あたかも『神の見えざる手』に導かれるかのように、国全体として最高の利益が達成される。それゆえ、自由競争に対する政府の干渉は有害である。自由競争のもとでは需要と供給の関係で価格は自ずと決まる」という理論だった。（中略）

国富論は自由で活力に満ちた魅力のある世界。アダム・スミスが説いた市場経済の理論が正しい、と信じるようになった〉（『かもめ』）

幼少期の苛酷な〈飢餓と貧しさ〉のせいなのか、「今ここ」にしか存在できなかった江副の心に資本主義の根本原理が注ぎこまれた。この体験が、当時の日本に吹き荒れていた学生運動の嵐から、彼を一歩遠ざける。リアリストで合理主義者、江副浩正の原形がここにある。

1955年（昭和30年）、江副は東京大学に入学する。

〈全学連（全日本学生自治会総連合）全盛期。当時の学生は政治活動に熱心で、キャンパスでの集会には、社会党や共産党の国会議員が来て演説をしていた。

五月一日のメーデー（労働者の祭典）には、学生も授業をボイコットし、プラカードを掲げて、大学から日比谷公園まで行進した。プラカードには、「万国のプロレタリアートよ、団結せよ」とか「一人は万人のために、万人は一人のために」といったスローガンが掲げられていた。

多くの学生が「貧しきを愁えず、等しからずを愁う」「一人の落ちこぼれも出してはいけない」というマルクスのイデオロギーに酔っていた。三井三池、日産、トヨタ、東芝といった大企業では、労働組合の運動が活発でストライキがあり、春闘の私鉄のストライキも年中行事だった。大学では全学連による「破壊活動防止法」の反対運動が盛んで、全学ストもあった。私は「破壊活動防止法」が悪い法律だとは思わなかった。学生の中ではごく少数派のノンポリ（政治に無関心だった〉（『かもめ』）

この時代、江副のように裕福でもない家庭に育った大学生が、マルクス主義のイデオロギーの洗礼をまったく受けなかったのは奇跡に近い。ことに、江副がのちに「リクルート」となる「大学新聞広告社」を創業した1960年は、日米安保条約の改正をめぐり、500万人規模のデモが発生。岸信介首相が立て籠もる総理官邸や国会を学生たちが取り囲み、まるで革命前夜の光景が繰り広げられた。

統制経済の国

いったいなぜ戦後の日本で多くの若者たちや労働者が共産主義思想に熱狂し、社会改革運動が燃え上がったのだろうか。

1945年に第二次世界大戦が終結すると、社会主義陣営に君臨するソ連と資本主義陣営の頂点に立つアメリカが、核武装して睨み合う戦争のない戦争、冷戦時代がつづく。その間、資本主義の国では、戦後の混乱と貧困のなか、労働組合を中心に資本主義に抗する社会運動が盛んになる。

ことに日本では、それまで「天皇の赤子」として、国を信じ悲惨な戦いを耐え忍んでいたのに、戦争に負けて世の中のすべてがひっくり返った。出征した夫や息子を失い、家は焼け落ち、軍票や戦時国債も紙屑となった挙げ句、食べるものもない貧困の奈落に突き落とされた人たちが続出した。政治への圧倒的な不信感に加え、無念や怨念、やり場のない怒りは国に向かう。

思想犯として投獄されていた共産党員を解放するなど、GHQがとった一連のリベラルな政策が、こうした人々を左翼思想家へと駆り立てる。学生たちの中から次々と共産党に入党する者がでてきた。

昭和のジャーナリスト、言論人には、マルクスに傾倒した学生たちの運動にシンパシーをもっていた人が多い。マルクスがもたらしたものは、経済学というより哲学であり、なによりも革命のイデオロギーだった。

江副はこう批判する。

〈日本は、建前は資本主義だが、実質は、マルクスが理想とした、人々の均質な生活を良しとする統制経済の国となった。いまも日本は、建前は社会主義、実態は市場経済という中国やロシアとは、逆のパターンになっている〉（『かもめ』）

創業後、市場原理主義者の江副がずっと戦ってきたものの正体が行間に浮かんでくる。

彼が情報事業を「紙」から「コンピューター・ネットワーク」へと飛躍させようとした1980年代は、規制緩和によって政府の頸木《くびき》から経済を解き放つアメリカのロナルド・レーガン大統領や、イギリスのマーガレット・サッチャー首相の新自由主義が世界の潮流となっていた。日本でも、レーガン大統領と親密な関係を築いた中曽根政権が、国鉄（現・JR）や電電公社（現・NTT）などの民営化を推し進めたが、江副リクルートの急成長は、この潮流によってもたらされたとみてもいいかもしれない。

大きな飛躍への小さな発見

イデオロギーの暴風が吹くキャンパスで、江副はアルバイトで生計を立てていた。

〈大学二年の六月。アルバイト委員会（筆者注：学内に家庭教師などアルバイトを斡旋する組織があった）の掲示板を見ていて、「月収一万円／東京大学学生新聞会」の掲示が目にとまった。東大新聞の広告取りの仕事、コミッション制で月収一万円とあった。詳しく聞くと、これまで一番成績が良かった人の月収が一万円だったとの話。私は、お金の魅力でそのバイトに就いた〉（『かもめ』）

日雇い労働者の日当は「ニコヨン」と呼ばれる240円。学生バイトもそれが基準になっていた。月に20日働いても5000円弱である。リアリストの江副は高収入目当てで応募する。採用面接を受けに来る学生の9割以上が編集部員志望で、営業を希望する江副は珍しがられ、即採用される。しかし思ったように広告が取れない。

東大新聞常務理事の天野勝文（のちに毎日新聞論説委員）が、なかなか広告を集められない江副に言った。

「新聞は販売収入より広告収入が上回る時代になった。広告もニュースだ。明日から新聞を広告から読んで、東大新聞の広告を開拓してくれないか」（『かもめ』）

江副は天野のアドバイスに従って、朝日や毎日などの新聞を下から読んでみた。そのうち、あることに気づいた。一般の新聞で大きなスペースを占めているのは映画と求人の広告だ。テレビがまだ普及していない時代、エンタテインメントの花形は映画であり、敗戦の焼け跡から復興した日本経済は旺盛に働く人をもとめていたのだ。

さっそく映画館を回ったが、読者の少ない大学新聞など、どこも相手にしてくれない。一方、一般紙に求人広告を出している会社は種々雑多で、どこから手をつけていいか分からない。

ここで江副に、のちに大きな飛躍となる、ほんの小さな発見の機会が訪れる。

リクルート創業にまつわる、これまで何度となく書かれてきたエピソードだが、営業がうまくいかず困り果てた末に江副が辿り着いた帰結は、けっして偶然ではなく、時代が抱えたルサンチマンに囚われなかったことからくる必然だった。

〈ある日キャンパスを歩いていて、経済学部の掲示板の、丸紅飯田（現・丸紅）の会社説明会が法文一号館の三十八番教室（筆者注：江副氏の記憶違いだろう、実際には28番教室）で開かれる、との掲示が目にとまった。「これだ！」と思った。

早速、丸紅飯田の東京支店の人事課を訪ね、「東大新聞に説明会の告知広告を掲載していただけませんか」とお願いした。即座にOKが出た。

この告知広告で大勢の学生が集まり、説明会は盛況で、丸紅飯田の人事課に喜ばれた〉（『かもめ』）

1958年6月18日（水曜日）付の東大新聞の第2面。原子核研究所教授の藤本陽一が書いた

「赤門時評」という大きなコラムの下に、東大新聞始まって以来の求人告知広告が出た。

就職説明会御案内（法・経学部）
【日時】6月20日午後3時～5時
【場所】東大法文経28番教室
【出席者】取締役副社長　森長英　人事部長　横山彰
丸紅飯田株式会社

学生相手の説明会に副社長を出してくるあたりに、丸紅飯田のなみなみならぬ意気込みがうかがえる。5センチ角の小さな広告だった。これが後に「日本株式会社の人事部」と呼ばれるようになるリクルートの第一歩である。

時代の波をとらえる

東大新聞の営業マン江副の快進撃が始まる。商社の丸紅飯田のような関西系の企業が、東大新聞の求人広告に殺到した。丸紅飯田と同じ近江商人がルーツの伊藤忠商事をはじめ、住友銀行、三和銀行、川崎製鉄……あっというまに江副はコミッションフィーで月収20万円を稼ぐ。大卒初任給が1万円の時代だから、今にすれば４００万円を超える大金だ。

求人広告を大量に集められた背景には、時代の変化もあった。

朝鮮戦争（1950～1953年）の特需で息を吹き返した日本経済は、戦後の復興期を経て、いよいよ高度成長のとば口に立とうとしていた。企業は総じて人材に飢えている。1958年9月17日付の東大新聞にこんな記事がある。

〈「就職レポート」こうして会社をきめる

法・経学部の学生なら就職準備は五月に始まる。（中略）一昨年ごろまでは、いわゆるコネが絶対と信じられ、誰もがコネ探しに苦労した。しかし、昨年あたりから、特に一流大会社の間に、本当に優秀な人間を採りたい、という熱意が高まり、コネの重さは相対的に軽くなった。そこで入社試験が重くみられる〉

企業の採用に実力本位の時代が来ようとしていた。文科省の「学校基本調査」で大学等進学率を見ると1958年は10・7％。これが2010年の56・8％までほぼ一本調子で上昇していく。1958年当時は企業の規模もまだ小さく、海外勢との競争に晒されているわけでもなかったから、理系は付き合いのある大学教授の研究室の学生、文系は自社の役員、社員、取引先幹部の子弟を集めただけの組織でも、それなりに経営はできたのである。

だが高度経済成長への離陸期を迎え、爆発的な成長を始めた日本の企業は、高卒、大卒を問わず膨大な数の新入社員を必要としていた。学生の側も、コネに頼らず自分が働く会社は自分で決めたいという気運が高まった。しかし企業はどうやって学生を集めていいか分からないし、学生もどうやって企業を選んでいいのか分からない。

そんな学生と企業を初めて「マッチング」したのが江副だった。東大新聞に就職説明会の広告を載せ、学生を採用したい企業と企業に就職したい学生を出会わせる。

丸紅飯田の広告を取ったとき、江副はまさに時代の波を捉えたのである。それは、江副がまったく新しい情報産業を生むことになる決定的瞬間だった。

起業と樺美智子

リクルート創業の日は、1960年3月31日となっている。

江副が1年留年して、どこにも就職しないまま卒業し、引き続き東大新聞の求人広告を取ってくる仕事をするため、「大学新聞広告社」という屋号の個人商店を立ち上げたからである。

「東大新聞の広告は僕が中核でやっていたので、僕がやめたらたちまち困ってしまうし……。(中略)僕を必要としているところで、求められていることをやるべきじゃないか、と。それに、ホントのことをいえば慣れた仕事で気が楽だし、時間もあまり拘束されない。(中略)同期生たちは、有名企業か大学院に進みましたが、いまさら新入社員で命じられたことをやるのはシンドイな、というのが素直な気持ちだった。(中略)起業家意欲などはなかった」(『正義の罠』)

この江副の言葉を信じるなら、起業はモラトリアムの延長のようなものだったことになる。だが、このあとの行動から逆算すると、額面どおりに受けとらないほうがよさそうだ。

さっそく江副は、東大新聞の実務を担当していた鶴岡《つるおか》公《ひろし》に声をかける。お茶の水の喫茶店「レモン」で「ツルさん、手伝ってくれないか」と誘ったら、快く応じてくれた。鶴岡は高校卒業後、東大新聞で働きながら演劇の勉強をしていた。事務所は、教育学部で2年先輩の森稔の実家が貸しビル業を営んでいる港区南佐久間町（現・西新橋）の4階建てビルの屋上にある物置小屋を借りた。森は、のちに六本木ヒルズなど数々の複合施設の開発を手掛けた、「森ビル」の2代目で事実上の創業者。江副は森ビル発祥の地が、リクルートの発祥地となったと自伝に記している。

仕事は東大新聞以外に、早稲田、慶応、一橋、京大などの他大学の大学新聞も扱うようになり、順調に伸びていった。同じ年の10月、「株式会社大学広告」を設立した。

求人広告の仕事は順調だったが、いよいよ安保闘争に火がつき、大学新聞の紙面はどんどんきな臭くなっていった。

5月19日深夜、岸信介首相が衆議院に警官隊を導入し、新安保条約を強行採決したことから、全国でストやデモが頻発する。6月4日には労働組合の中央組織である総評（日本労働組合総評議会）が安保反対のゼネスト（ゼネラルストライキ）を指令、労働者560万人が参加した。

そして6月15日、悲劇が起きた。

〈夜、全学連が日米安保条約改定に反対して国会構内に乱入し機動隊と激突、東大の学生樺美《かんばみ》智子《ちこ》さんが亡くなった、とのニュースが流れた。仕事をしていた私と鶴岡は、興奮して国会まで走っていった。全学連と機動隊が激しくぶつかりあい、雨の中、トラックが赤々と炎上している様子を、二人で呆然と見つめていた〉（『かもめ』）

西新橋から国会までは走れば10分ほどだったろう。「雨の中」というのは江副の記憶違いである。当時のニュース映像を見ると、この日の東京に雨は降っていない。警官隊は装甲車の上からデモ隊に向かって激しく放水を続けており、濡れた記憶が雨にすり替わったのかもしれない。

このときの様子を東大新聞はこんな風に伝えている。

〈その時右翼のトラックが百メートルほど離れたところからデモ隊めがけてフルスピードで突っ込んできた。逃げるひまもない。数人がはねとばされて重傷を負い、しかも黒服、黒帽の暴力団は釘の出た棒を手に手にデモ隊になぐりかかった〉〈警棒でなぐりつけ、蹴り上げる警官隊に、またたくまにデモ隊は外へ蹴り出された。倒れて動けなくなり、警官隊に踏みにじられたまま、門の中に残された学生も、おびただしい数にのぼった。その中に亡くなった樺さんもいたのだ〉

6月19日午前零時、6万人のデモ隊が国会を取り囲む中で、衆議院を通過していた「日米安保改定法案」は自然承認された。その30分前、国会前の道路に座り込む2000人の東大生の前に、教養学部自治委員長の西部邁《にしべすすむ》が現れた。

「全学連の面会要求に岸首相はまだ応じません。あと30分で安保は自然承認されるわけですが、僕たちはこの30分間、歌を力一ぱい歌っていきたいと思います」

6月22日付の東大新聞は、デモ隊を鼓舞する西部の姿を伝えている。しかしその紙面の下には、江副が取ってきたであろう、こんな広告が並んでいた。

〈下欄の各社就職説明会は六月二十八日（火）午後三時より工学部大講堂で行います

八幡製鐵所　主要製品　銑鉄 鋼塊及び半製品　鋼材

新しい文化をつくる鉄鋼　富士製鐵

鉄をつくるマンモス産業　日本鋼管
世界に伸びる　住友金属工業〉
上には、学生たち6万人のデモ隊が国会に押し寄せ、最後まで安保改正を阻止しようとしたことを伝える記事。下には安保によってアメリカの軍事力に頼り、軽武装・経済重視で経済復興を遂げ、これからさらに成長していこうとする企業群が旺盛に人材を求めている広告。
天野勝文が江副に諭したとおり、たしかに広告はニュースだった。

第2章　紙のグーグル

ゼロ・トゥ・ワン――まだ誰もやっていない仕事

世界最大のオンライン決済サイト「ペイパル」を創業し、フェイスブックを育てたエンジェル投資家のピーター・ティールが、日本でもベストセラーになった自著で、起業することについてこんなことを書いている。

〈ビジネスに同じ瞬間は二度とない。次のビル・ゲイツがオペレイティング・システムを開発することはない。次のラリー・ペイジとセルゲイ・ブリンが検索エンジンを作ることもないはずだ。次のマーク・ザッカーバーグがソーシャル・ネットワークを築くこともないだろう。（中略）もちろん、新しい何かを作るより、在るものをコピーする方が簡単だ。おなじみのやり方を繰り返せば、見慣れたものが増える、つまり1がnになる。だけど、僕たちが新しい何かを生み出すたびに、ゼロは1になる。（中略）行政にも民間企業にも、途方もなく大きな官僚制度の壁が

存在する中で、新たな道を模索するなんて奇跡を願うようなものだと思われてもおかしくない。（中略）

そう考えると気が滅入りそうになるけど、これだけは言える。ほかの生き物と違って、人類には奇跡を起こす力がある。僕らはそれを「テクノロジー」と呼ぶ〉（『ゼロ・トゥ・ワン　君はゼロから何を生み出せるか』NHK出版）

ティールのいう「テクノロジー」とは、ITなどの技術的なものに限らない。「ものごとへの新しい取り組み方」「より良い手法」を、彼はテクノロジーと呼んでいる。

1962年（昭和37年）4月、江副は、「新しい取り組み方」によって、これまでにない媒体（メディア）をつくった。『リクルートブック』、創刊時の名前は『企業への招待』。「リクナビ」の前身である。

この新メディアが成功していなければ、リクルートは大学新聞の求人広告を取り扱う小さな広告代理店で終わっていたに違いない。当時も、そしてその後急成長し、電通より大きくなり、朝日新聞に肉薄したときも、さらにはリクルート事件後も、『リクルートブック』とそれに続く数々の情報誌の本質を、正確にいい当てた者は誰もいなかった。いや、いまなお、江副がつくった「情報誌」の革新性はきちんと理解されていないかもしれない。

立花隆が描いた草創期

時計の針を1年前の1961年にもどす。創業して2年目の当時のことを江副はこう振り返っている。

〈この年、われわれの会社も十分すぎる利潤をあげた。この年のシーズンが終わり夏休みにはいって、私はもはや引返すことができないところにきているように感じた。いま考えると、この半年間で、わが社は会社としての生命力を持ったのだと思う。（中略）

昭和三十六年八月、われわれはわが社の今日を決める重大な決定を行った〉（『リクルートと私』）

儲かったのは「大学新聞に企業の求人広告を載せる」という、それまで誰もやったことのない新しい仕事を生み出したからだ。そもそもベンチャーは「千に三つ」の世界、しかし幸運にも初めに大当たりのカードを引いたのだ。しかし、江副は満足しなかった。

まず、大学新聞は、総ページの2分の1以下に広告スペースが制限されているうえ、求人広告が一時期に集中するため、申し込みを受けた会社の広告を全部載せられない。大学によっては、購買率が極端に低く、広告効果に不安がある。就職特集号は大学広告社で買い上げて学生に無料配布していたが、その手間と費用がかかりすぎる。そこで江副がだした結論は、こうだ。

〈われわれが責任をもって編集、配布できる媒体をもつ〉（『月刊かもめ』1976年8・9合

併号）

求人広告を出してくれる企業の入社案内のパンフレットを作る仕事を請け負ってみた。当時、働いていたアルバイトのひとりはこう書き残している。

〈私が（アルバイトを）やめるころには、大学新聞の広告だけではなく、入社案内のパンフレット作りも引き受けるようになっていたが、どう考えても、仕事の範囲が限られているので、そんなに将来有望な会社になるとは思えなかった〉

このアルバイターの観察どおり、この事業はうまくいかなかった。書いたのは、のちに現職総理だった田中角栄の金脈追及などノンフィクション作家として活躍した、「知の巨人」立花隆。彼のデビュー作『素手でのし上った男たち』（番町書房）には、そのころの社内の様子も描かれている。このとき大学広告社は、屋上の物置小屋の蒸し風呂のような暑さに耐えかねて、近くの芝西久保桜川町（現・虎ノ門1丁目）の第4森ビルの地下に引っ越していた。

〈大学広告というのは、新橋の近くのビルの地下室にある小さな会社だった。十坪に満たない部屋に机が六つ七つ、汚れたソファが一つと、ロッカーがいくつかあるだけだった。社員は三、四人いたろうか。にぎやかに笑ったり、しゃべったりしながら、広告を作ったり、電話をかけたり、ときどきやってくる印刷所や、写植屋の人と応待していた。雑然たる部屋の様子や――出前の食器がその辺に重っていたり、部屋の隅には電熱器があって、その側にヤカンと茶ワンの他に、ナベや魚を焼く網までころがっていた――社員同士の談笑ぶりが、ちょうど大学のサークルの部屋を想像させた〉（『素手でのし上った男たち』）

リクルートのいまの本社は東京駅八重洲口に聳える清潔でスタイリッシュな高層ビルだ。それとは真逆のちっぽけで汚い、しかし活気に溢れた草創期のリクルートの様子が、ありありと描かれている。

この地下室で下した「わが社の今日を決める重大な決定」こそ、大学新聞というメディアに広告を入れる仕事から脱却し、大学新聞に代わる自前のメディアをつくることだった。

資本金はたったの60万円。売上高は500万円もない。まともな家賃が払えないので、地下の小部屋に、江副、鶴岡、そして公募して採用した社員第一号の友野喜久子の3人と、アルバイトがいるだけ。そもそも雑誌を創刊する元手がない。どう考えても、成功する可能性は限りなくゼロに近い。

しかも、江副の考えていたメディアとは、「求人広告だけの本」だった。

「広告だけの本だって。そんなの売れるわけがないじゃないか」

江副がアイデアを話すと、おとなしい鶴岡が珍しく反対した。

「売るんじゃない。配るんだ」

江副は「広告だけの本」を「無料」で学生に配り、求人広告を出した企業からの広告収入だけで回す、という前代未聞のビジネス・モデルを鶴岡に明かした。それは、東大新聞の広告からはじまって全国の大学新聞に広げた1→nのビジネスではなく、ゼロを1にする、これまでどこにもなかった仕事だった。

「そもそも記事のない本に広告を出す会社はない」

鶴岡の言い分にも一理ある。それに、無料で配るにしても、いったいどうやって学生に届けるというのか。目算もまったく立っていない。

そんな折に、教育学部の先輩、芝祐順《しばすけより》がアメリカから一冊の本を送ってきた。

芝は、東大を出てイリノイ大学の大学院に留学していた。

当時のイリノイ大学には教育心理学の最先端だった計量心理学の分野で第一級の心理学者が集まっていた。ここで最先端の心理学を学んだ芝は後に東大の教授になり、大学入試センターの統計的技法の開発に携わって「日本の教育測定の育ての親」と呼ばれることになる。

送られてきた『キャリア』というタイトルのその本は、学生向けの就職ガイドブックだった。B5判200ページほどで、巻頭は「就職する諸君へ」というケネディ大統領からのメッセージ。就職のガイダンスの記事、そして石油メジャーのエクソンモービル、電機大手のGE（ゼネラル・エレクトリック）、コンピューターのIBMなど米国の名立たる企業200社がスポンサーとなって自社の求人広告を載せている。記事よりも広告が圧倒的にページ数を占めている。

「これだ！」

江副は膝を叩いた。『キャリア』の存在は、江副はもちろん、これまであまり乗り気でなかった鶴岡や森村、教育心理学科で芝の同期で、なにかと江副の相談に乗っていた井上健治（のちに東大教授）ら、みんなの背中を押した。

井上の、当時の江副についての述懐。

〈東大新聞でアルバイトをしていた経験から求人広告、企業広告の先を見通し、その種の広告媒体としての大学新聞を大きく飛躍させたのも、アメリカ留学中の芝さんから新しい仕事のヒントとして送ってきた「Career」のアイデアを「企業への招待」の商品化に生かしたのも、結局は、経営者が環境を鋭く見通して新しい需要、新しい市場を「創り出した」ことにある。いまになれば、リクルートがやらなければだれがやっただろう〉(『リクルートと私』)

ピーター・ティールのいうとおり、ビジネスに同じ瞬間は二度とない。次の江副浩正が「広告だけの雑誌」というメディアを作り新たな市場を開拓することは、もう二度とない。

インターネットのない時代のグーグル

「求人広告だけの雑誌」――『企業への招待』から始まった、リクルートの情報誌ビジネスのいったいどこが革新的だったのか。

いまだからわかることだが、江副の情報誌は、一言で言えばインターネットのない時代の「紙のグーグル」だったのである。つまり、情報がほしいユーザーと、情報を届けたい企業を「広告モデル」(ユーザーには無料)によってダイレクトに結びつけたのだ。

新聞、雑誌、テレビ、ラジオなど商業媒体の読者や視聴者にとって、広告は一般的に「ノイズ」と思われている。読者、視聴者が見たいのはニュースやドラマ、野球、サッカーなどのスポーツ中継であり広告ではない。

一方、広告を出す企業の側からすれば、求人広告なら「仕事を探している人」、不動産の広告なら「家を買いたい人、借りたい人」がターゲットである。しかし読者、視聴者の多くはすでに定職に就いていたり、家を持っていたりする。マスメディアに載せる広告の大部分は「無駄撃ち」なのだ。江副は、前述したとおり大学新聞の広告の効力に疑いを持ち始めていた。

江副が『企業への招待』を創刊した１９６２年から36年後の１９９８年、グーグルがインターネットを使った「検索連動型広告」を発明した。

江副が考えた「広告だけの本」が就活生だけを対象にするのと同様、グーグルの検索連動型広告は「仕事」という言葉を検索した利用者だけに求人広告を見せる。「家」を検索すれば住宅の広告、「車」を検索すれば新車、中古車の広告が表示される。「検索連動型」のネット広告は、その後レガシーメディア（時代遅れの遺跡のようなメディア）と呼ばれるようになった新聞、テレビのマス広告から広告主（クライアント）を奪った。

グーグルの若き創業者、セルゲイ・ブリンとラリー・ペイジはマス広告のことを「スプレー＆プレイ（殺虫剤をシューっとスプレーして「蚊が落ちますように」と祈る）」と皮肉った。自分たちのネット広告は確実に蚊を落とす。その商品やサービスに関心のある人に確実に届くからだ。広告料も、広告が見られたときにしか発生しない。見られたかどうかは「神のみぞ知る」で、法外な料金を取るマスメディアのマス広告を、グーグルの創業者たちは「広告主を騙している」と考えた。

次々と立ちはだかる壁

「求人広告だけのメディア」の名前について江副は、アルバイトに来ている森村稔に相談した。

「学生は企業のことをほとんど知らない。コネのあるゼミの教授や親に言われた会社に入っているだけ。これじゃ顔も知らない許嫁《いいなずけ》と結婚するようなもんだ」

江副は続ける。

「企業も、全国から優秀な人材を求めている。だから自分たちがどんな会社で、どんな人材を求めているのかを学生に伝えたがっている。自由に企業を選びたい学生と、優秀な学生が欲しい企業を結びつけるのが僕らの出す本だ」

「なるほど、企業と学生の縁結びか」

森村はしばらく考えてから言った。

「じゃあ『企業への招待』ってのはどうだい」

「『企業への招待』？　なんだか、本の名前っぽくないなあ」

「だからいいんだよ。一度聞いたら忘れない。これから社会に一歩を踏み出す学生たちへの招待状という意味だ」

「さすが森村ちゃん、それで行こう！」

会社の未来を賭けた新事業の名前——並の経営者なら自分で付けようとするだろう。だが、コピーのセンスにかけては江副より森村のほうが優れている。自分より優秀な人間にどんどん仕事を任せる。それが経営者としての江副の強みだった。

広告料金は一律で1社30万円と決めた。そのころ、新聞では、真四角な形で「飯盒《はんごう》」と呼ばれていた5センチ角の広告が2000円だった。30万円は高く聞こえるが、はるかにスペースが大きく、長い時間、確実に学生の目に触れる広告だから適正な値段と踏んだ。

大学新聞の広告で付き合いのある大企業なら100社くらい簡単に出稿してくれる。しめて3000万円の売上だ。今で言えば6億円に匹敵する金額である。正社員3人のベンチャーとしては悪くない。東大新聞で求人広告を取りまくった江副にはそれくらいの自信があった。

ところが、実際に営業を始めると、江副の胸算用は見事にハズれた。大学新聞のときはあれほど気前よく広告を出してくれた大企業なのに『企業への招待』にはまったく乗ってこないのだ。大学新聞に積極的に広告を出していた企業の人事課長が言う。

「どんな会社がその企画に参加するんですか？　うちは顔ぶれを見てから結論を出しますよ」

川崎製鉄（現・JFEスチール）に行ってみた。

「住金《すみきん》（住友金属工業、現・日本製鉄）さんと神戸製鋼さんはどうされるのですか」

住金に行けば「川鉄さんや神鋼さんが出すなら、うちも検討しますよ」と言われ、これでは埒《らち》が明かない。不要なノイズ（記事）を消去した「広告だけの本」という新しいコンセプトが、まったく理解されず、江副は途方に暮れる。

〈「大学新聞にはあれほど好意的だったのに、どうして冷たい反応なのだろう？」私は頭を抱えた。それまでは東大、早大など各大学新聞の代理店として営業は順調だった。が、それは「私の信用ではなく、大学新聞の信用だった」、と知った〉（『かもめ』）

資金繰りも同じだった。

『企業への招待』を印刷してもらうため東大新聞を印刷していた大日本印刷に行くと、馴染みの担当者がこんな条件を提示した。

「用紙を持ち込んでくれるなら、印刷代金は後払いでもいいですよ」

東大新聞が用紙を買っていた中井商店（現・日本紙パルプ商事）に行くと今度はこう言われた。

「お取引のない先に信用では売れません。初めてのお取引は、全額現金でお願いします」

そこで融資を受けるため、江副は会社設立のときに法人口座を開いた芝信用金庫の田村町支店を訪れた。しかし応対に出た貸付課長に断られる。

「お取引の実績が短く、担保もないのでは……」

担保とは土地や預金や保有する株式を指す。江副にはどれもない。「広告だけの本」は画期的なビジネス・モデルだったが、印刷会社や製紙会社や銀行にとっては、そのアイデアに価値はない。会社の持っている土地や株で信用力を評価するだけだ。「持たざる者」の悲哀が身にしみる。

江副のあまりの落ち込みぶりに同情したのか、貸付課長が、

「お昼を食べに行きましょう」

と近くの蕎麦屋に誘ってくれた。

蕎麦を手繰りながら雑談しているうち、森稔が大学の先輩で、その縁で森ビルに部屋を借りて

いることを話すと、貸付課長の表情が変わった。

「江副さん、その事務所を借りたとき、保証金をいくら払っていますか」

「60万円払っています」

「その保証金を譲渡担保にするとの森ビルの承諾書をもらえれば、私が本部と交渉しますよ」

譲渡担保の承諾とは、借りた金を返済できなければ、保証金を芝信用金庫に渡すのを森ビルに認めてもらうということである。保証金とは本来、家賃を滞納したときのために貸主に差し入れるものだが、森はしぶしぶ承諾書を書いてくれた。

芝信用金庫のおかげで資金繰りのめどはついた。だが肝心の広告が集まらない。江副は「100社」と大見得を切ったが、就職活動が解禁される数ヵ月前になって集まったのは、それほど有名でない企業が20社ほどだった。こんな貧相な本では学生が見向きもしないだろう。江副は決断した。

「大手企業の広告は無料でいい」

無料と聞くと、国鉄や電電公社が出稿に応じ、なんとか恰好がついた。結局『企業への招待』創刊号に求人広告を掲載した企業は69社。うち40社は無料だったため、有料広告は29社。売上高は1165万円だった。江副の胸算用のおよそ3分の1である。

「俺は人の下では働かないよ」

広告主に対し江副は「就職活動が解禁になる前に全国の大学に配本します」と約束していた。しかし「この写真はうちの社長じゃない」「初任給の数字が違う」と各社から訂正のクレームが相次ぎ、そのたびに工程が遅れていく。就職活動が解禁になった後では『企業への招待』の価値がなくなってしまうから、最悪の場合、受け取った前金を払い戻すことになる。

江副は現場を強化するため、新たにアルバイターを採用した。そのうちのひとり、早稲田大学の法学部を出た小倉義昭《おぐらよしあき》は変わった男だった。

その年の春に早稲田を卒業していたが、就職はしていないという。ポリオ（脊髄性小児麻痺）を患い右手が不自由だったが、自信満々でよく喋る。人を惹きつける不思議な魅力を持っていた。

面接で「どうして就職しないのか」と江副が聞くと、小倉は面倒臭そうに言った。

「心配しなくても、学生運動なんかやってないよ。俺は人の下では働かないことにしているんだ」

小倉は江副の胸の内を見透かすように答えた。

江副は小倉を即採用し、『企業への招待』を学生に届けるための宛名書きをやらせた。小倉は自由が利く左手でスラスラ宛名を書いたが、やがて作業に飽き、江副に尋ねた。

「これは誰に送ろうとしているのかね」

江副は、ふだん、求人広告を載せている大学新聞の伝手《つて》で、全国の大学から学生名簿を集め、『企業への招待』を直接、配送するのだと説明した。

「だったら、いちいち郵送なんかしないで、大学の就職部に配らせればいいじゃないか」

「それができれば簡単だが、大学は簡単には配ってくれないよ」

『企業への招待』を作る過程で、自分たちの信用力のなさを痛感した江副は、最初から門前払いされるものと思い込んでいた。

「じゃあ、俺が配ってきてやるよ」

小倉が言った。

「1部につき50円を俺にくれ。その代わり給料はいらない」

1部の配送にかかるコストがちょうど50円だったから、会社として損はない。そもそも出来高で賃金を支払うコミッション制は江副の好きな制度である。江副が同意すると、小倉はまず母校の早稲田の就職部に行った。

「今みたいに親や教授のコネで就職する時代は終わります。学生たちは自分に合った会社に入りたいと思っているし、企業も優秀な学生を求めている。学生が企業の実情を知る手がかりになるのがこの本です。しかも費用は企業からの広告費で賄うので、大学は無料で配るだけでいい。かわいい卒業生が、こうして頭を下げているんです、配ってやってもらえませんか」

早稲田の就職部長はたちまち、2000部を配ると約束してくれた。小倉はその足で慶応大学に行き、ここでも配布の約束を取り付けた。

「うちは国立だから民間企業のカネ儲けは手伝えない」

頑なだった東大の就職部長のところには何日か通いつめ、「これは私の気持ちです」とワイシャツのお仕立券を渡した。そんなこんなで小倉は北海道から九州まで、全国の大学に配本網を築いてしまった。江副は小倉の手際の良さに目を丸くした。

配本網が完成し、69社の求人広告を載せた400ページの『企業への招待』創刊号が大日本印刷から刷り上がってきた。江副はそれをアパートに持ち帰り、明け方近くまで眺めて過ごし、枕元に置いて眠った。

小倉の警告

だが感慨に浸っているヒマはない。就職活動の解禁日は目の前に迫っている。数日のうちに全国に配送しないと、広告主との約束を破ることになる。江副たちは運送会社に頼んでトラックを増発してもらったが、それでも九州の大学には間に合いそうにない。

1960年に同志社大学に入学し、大学広告社のアルバイトをしていた岡崎坦《おかざきひろし》は、東京から届いた『企業への招待』が入った段ボール箱を大阪駅に運んだ。ホームに積んでおいた箱を、発車待ちの鹿児島行き急行の座席の上の棚に載せる。鹿児島駅では別のアルバイトが待ち構え、待機していたバイクに積み替えて鹿児島大学までひとっ走りする算段だ。

荷物のキセル乗車のようなもので、もちろんルール違反である。ホームで鉄道公安に見つかった仲間はこっぴどく叱られ、始末書を書かされた。それでも半分以上は首尾よく鹿児島大学に届いた。

「これは面白い会社だ」

新聞社志望だった岡崎は、翌年「日本リクルートセンター」と名前を変えたその会社の46番目の社員になった。

江副は、『企業への招待』の巻末に挟み込んでおいたアンケートはがきが学生たちから送り返されてくると、一枚一枚食い入るように読んだ。

「就職先を選ぶのにとても参考になりました」

「掲載企業をもっと増やしてください」

「コネ就職」から解放された学生たちは、江副の仕事に感謝していた。企業の採用担当者たちも「学生からの問い合わせが増えた」と喜んでいる。

適材が適所に就職する橋渡し。それは間違いなく、日本社会に活力を与える仕事だった。

『企業への招待』創刊号の巻末には、学生が、企業に説明会や面接の期日を問い合わせるためのはがきが差し込まれていた。江副のアイデアである。配本網を構築した小倉が、ここで一計を案じる。訪れた大学で学生寮に潜り込み「もうすぐ『企業への招待』という本が配られるから、巻末のはがきを企業に送ってくれ」と動員をかけたのだ。学生たちは小遣い稼ぎでせっせとはがきを書き、それが広告を掲載した企業の元に大量に届く。

「いやあ『企業への招待』の反響はすごいね」

企業の採用担当者は一様に目を輝かせた。徒手空拳の江副と株式会社大学広告はたった1年で「信用」を手に入れた。創刊号は赤字だったが、翌年は無料掲載の企業がすべて有料に切り替わり、掲載社数も増えて売上高は一気に4倍。会社を支える太い幹ができた。

有頂天の江副に小倉が囁いた。

「これはなかなかいい商売だ。でも気をつけたほうがいい。俺たちに求人広告を奪われた朝日新聞や電通が黙っちゃいないぞ」

「そんな大げさな。彼らは大企業だよ。俺たちなんか相手にしないさ」

江副は屈託なく笑った。

奇跡の理由

『企業への招待』のちに『リクルートブック』となる「情報誌」は、難産の末にこうして誕生した。創刊号で69社だった掲載企業は、翌63年には146社、64年は243社、65年は327社と確実に増えていく。

公募採用社員の第1号でかつ女性社員の第1号となった友野喜久子は、リクルートの経理や管理部門の基礎を作って1年ほどで退社する。友野は1964年に結婚したとき、江副から、当時〝国民車〟とよばれた「スバル360」をお祝いに贈られた。

江副は過小な資本と限られた人員をものともせず「ものごとへの新しい取り組み方」に挑むことによって奇跡を起こしたのだ。

しかも江副の起業には、ラリー・ペイジとセルゲイ・ブリンのグーグル創業を支えたマイク・マークラのようなエンジェル投資家がいない。「ナイキ」の創業者フィル・ナイトの窮地を救った日本の商社・日商岩井（現・双日）のようなリスクテイカーもいない。

エンジェル投資家もリスクマネーもなかった江副を後ろから支えたもの——そのひとつは〈世界の経済史にも例を見ないほどの高度成長〉（江副浩正「年年歳歳花同じからず」『月刊かもめ別冊リクルート創業25周年記念誌』）だった。なかでもリクルートがスタートしたころは、「岩戸景気」とよばれる空前の好景気のど真ん中。日本経済の成長が、『リクルートブック』の成長を促し、江副の起業を軌道に乗せた。

もうひとつ、江副が奇跡を起こすために不可欠な出来事があった。

1962年のある日、甲南高校の同級生で京都大学に進んだ岡田貞夫が電話をかけてきた。岡田が言うには、予備校時代に知り合った友人の父親が関西から出てきて、築地のがんセンターに入院している。主治医の話では「手術をするため輸血が必要」ということで、献血に協力してくれる人を探している。そこで、仕事がら学生アルバイトをたくさん知っている江副のことを思い出したのだという。

友人とは女性で、名前を西田みどりといった。父親は、裸一貫から大阪《おおさか》螺子《らし》製作所《せいさくじょ》という特殊ネジをつくる会社を起こした西田己喜蔵。大阪・茨木市の商工会議所の会頭を務めたこともある名士である。みどりは松陰女子短期大学の英文科を卒業した後、岡田と同じ予備校を経て慶応大学の法学部に編入し、西田家が持つ神奈川県三浦郡葉山にある別荘で暮らしていた。

さっそく、みどりは江副と会った。最初はがんセンターに近い築地の「双葉寿司」で岡田と三人で。その後、2度ほどふたりで会った。江副は、社員やアルバイトの中から己喜蔵と同じ血液型の者を探しにかかったが、結局、必要な血液は病院で手当てできることになった。

奇妙なデート

最初に会ったときのみどりは父親の事情もあってあまり元気がなかったが、それでもつとめて明るくハキハキとしゃべる姿に江副は好感を覚えたのだろうか、その後、江副は何度かみどりを食事に誘った。葉山から慶応のある三田まで遠距離通学しながら、築地に寄って父親の看病をするみどりには時間的な余裕がなく、そのたびに断った。それでも江副は諦めない。何度目かの誘いでついにみどりが折れて、土曜日の午後、銀座の資生堂パーラーで会うことになった。

みどりは父親の看病を早く切り上げ、約束の5時に資生堂パーラーへ行ったが、待てど暮らせど、江副は姿を現さない。1時間ほどして、別の男に声をかけられた。

「あなたが西田さんですか?」

「はい、そうですが、あなたは?」

「僕は江副の友人で小倉と言います。江副は今、仕事で手が離せないから、代わりに僕がきました」

「そうですか」

やってきたのは小倉義昭だった。みどりと小倉が30分ほど、ぎこちなく世間話をしていると、ようやく江副が現れた。小倉はそそくさとその場を離れた。

「ごめんなさい。どうしても抜けられなくて」

「いいえ、お忙しそうですね」

「そうなんですよ。ずいぶんお待たせした後で、申し訳ないんだけど、実はまだ仕事が終わってなくて。よかったら今から、僕のオフィスに来てくれませんか」

「ええ?」

ずいぶん待たせておいて失礼な話だが、江副はまったく無頓着な様子である。

「いいですよ。じゃあ参ります」

「そうですか、ありがとう！」

江副はみどりを連れて会社に向かった。「大学広告」は、また引っ越していて、今度は神田美土代町にある雑居ビルの一室だった。部屋には段ボール箱が積み上げられ、足の踏み場もない。机の上には原稿が散乱している。江副は段ボール箱と机の隙間を縫うように歩いて自分の席に着くと、おもむろに原稿を書き始めた。

「あの、私はどうすれば」

「ああ、そのソファに座っててください。すぐ終わりますから」

（あ、痛っ！）

言われたソファに座ると、中のスプリングが飛び出していて強くお尻に当たったのだ。

1時間経っても2時間経っても江副は机から顔を上げない。いつしか時計の針は9時近くになっていた。喉は渇くしお腹も空いたのでみどりはたまりかねて言った。

「あの私、そろそろ帰りたいんですけど」

「えっ？」

声をかけられた江副は驚いたように振り向いた。

「もう帰るんですか？」

2時間も待たせておいて「もう帰るのか」もないものだが、「まだ終電の時間でもないのに」と言いたそうな顔である。

「駅から家までのバスがなくなってしまうので」

ようやく合点がいった様子で、江副は言った。

「こいつを仕上げて郵便局に持っていくから、ついでに東京駅まで送りますよ」

どうやら親切のつもりで言っているらしい。江副は広告の原稿を印刷所に送るため24時間開いている東京中央郵便局に寄り、みどりを東京駅まで送った。

「さようなら。また会いましょう」

飲まず食わずのまま電車に乗せられたみどりは、腹が立つより呆れてしまった。ただ、仕事に夢中になる江副の姿は、入院する前の、会社を切り盛りしていた父親と重なった。

その後、江副から何度か電話が来たが、学業と父親の看病で忙しいみどりと、会社を立ち上げたばかりの江副は、どちらも時間がない。そこで江副が考え出したのは、逗子まで帰るみどりと一緒に電車に乗って話すことだった。みどりは父から与えられていたグリーン車の回数券を江副に渡した。


みどりの父親、己喜蔵の病状が悪化したため、みどりは葉山から目黒区のマンションに引っ越した。江副は時間があると、仲のいい森ビルの森稔と一緒にそのマンションに顔を出し、みどりが手料理を振る舞った。

ある日、そのマンションに江副から大きな荷物が届いた。包みをとくと、醤油で煮しめたような汚い布団が1組。みどりは何が起きたのか分からなかったが、あまりに汚いので1日かけて布団を洗った。

「いったい、どういうつもりかしら」

布団の一件を森に話すと、寡黙な森は楽しそうに笑った。

「鍋釜下げて押しかけ女房というのはよく聞くが、布団を送って押しかけ亭主ってえのは聞いたことがない」

「え、そういうことなの」みどりは真っ赤になった。

そうしているうちにも父親のがんは進行し、ふつうに話せない容態になっていた。江副は「早く結婚してお父さんに安心してもらおう」と言う。みどりもそれが自分にできる最後の親孝行だと思った。

「今度、江副さんがここに来ます。私と結婚したいと言っています」

後日、江副が病院を訪ね、父親は筆談で短いやりとりをした。江副が帰ると父親はみどりに言った。

「お前が決めた人なら……結婚して幸せになるだろうなあ……」

みどりの父親は遠くを見つめ、娘の幸せを祈るように言った。

1964年（昭和39年）4月26日、ふたりは京都・蹴上の都ホテルで結婚式を挙げ、西田みどりは、江副みどり（その後改名して碧）となった。父親が息を引き取ったのはその5ヵ月後だった。

碧は、このあと物心両面で江副とリクルートを支えることになる。

第3章　進撃のダイバーシティー

下駄で入社面接

１９６４年（昭和39年）の７月、中央大学法学部４年生の下田雅美《しもだまさよし》は、空手部の合宿から帰ってくると、ほとんどの同級生が企業から内定をもらい、就職活動を終えていることを知り、愕然とした。まだ採用活動をしていた数少ない会社のひとつに日本リクルートセンターがあった。

１年前の１９６３年４月、株式会社大学広告は、「日本リクルートメントセンター」に社名を変更、その後、広告主たちから社名が長いと言われて、同年８月、「日本リクルートセンター」と社名をもう一度改めた。

下田がその会社に注目したのは、初任給が高かったからだ。当時、一流企業の初任給は２万円。もっとも高いと言われた武田薬品工業でも２万２０００円だったが、聞いたこともないその会社の初任給は２万７５００円だった。

（外資系の会社なのかな？）

何をやっている会社か分からないまま面接を受けに行くと、会場には２００人ほどの受験者がいた。他にも全国に面接会場があったから５００人以上は集まったのだろう。

（面接シーズンを逃した馬鹿がたくさんいるなあ）

下田は自分のことを棚に上げてそう思った。なにやら小難しいテスト――大沢武志を中心に開発した採用テスト――を受けた結果、大幅に人数が絞られ、下田を含む数十人が役員面接に残った。下田の面接官は江副と森村だった。

「面接に下駄ですか」

森村は呆れた顔で下田の足元を見つめていた。

「空手の練習で生爪を剝がしまして。靴が履けんのです」

結局、採用されたのは12人。社員28人の会社だったから、ずいぶんと大胆な採用である。ちょうど神田美土代町から西新橋の第3森ビルに引っ越すところで、若い社員たちが手分けをしてリアカーに荷物を積んでいた。社長の江副もまだ20代の後半。会社の雰囲気は大学のサークルだ。

中には入社が決まった後に「うちの息子はオタクのような会社には行かせません」とねじ込んでくる母親もいた。そんな社員の実家に、江副は盆暮れの付け届けを欠かさなかった。ある日、北海道出身の高卒社員の父親が亡くなると、江副は「みんなで行こう」と声をかけ、葬儀に参列するため北海道に足を運んだ。

入社して戸塚の独身寮に入っていた下田のところには、木曜、金曜になるとよく江副から電話がかかってきた。

「週末、うちにご飯を食べにおいでよ」

江副夫妻は、逗子の一軒家に住んでいた。下田が一升瓶の酒をぶら下げて行くと、碧が手料理を振る舞い、油壷のマリーナでヨットを借りてみんなで遊んだ。

帰りには近くの魚屋で新鮮なヒラメを買い、慣れた手つきで江副が捌《さば》く。それを肴《さかな》に日曜の夜、下田たちは明け方までしたたかに飲む。朝になると江副は「僕は行くけど、君たちは後からおいで」と声をかけて出社していった。

社員数は、50人にも満たない小所帯で、互いが相手の出身地や家族構成まで知っている家族ぐるみの付き合い。働けば働くだけ会社は成長し、給料も増える。江副にとっても、下田たち社員にとっても、この上なく幸せな日々であった。

メイド・イン・ジャパンの時代

このとき日本リクルートセンターには、次から次へと山のような仕事が入ってきていた。

1960年代の日本は、まさに「黄金の時代」だった。新たな技術革新と冒険的な設備投資によって、戦後生まれの企業たちの奇跡のような快進撃が始まり、高度経済成長の幕が上がった。ここから日本は一気に世界第2位の経済大国へと駆け上がっていく。

井深大《いぶかまさる》と盛田昭夫《もりたあきお》という二人の技術者がつくった町工場のような電機会社「東京通信工業」は、

アメリカの「ベル研究所」のウィリアム・ショックレーら3人の研究者がノーベル物理学賞を受賞した「トランジスタ（半導体）」を実用化、世界最小のラジオの生産を開始する。「SONY（ソニー）」という新しい社名のロゴを入れたラジオ、「TR－610」は世界で50万台売れるヒット商品になった。当時トランジスタの生産を支えていたのは、トランジスタガールとよばれる手先の器用な女子工員たちだった。

戦後まだ焼け跡が残るころ、浜松で自転車に小さな発動機をつけて販売をはじめた本田宗一郎《ほんだそういちろう》が、経営の天才・藤沢武夫《ふじさわたけお》と組んでモーターサイクル（二輪車）のエンジンやフレームを独自に設計し本格生産を始める。それからわずか12年後の1961年、「ホンダ」はイギリスのマン島で行われる世界最高峰の二輪レース「ツーリスト・トロフィー」に出場。125cc、250ccの両クラスの1位から5位までを独占して完全優勝を遂げた。その後、四輪＝自動車の生産にも進出、国内最後発の車メーカーが1965年にはF1レースにも優勝してしまう。

メイド・イン・ジャパンは、経営メソッドでも世界を席巻する。「Kanban（かんばん）」「Kaizen（カイゼン）」がそのまま英語になっているトヨタ生産方式だ。「TPS（トヨタ・プロダクション・システム）」と呼ばれ、いまやあらゆる業種に展開され海外にまで普及している。そのトヨタ生産方式で、トヨタ自動車工業は1961年に売り出した「パブリカ」を皮切りに安価な大衆車を生産し、日本にモータリゼーション旋風を巻き起こした。

トヨタ課

盛田と井深のソニー、本田と藤沢のホンダ……「戦後企業」と呼ばれた会社はどこも、人材確保に四苦八苦していた。大学にコネがなく、財閥系企業のような知名度もない。優秀な高卒社員もほしい。ソニーはトランジスタラジオ、ホンダは世界最多量産車となる小排気量のバイク「スーパーカブ」の生産がフル稼働、事業はどんどん大きくなるが、人の手当てが間に合わない。

そんな企業の声に応え、日本リクルートセンターは『企業への招待』高校版を創刊した。「将来有望な会社です。生徒さんたちの就職先にぜひ」

江副は『企業への招待』高校版の創刊に合わせて地方行脚し、全国の高校の先生に新興の「戦後企業」を紹介した。戦後の復興期には中卒の若者たちが「金の卵」と呼ばれ、就職列車に乗って都会に押し寄せた。高度成長期の今は高卒が「金の卵」である。戦後企業はどこも、日本リクルートセンターの上客になった。

下田雅美が担当するソニーも、旺盛に高卒を採用していた。下田が品川の本社を訪ねると、工場の奥にある汚い事務所に通された。そこでは作業着姿の井深大や盛田昭夫が待っていた。盛田は、有名大学の学生が採れないベンチャーの弱みを逆手に取り、求人広告で「学歴無用」「出る杭求む」とやった。すると家の事情で大学には進めなかったとびきり優秀な高卒が「我こそは！」と集まった。

（うまいことやるもんだ）

下田は盛田の機転に感心した。

ある日、下田は江副に呼ばれた。

「シモさん、ちょっと名古屋に行ってきてくれないかな」

「ちょっとって、どのくらいですか」

「まあ3年くらい行っておいでよ」

下田に与えられたミッションは難攻不落とされたトヨタ自動車の攻略だった。トヨタは販売台数を、12万台（1960年）から110万台（1970年）へと急激に伸ばす。その成長を支えるマンパワーを必要としていた。

初日、下田が愛車の日産スカイライン2000GTでトヨタの本社に乗り付けると、本社ビルからいちばん遠い駐車場に回された。

（これは手強《てごわ》い会社だ）

下田は名古屋の商習慣から覚えなくてはならなかった。

「お住まいはどちらですか」

名古屋の人は商売をする前に相手が住んでいる地区を知りたがる。下田が住所を言うと「それは良いところに家をお持ちで」とくる。

「いや、アパートですけど」

そう言うと、途端に対応が冷たくなる。

（ここで商売をするには借家じゃダメだ）

下田はかなり無理をして、名古屋に家を買った。と同時に、下田は東京に出張して江副に掛け合った。

「トヨタ課を作らせてください」

「トヨタ課？」

「はい、トヨタ自動車の仕事だけをやる課です」

「一企業だけのために課を作るの？」

「そうです。トヨタを落とせれば、そのうちひとつの課と同じ規模の仕事が取れますよ」

「そうかあ、シモさんがそこまで言うんなら」

トヨタ課の名刺を持っていくと、担当者の対応が変わった。トヨタも実は高卒社員の採用が追いつかず、手を焼いていた。しかし「三河武士」の名で知られる閉鎖的な体質のトヨタは、東京から来たベンチャーにいきなり大事な採用の仕事を任せたりはしない。下田が最初に請け負ったのは高卒採用のためのPR映画を作る仕事だった。映画ができると、フィルムを抱えて全国の高校を回り、上映会を開いた。海外向けのPR映画も作った。10ヵ国語を超える字幕を作るのが大変だった。

「あの会社はなかなかいい映像を撮るらしい」

評判を聞きつけたトヨタグループの部品メーカー、日本電装（現・デンソー）がカーエアコンのCMを依頼してきた。下田は後で知った話だが、それが原因で電通の名古屋の幹部が左遷されたらしかった。

日本リクルートセンターを信用したトヨタは、凄まじい量の求人広告を出稿してきた。やがてトヨタ課は売上高で日本リクルートセンターの大阪支社を抜いた。名古屋営業所は1974年、支社に昇格。下田は日本リクルートセンターとトヨタを結ぶ欠かせない人物になり、名古屋駐在は9年に及ぶことになる。

安売り王

中内《なかうち》㓛《いさお》がスーパーマーケットの「主婦の店・ダイエー」を社員13人でスタートしたのは1957年。中内は「商品の価値を決めるのは川上《かわかみ》のメーカーではなく川下にある」とする消費者主権の小売哲学によって日本に流通革命を巻き起こした。13年後の1970年には「ダイエー」は社員7700人の大企業にのし上がる。

高度経済成長を支えたのは輸出だけではない。国内消費もまた、重要な経済の担い手だった。人々はまず食料品や衣料品を求め、やがて家電製品やマイカーを求めるようになる。旺盛な消費を満たすため全国にスーパーマーケットが立ち並び、店先という〝成長の最前線〟に立ったのは高卒の販売員だった。

中内と江副ふたりの最初の出会いは、江副の自伝によれば1963年。ふたりとも大阪生まれで不思議とはじめからウマがあったという。

〈阪急神戸線西宮北口駅から徒歩五、六分の西宮市森下町にある「主婦の店・ダイエー」の社長応接室だった。ダイエーはまだ十店舗ほどの規模で、社長応接室も畳六畳程度の簡素な部屋だった。

左の胸にオレンジ色で「主婦の店・ダイエー」とプリントされたユニフォームを着て中内さんは入ってこられた。私が大学新聞の求人広告をお願いしたら「半値なら（全国の大学新聞に）まとめて出してもええですよ」と言われ、驚いた〉（『かもめ』）

その後出店ラッシュを続ける中内の会社は、パートの主婦を管理するマネージャー・クラスの人材を欲しがっているのは明らかだった。

中内は、鉄鋼、自動車、家電メーカーが産業界の頂点に君臨する「モノづくり日本」に、革命を起こそうとしていた。

江副より14歳年上の中内は、従軍体験があった。1943年1月に出征、フィリピンの戦場で糧食も弾薬もなくなり「戦友に食われるかもしれない」という飢餓の恐怖を味わった中内は、戦後の日本で徹底的に豊かさを追求した。

「うちはエッブリデイ・ロープライスやでえ」

関西弁の怪しげな英語でがなりたてる中内は、良いものを1円でも安く消費者に提供することを使命にしていた。自社の利潤のために安売りを止めようとするメーカーは、打ち倒すべき「敵」だった。

江副が中内の元を初めて訪ねた翌年、つまり1964年のことである。

ダイエーは、「経営の神様」松下幸之助《まつしたこうのすけ》が率いる松下電器産業（現・パナソニック）が値引きの許容範囲を15％としていた家電製品を20％引きで売ろうとして、松下電器から出荷停止を食らった。中内は仕入先がバレないように細工をしたが、松下はすぐに問屋を突き止めた。

中内は「独占禁止法違反だ」と裁判を起こし、「覇道をやめて王道を進みなさい」と説く松下幸之助を「自分は安売り哲学を貫く」と一蹴した。松下電器とダイエーが和解したのは30年後の1994年。幸之助の没後である。

パナソニックとの戦争真っ最中の1969年、中内は1冊の本を書いている。タイトルは『わが安売り哲学』（日本経済新聞社）。

〈私にとってキャッシュ・レジスターの響きは、この世の最高の音楽である〉で始まる本の中で、中内は叫んでいる。

〈商品をつくる生産者こそがすべてであり、商人はその利潤の一部をかすめとるかのようにみられてきた〉

復員した後の中内の人生は、「額に汗する生産者こそ尊い」という日本の「モノづくり神話」との戦いだった。その戦いの最中に現れた、江副という男もまた「モノではない何か」を売ることで事業を起こそうとしていた。

「モノではない何か」が「情報」であることには、まだ中内も気づいていなかったが、それでも江副を「同志」と認めた。中内は、『企業への招待』高校版の大口クライアントになるだけでなく、日本リクルートセンターの株主にもなった。

ピーター・ドラッカー

数学教師の息子に生まれた江副は、誰にも経営やビジネス・マナーを教わっていない。祖父は佐賀の公務員であり、知り合いに商家の人間はいない。江副自身も大学を卒業してすぐ起業したのでサラリーマンの経験がない。

会社を立ち上げて間もないころ、マミヤ光機（現・マミヤオーピー）の創業一族で、同級生だった菅原茂世《すがわらしげよ》に勧められてピーター・ドラッカーの『現代の経営』を読んだ。たちまち江副は、マネジメントの神髄を説くドラッカーを「書中の師」と仰ぐようになる。自分が作った小さな会社で、師が唱える「近代経営のマネジメント」を純粋に実践した。

ドラッカーはその主著『現代の経営』の冒頭で、こう書いている。

〈マネジメントは、経済的資源の組織化によって、人類の生活を向上させられるという信念の具現である。（中略）それは、250年前にジョナサン・スウィフトがいったように、想像力だけの哲学や、形而上の体系を築くものではなく、まさに一本の草しか育たなかったところに二本の草を育てる者こそ、人類の福祉に真に貢献する者であるという思想の具現である〉

ここでドラッカーが引き合いに出すスウィフトとは、18世紀のアイルランドで『ガリヴァ旅行記』を書いたジョナサン・スウィフトのことである。『ガリヴァ旅行記』は、漂流したガリヴァが小人の国に流れ着く場面が有名だが、実は四編から成る長大な大人向けの物語だ。一時は政治家を志したスウィフトが、アイルランドを搾取するイングランドや同時代に生きたアイザック・ニュートンを筆頭とする科学者を強烈に批判した風刺の書でもある。

ドラッカーが引用した記述はその第二編で、ガリヴァがブロブディンナグ（巨人の国）に渡航した場面に登場する。ブロブディンナグの国王はガリヴァに「自分個人の意見」と断ったうえでこう言う。

「これまで一穂の麦、一葉の草しか生えなかった土地に、二穂の麦、二葉の草が生えるように出来る人、そうした人間のほうが、結局政治家などという存在を全部束にしたよりも遥かに人間として価値あるものであり、また国家にとって真の貢献をなすものである」

ドラッカーを師と仰ぐ江副は、子供のような素直さで「二本の草を育てる者」、すなわち経営者になろうとした。１９７２年の社内報『かもめ』で江副はこう語っている。

「求人広告は産業構造を変える。求人広告により、労働市場に十分な情報が恒常的に提供されれば、構造的・体質的に高賃金に耐えられない企業は衰退し、労働条件を向上させうる企業は繁栄することとなる。そのメカニズムで国全体の産業構造の変革が推進される」

スウィフトの少し後に登場し、経済学の出発点となる『国富論』を書いた「経済学の父」アダム・スミスは、需要と供給をバランスさせる市場を「神の見えざる手」と呼んだ。学園紛争で燃え上がったキャンパスでマルクス主義に傾斜することなく、生きるためにアルバイトに精を出していた江副もまた、理念より「神の見えざる手」を信奉する者のひとりだった。

江副は『リクルートブック』（1969年2月『企業への招待』を誌名変更）で稼いだ利益を、自社の人材確保に惜しみなく注いだ。工場を持たないリクルートにとって、唯一の生産設備は人材である。採用と教育に法外なカネをかけ、日本リクルートセンターという柵の中にせっせと優秀な人材を囲い込んだのだ。

豊田英二、土光敏夫、本田宗一郎との出会い

下田雅美の仲介で、江副はトヨタ自動車工業の社長だった豊田英二《とよだえいじ》に会っている。会社の人事部向けに発行している『月刊リクルート』は巻頭に大企業のトップ・インタビューを載せており、相手が大物だと江副は自らインタビュアーを買って出た。

当時、米国では消費者運動の先駆けとされるラルフ・ネーダーが自動車を「走る凶器」と呼び、自動車産業を攻撃していた。日本でも交通事故による死者数が激増、1966年には1万3904人に上り、「交通戦争」と呼ばれた。ネーダーについて聞いた江副に豊田英二は泰然と答えたという。

「新車を出すとき、僕は発売一号車の前のゼロ号車に乗って通勤するが、一度も危険を感じたことはない。この運動も長くは続かない」

英二はのちにトヨタ自工とトヨタ自販の合併の道筋をつけ、米ゼネラル・モーターズ（GM）との合弁会社「NUMMI」を設立するなど世界一の自動車会社トヨタの基礎を築いた。この当

時から周囲を圧する存在感があった。

のちに経団連会長になり公社の民営化によってＮＴＴやＪＲ各社を生み出した「財界の荒法師」土光敏夫《どこうとしお》（当時・東芝社長）にも森村稔とふたりでインタビューに行った。

「君らみたいな若いモンが、ワシのような棺桶に片足を突っ込んだ老人に何を聞くというのだね」

どっかと椅子に座ると、土光はハゲ頭を撫でながら大きな声で聞いた。

「学生にとって就職は一生の大事ですが、企業がどんなところで、仕事がどんなものであるかを知りません。これから社会に出る学生に土光社長からアドバイスをいただきたいのです」

江副が真剣な顔で言うと、すっと土光の表情が変わった。

「なるほど、これはいい加減なことを言っちゃいかんな」

土光は国際社会における日本の立ち位置、日本の中での企業の役割、そこで働く人々の心構えについて、滔々《とうとう》と語り始めた。江副は土光の目をまっすぐに見てしきりに頷き、森村は必死にペンを走らせている。

「社長、そろそろ」

後ろに控えた土光の秘書が腕時計を指差しながら声をかけた。

「おお、もう時間か。5分で終わらせてやろうと思っとったが、君らが聞き上手だから20分もしゃべっちまったよ。まあ頑張って、いい記事にしてください」

そう言うと、土光は大股で部屋を出ていった。

本田宗一郎は採用に熱心な経営者だった。当時は東京・八重洲にあったホンダの本社ビルに江副を呼び、いつもの〝べらんめえ調〟でまくし立てる。

「江副くん、俺はとにかく優秀な奴が採りてえんだ。てめえのために頑張る奴がいい」

「ホンダのために働く人じゃないんですか」

「ウチのために働けなんてケチなことは言わねえよ。てめえがやりたいことやるために会社を使うくらいがちょうどいいんだ」

本田は高卒のエンジニアたちを息子のように可愛がったが、作ったエンジンが気に入らないと「何でこんなエンジンしか作れねえんだ」と泣きながら彼らを殴った。「オヤジを泣かしちゃいけない」とエンジニアたちは頑張った。まだ拳骨でコミュニケーションができる時代だった。

採用した新人は最初の半年、全員を工場に配属し毎週レポートを書かせた。宗一郎は副社長の藤沢武夫と手分けしてそのレポートを全部読み、ふたりで真剣に話し合って配属を決めた。がらっぱちの宗一郎には、そんな繊細な一面もあった。

江副は『月刊リクルート』や『企業への招待』など自社メディアのインタビュアーとして多くの経営者に会っている。

「経営の神様」と呼ばれた松下電器の松下幸之助、三洋電機創業者の井植歳男《いうえとしお》、東京ディズニーランドのある京葉臨海地区を埋め立てた三井不動産の江戸英雄《えどひでお》、京セラとＫＤＤＩを創業した稲盛和夫《いなもりかずお》、サラリーマンでありながらコンビニエンスストアという小売の新業態を立ち上げたセブン-イレブン・ジャパン社長の鈴木敏文《すずきとしふみ》。みな、一時代を創った名経営者たちである。

大学新聞のアルバイトから、「大学広告」の社長になった江副には「上司」がいない。サラリーマンを一度もやったことがない江副にとって、名経営者の生の声に接するこのインタビューは、最高の授業だった。

「日本株式会社のインサイダー」

多忙な名経営者が若い江副に会ったのは、日本リクルートセンターが「人材供給」という重要な役割を果たしていたからである。

「江副くん、またよろしく頼むよ」

伸び盛りの会社にとって日本リクルートセンターはいつしか「なくてはならない会社」になり、23歳でその会社を立ち上げた江副に名経営者たちは一目置いた。

日本の名だたる企業が広告主に名を連ね、『企業への招待』はどんどん分厚くなっていった。大沢武志を中心に立ち上げた適性テスト事業も、企業が学生を選別するためのツールとして着実に浸透し始めた。もはや大企業の採用担当者で日本リクルートセンターの名前を知らぬ者はいない。

無我夢中で働いているうちに、日本リクルートセンターは、日本の主要企業の人事担当者ほとんどと密接な関係を結ぶようになった。どの企業がどんな人材を何人欲しがっているか。それは極めて重要な経営情報である。採用を増やすのは、その分野の仕事がうまくいっているからであり、採用を手控えるのはうまくいっていない証拠である。

大企業の採用情報を一手に握った日本リクルートセンターは「日本株式会社の人事部」になると同時に、実は「日本株式会社のインサイダー」になっていた。

日本リクルートセンターは『企業への招待』の大学版と高校版を配布する過程で、全国の大学、高校に配本網を築き上げた。その結果、学生の就職の世話をする就職部の職員や進学・就職指導をする先生と太いパイプを持つことになった。

1960年代半ばの日本の高校進学率は約70％、大学等進学率は約15％。女子の多くは高校を卒業した後、「家事手伝い」をしていたが、少なく見積もっても毎年百数十万人が高校、大学から社会に出る。日本リクルートセンターは、その百数十万人に直接アプローチできる唯一の企業だった。

誰がどんな人材を欲しがっているかという「需要」の情報と、どこにどんな人材がいるかという「供給」の情報が、交差する場所。日本リクルートセンターは巧まずして「人材情報のハブ（結節点）」になった。

「データ・イズ・マネー」

今なら当たり前の考え方だが、1960年代の日本にそれを理解する者はいなかった。

東京オリンピックで大不況

江副は、1965年9月に中央区日本橋のニュー八重洲ビルに念願の自社フロアを取得した。日本リクルートセンターは体が大きくなるたびにヤドカリのように引っ越しを繰り返した。1960年に森ビルの屋上で創業してから、これが7度目の引っ越しだった。

人と仕事は増える一方で、繁忙期には編集の仕事で夜を徹することもしばしばだった。「貸しビル」では夜になると出入り口が閉められたり、冷暖房を止められたりと、なにかと不便である。

「社員が思い切り働けるオフィスを確保したい」

常々、そう考えてきた江副は4500万円という大枚をはたいて、ニュー八重洲ビルの9階と10階を買い取った。2フロア合わせて139坪。念願の占有スペースである。「自分たちの城」を持った若い社員たちはそれまでにも増して猛烈に働いた。それ以上に江副が驚いたのは、銀行の態度の変化だった。不動産を持ったとたん、あれだけ渋かった融資の審査が、拍子抜けするほど甘くなったのだ。

(なるほど、彼らは持てる者に貸し、持たざる者には貸さないのか)

江副は日本の金融の本質を見た。

だがこの決断は裏目に出た。1964年7月、オリンピックを控えた東京がお祭りムードに包まれる中、大手流し台メーカーのサンウエーブ工業（現・LIXIL）が会社更生法の適用を申請した。続いて日本特殊鋼（現・大同特殊鋼）が倒産。オリンピックが終わり、年が明けると山陽特殊製鋼が倒れた。負債総額500億円の大型倒産である。やがて山一證券の経営危機が表面化し、金融危機への波及を恐れた政府は日銀法25条（旧日銀法。1997年に全面改正）を発動して山一を救った。いわゆる「日銀特融」である。

日銀特融と赤字国債の発行で日本経済はギリギリのところで恐慌を免れた。とはいえ、のちに「四〇年不況」と呼ばれる景気後退は深刻で、『企業への招待』や大学新聞への企業の広告出稿はがっくり落ち込んだ。江副たちは仕事がない時期にはニュー八重洲ビルのオフィスを他社に賃貸して糊口をしのいだ。

そんな1966年11月のある日、苦境に追い打ちをかける事件が起きた。

「江副さん、大変だ！」

江副がニュー八重洲ビルで仕事をしていると、営業部長の田中壽夫《たなかとしお》が血相を変えて飛び込んできた。森村の紹介で入社した立教大学出身の田中は社内でいちばん温厚で、声を荒らげたところなど誰も見たこともない。その田中が明らかに動揺している。

「どうした？」

江副が聞くと田中が早口でまくし立てた。

「ダイヤモンドだ。経済誌のダイヤモンドが来る」

「来るって、どこに?」

「ダイヤモンドが『企招』と同じ就職情報誌を出す準備をしている」

江副たちは『企業への招待』を略して『企招』と呼んでいた。田中は営業のほかに、企招で使う紙の仕入れや印刷所とのやり取りをしており、そのルートから仕入れた情報だった。

「あのダイヤモンドが……」

江副は絶句した。

衆議院議員で経済ジャーナリストの石山賢吉《いしやまけんきち》が1913年(大正2年)に立ち上げた「ダイヤモンド」は日本初の出版社系月刊誌『ダイヤモンド』を出した老舗《しにせ》である。このときすでに売上高は約20億円、従業員数は400人。対する日本リクルートセンターは売上高1億1000万円、社員48人にすぎない。江副は頭を抱えた。

江副の〝秘策〟

数日後、スーツに身を包んだ江副は官庁街のど真ん中、千代田区内幸町にあるダイヤモンド本社の前に立っていた。

「日本リクルートセンターの江副と申します。本日は社長にお目にかかりたく、うかがいました」

「お約束でしょうか?」

「いえ、約束はありません」

「少々お待ちください」

約束もなく「社長に会わせろ」と押しかけてきた若者に受付は驚き、慌ててどこかに電話をかけ始めた。江副はその様子をじっと見つめている。しばらくして受付が顔を上げた。

「社長の寺沢がお会いいたします。どうぞ4階におあがりください」

「ありがとうございます」

江副は一礼してエレベーターに向かった。案内された応接間に入ると、絨毯はふかふかで、壁には高そうな絵がかかっている。倉庫のような日本リクルートセンターのオフィスとは大違いだ。

数分後、ダイヤモンド社社長の寺沢末次郎《てらさわすえじろう》が現れた。江副は立ち上がると、深々と頭を下げた。

「突然、お邪魔して申し訳ありません。日本リクルートセンターという会社をやっております、江副浩正と申します」

「ええ、存じておりますよ。飛ぶ鳥を落とす勢いですからね。その江副さんが突然、どうされました」

細身の寺沢は江副にソファを勧めつつ、自分も向かいに腰掛けた。江副は立ったまま続けた。

「私どもが就職ガイドブックを出して4年になります。おかげさまでようやく経営も安定してまいりましたが、お客様から御社が同じようなガイドブックを出されるとの噂を耳にいたしました。これは本当でしょうか」

寺沢は終戦直後、創業者の石山賢吉がGHQ（連合国軍最高司令官総司令部）から戦犯に問われて経営に参加できなかった時期に焼け跡からダイヤモンド社を復興させた人物だ。その胆力には定評がある。江副本人が乗り込んでくるのは予想外だったが、ダイヤモンド社が『企業への招待』にヒントを得た就職ガイドブックを出せば、日本リクルートセンターとの間で一悶着起きるであろうことは想定の内だった。

「御社の『企業への招待』は学生に大変、人気があるようですね。学生に企業の情報を伝えるのは、大事な仕事ですね。おっしゃるとおり、我が社も来春から就職ガイドブックを出すつもりで準備を進めております」

江副は下を向いたままポツリと言った。

「やめていただけませんか」

「え？」

寺沢が聞き返すと、今度は顔を上げ、江副は大きな声で言った。

「おやめいただけませんか。日本リクルートセンターは生まれたばかりで赤子も同然。歴史のある御社とでは勝負になりません。お願いします。やめてください」

江副の真剣な顔を見て、寺沢は苦笑いした。

「江副さん、われわれもお遊びをやっているわけではない。会社が事業として計画し、進めようとしているわけですから、外部の人にとやかく言われる筋合いはないでしょう」

「ですから、お願いをしているのです」

「お願い？」

「私は大学を卒業してすぐ、この会社を始めましたので、経営を学ぶ機会がありませんでした。学んだのは御社が出されているドラッカー先生の本からです。どうか弟子の命乞いを聞き入れてもらえませんでしょうか」

江副はすがるような目で言ったが、寺沢は冷たく返した。

「うちの本を熱心に読んでいただくのはありがたいが、お願いされても困りますな。ドラッカー先生も『競合の出現などの脅威は隠された機会の発見につながる』とおっしゃっている。御社も新しい機会を見つけられるかもしれませんよ」

「なんとしても、やめていただけませんか」

「お互いに頑張って、就職ガイドブックを盛り上げようじゃありませんか」

寺沢は努めて明るく言ったが、江副は下を向いたまま、部屋を出て行った。

〈リーダー的な地位にある不可欠な機関としてのマネジメントの出現こそ、人間社会の歴史における画期的な出来事である〉〈一本の草しか育たなかったところに二本の草を育てる者こそ、人類の福祉に真に貢献する者である〉

前述したドラッカーのこの言葉に出会った瞬間、江副は自分も経営者になろうと思った。ドラッカーを「書中の師」と仰ぎ、あちこちに線を引いた付箋だらけの『現代の経営』を持ち歩いた。

ドラッカーは企業の戦略を「総力戦略」「ゲリラ戦略」「ニッチ戦略」「顧客価値創造戦略」の四つに分けて定義していた。

巨艦ダイヤモンド社が攻めてきた今こそ「総力戦略のときだ」と江副は腹を括った。総力戦略とは、新しい市場や産業を創造し、最初から最後まで業界でトップの地位を得て最大の報酬を得る戦略だ。あらゆる戦略の中でもっともギャンブル性が高く、一切の失敗は許されない。この戦略においては〈まずまずの成功や惜しい失敗はない〉とドラッカーは説いている。生きるか死ぬかの戦略だがこれしか方法はない。

ここで負けたら、日本リクルートセンターは死ぬ。

「二位はすなわち死である」

ニュー八重洲ビルに戻った江副は、全社員を部屋に集めた。

「あのダイヤモンドがわれわれを潰しにくる。これは戦争だ。完膚なきまでに叩きのめさないと、われわれがやられてしまう！」

悲壮感を漂わせる江副の言葉には、断固たる決意がこもっていた。子供時代、難しい家庭環境で育った江副にとって、日本リクルートセンターはこれまでの人生で初めての安息の場所であり、創業メンバーや若い社員たちは家族だった。中学、高校、大学でも確かな居場所のなかった江副にとって、日本リクルートセンターは自らの存在証明なのだ。その存続を脅かされたとき、ふだんは大人しい江副の中に猛々《たけだけ》しい闘争本能が芽生えた。

江副は、檄文を記した垂れ幕をオフィスの天井から吊り下げた。

「二位になることはわれわれにとっての死」

「打倒D社作戦」

江副は社内報に書いた。

〈同業者間競争に敗れて二位になることは、我々にとっての死である〉

江副の激しい闘志に感化され、温厚な田中壽夫ですら社内報にこう書いた。

〈ダイヤモンド社を圧倒しよう。我々の営業は今日まで誠実と真面目さだけで押し通して来ました。しかし、競争の場面に立たされた今、もっと荒々しい側面を持つ事がこの経済社会を生き抜き、真に意義ある存在を続ける為に強く求められている事を知らねばなりません〉

江副の豹変により、大学サークルの延長で「仲良しクラブ」の雰囲気を残していた48人の社員は、自ら月次の目標を立て、その達成に邁進する「戦う集団」に変わった。


ダイヤモンド社が1967年の春に出した『就職ガイド』は恐れていたとおり、強敵だった。求人広告を掲載した企業の数は855社に及び、519社の企招を大きく上回った。日本リクルートセンターはこの分野で5年の実績を持つパイオニアだったが、クライアントの多くは50年の伝統を持つ経済誌の老舗、ダイヤモンド社を選んだ。

「『就職ガイド』に載っていて企招に載っていない企業に広告を取りに行け」

江副はそう命じた。ドラッカーの教えを忠実に守り、ダイヤモンド社という脅威が出現したことで明らかになった「隠された機会」を見つけ出そうとしたのだ。

掲載社数でダイヤモンドに負けたのは悔しいが、ドラッカーは「自分たちに代わってダイヤモンド社が新規の市場を開拓してくれたと考えよ」と教えている。営業の天才・池田友之が、ダイヤモンドの『就職ガイド』に広告を出した企業に猛攻撃をかけた。

その後もダイヤモンドの成功を見て、多くの会社が就職ガイドブック市場に参入した。1985年度までに実に60社が参入した。江副は、次から次へと現れるライバルを徹底的に叩いた。その結果、1987年には売上高シェアはリクルートが77％でダントツの首位。2位ダイヤモンド・ビッグ社（6％）、3位毎日コミュニケーションズ（5％）を大きく引き離した（『原点探訪リクルート学』）。

リクルートの『創業25周年記念誌』に江副の次女が寄せた文章がある。

〈わたしの父の一番大切なもの……ご存じですか？　先日父の部屋で話をしていた時のことです。「お父さんの一番大切なもの、何だと思う?」と聞かれました。わたしがわからないでいると続けて次のように言いました。「それはね、おまえたちには申しわけないと思うけれど、リクルートなんだよ。でも、おまえたちはリクルートの次に大切だからな」〉

江副は、最初から最後までトップの座を守り、大切な会社を守り切ったのである。

「自ら機会を創り出し、自らを変えよ」

江副は、自分にカリスマ性がないことを知っていた。創業者がカリスマ的な人間なら、会社が大きくなっても社員はその人物の魅力や個性についていく。だがシャイな性格で、人前で話すことすら苦手な自分に、そんな力はない。ひとつ年上の森村は容赦なくそのあたりをついてくる。

「あのね、江副さんの話はいつも『ドラッカーはこう言っている』とか『松下幸之助語録にこうある』とか、引用ばかりで迫力がないんだよ」

そのとおりだ。

だから、江副は自分の考えていることを言葉にして、社内報や垂れ幕によって社員に伝えた。ダイヤモンド社に激しい闘志を燃やしたときもそうだった。

それでは、そもそもいったい自分たちはどんな会社を作りたいのか。江副は取締役の森村、池田友之、大沢武志、鶴岡公らを集め、徹底的に議論した。

このころの日本リクルートセンターの経営会議は、議論が白熱すると夜を徹することもあり、それを見越して温泉や旅館で泊まりがけになることもしばしばだった。江副たちはこれを「じっくりT会議」(Tは取締役のT)と呼んだ。議論を重ねた末に「経営の三原則」が決まった。

1. 社会への貢献
2. 個人の尊重
3. 商業的合理性の追求

2の「個人の尊重」は松下幸之助の影響を受けている。取材で幸之助に会った時、江副は最後に「経営の神様」に経営の要諦《ようてい》を尋ねた。すると幸之助はこう答えた。

「人は誰でも得手なことと不得手なことがありまんがな。誰に、どの仕事を、どこまで要望するかが大事やなぁ」

これを江副流に翻訳すると「お互い得手、不得手があることを積極的に認め、各人が得意なことを組織に提供して大きな成果を上げていく」となる。

3の「商業的合理性の追求」も幸之助の教えである。幸之助の語録には「利益を上げ、税を納めるのが国家への貢献」というくだりがある。これを江副は「仕事の生産性を上げ、仕事のスピードを高め、高収益会社にして税金を納めることがリクルートの誇り」とした。

後にリクルートの精神的支柱となる社訓を決めたのもこのときである。

「自ら機会を創り出し、機会によって自らを変えよ」

これは江副が高校の漢文の時間に出会い人生の指針のひとつにしていた古代中国の哲学書、易経にある、「窮すれば変じ、変ずれば通じ、通ずれば久し」を江副流にアレンジしたものだ。

子供時代を妻妾《さいしょう》同居の異常な環境で過ごし、中学高校は富裕層が通う名門校に背伸びをして通った江副は、まさに窮していた。大学に進み、そこで森村、池田、大沢、鶴岡という仲間に出会い、会社を立ち上げて社長に変じた。自ら起業という機会を作り、会社を率いることによって江副浩正は自分を変えたのである。

会社が成長した今、江副の望みは、その会社を久しくすることだった。

大卒、高卒、女子社員が実力勝負

江副が実践した「個人の尊重」とは、高卒や女子社員の登用である。たとえば1968年、日本リクルートセンターは38人を採用している。そのうち大卒男子は7人だけだ。残りは大卒女子8人、高卒男子8人、高卒女子15人という構成である。経営陣こそ江副を筆頭に東大卒が中心だったが、日々の業務を回しているのは大卒女子と高卒だった。

無名の日本リクルートセンターは大卒男子をなかなか採用できなかった。そこで江副は採用担当者にこんな指示を出している。

「大学に進学できなかった進学校の卒業生を採用してください」

1969年の4年制大学への進学率は男子24・7%、女子5・8%、男女で15・4%である。中学時代に成績優秀で進学校に進んでも、家庭の事情で大学進学を諦めざるを得ず、悔しい思いをしている高校生が大量にいた。中には大学に進む者をはるかに凌ぐ学力を持つ生徒もいる。

女子も同じだ。5・8%しか大学に進学しない時代の大卒女子がとびきり優秀だったのは論をまたない。だがほとんどの大企業は、彼女たちを入社数年で自社の男性社員と結婚して退社する「腰掛け社員」と見ていた。

合理的な江副から見れば、高卒と大卒女子は有能な人材以外のなにものでもない。満たされない思いを抱えていた彼ら、彼女らに活躍の場を与えれば、意気に感じて発奮してくれる。

一方「自分たちは幹部候補生」と思い込んで入社してきた大卒男子は、高卒や女子社員と同列に置かれ、実力で評価される。当然、こちらもお尻に火がつく。「大卒男子は幹部候補、高卒と女子社員は下働き」という日本企業の階層を取り払った日本リクルートセンターでは、大卒、高卒、女子社員が横一線で激しい実力勝負を展開した。

そんな高卒社員のひとりが重田里志《しげたさとし》だ。重田の高校は長野県下でも有数の野球の強豪校で、キャッチャーの重田が3年生のときは、県のベスト16まで進んだ。卒業後、重田は地元の精密機械メーカーに就職して野球を続けるつもりだった。

甲子園を夢見て練習に明け暮れた日々が終わり、のんびり過ごしていたある日、重田は職員室で分厚い雑誌を見つけた。高校版の『企業への招待』だった。

（へえ、世の中には、いろんな会社があるもんだ）

重田はその場でペラペラとページをめくった。高卒の初任給はだいたい2万円でどこも同じ。大卒に比べ1万5000円ほど低い。

（あれ？　なんだ、この会社は？）

1社だけ、高卒に大卒並みの初任給を払う会社がある。

社名は日本リクルートセンター。聞いたこともない名前だが、よく見るとこの本を出版している会社だ。「各種クラブ活動あり」とも書いてある。

（東京で、この給料で、野球ができたら最高だな）

何をしている会社かも分からぬまま、重田は入社試験を受けることにした。

入社試験の当日。会場の受験者は50人ほどいたが、役員面接まで進んで合格したのは重田ともうひとりだけだった。試験は他の日にも実施されており、4月の入社式では、大卒、高卒合わせて48人の新卒同期が一堂に会した。重田たちが入社するまで163人だった日本リクルートセンターは、中途入社組も加わり一気に246人になった。

社員数だけではない。売上高は5期目（1967年8月期）には2億4200万円だったが翌年は5億4400万円に。そこから11億5200万円、23億7600万円、9期目（71年8月期）は34億4400万円と、まさに倍々ゲームで伸びていた。

祖母、母、妹との4人暮らしの家庭から

総務部総務課に配属された重田がようやく仕事を覚え始めた1969年の年末、ひとりの女性が中途で入社してきた。初の女性営業職で「女の着ぐるみを着た男」と呼ばれ、のちに3代目社長となる河野栄子だ。入社のときは橋本姓だった。重田は先輩社員にこう命じられた。

「シゲちゃん、橋本さんに、今日のパンツは何色ですか、って聞いてこいよ」

「そんなこと言ったら、ぶん殴られますよ」

新人ながらベテラン顔負けの営業成績を叩き出す河野は、社内でも注目のマトだった。

河野は終戦の翌年、1946年に兵庫県姫路市で生まれた。物心がついたころにはすでに両親

が離婚しており、小学校教師をしていた母とふたつ年下の妹、近所で暮らす祖母の女だけの４人家族で育った。

意志の強さは筋金入り。県立姫路西高校に通っていた高校1年生の秋、母親の干渉を避けるために、愛知県の親戚の家に身を寄せ、名古屋の県立熱田高校に転校したほどだ。現役で早稲田大教育学部に進み、旅行サークルでマージャンを覚えた。授業が終わると、近くの雀荘《じゃんそう》でアルバイトをした。以来、マージャンは終生の友になる。

当時は4年制の大学を出ても、女子を総合職の正社員として採用する企業はほとんどなかった。その理不尽さに憤りつつ、やっと見つけたのが日産サニー共立販売という日産系ディーラーでの営業職だった。東京都板橋区の営業所に配属された河野は、先輩営業マンを真似て飛び込みセールスをした。「なかなか肚《はら》の据わったやつだ」。先輩たちは男勝りの河野を可愛がった。だが入社3ヵ月で会社の方針が変わり、女性社員はショールームの接客に回ることになった。

接客では手取りも減るし、何より「女性は女性らしく」というのが気に入らない。河野は男性と同じ土俵で働ける職場を探し、ようやく「女子も可」という日本リクルートセンターの求人広告を見つけた。１９６９年12月、日本リクルートセンターで初の女性営業職に就いた河野は水を得た魚のように働き、抜群の営業成績を上げた。同期の先頭を切って課長に昇格したのは入社３年目、１９７２年のことだった。

一方、総務部の重田は社員旅行の準備に奔走していた。１９７０年は会社設立10周年に当たる。

そこで江副が「全員でハワイに行こう！」と言い出した。社員数は400人を超えており、これを2班に分けてハワイに連れて行くという大ミッションが、19歳の重田に課せられたのである。400人でハワイとなると、慰安旅行などという生やさしいものではなく、もはや一大事業である。飛行機や宿の手配から、現地の食事、レクリエーションまで、総務部は準備に丸1年をかけた。

男女の比率は半々で平均年齢は23歳弱。未成年の高卒社員が海外旅行をするには親の同意書を取り付ける必要もあった。400人の若い社員が社章のカモメのマークが入った揃いの法被《はっぴ》を着て、ハワイ最大のショッピングセンターであるアラモアナセンターを練り歩く。その様子はある種、異様だったが、法被姿で先頭を歩く江副は上機嫌だった。

当時の広告を見ると日本航空の「JALパック」や日本交通公社（JTB）の「ルック」で4泊6日のハワイ旅行に15万円前後の値段がついている。平均的な大卒初任給が3万7500円の時代だから、ひとり当たり月給4ヵ月分、全社で6000万円の大盤振る舞いだ。ちなみに1970年8月期の税引き後利益が1億2000万円だから、年間の利益の半分を社員旅行で使ったことになる。

子供のころから「親分肌」ではなかった江副は、大勢の人間を束ねる方法が分からない。「僕にはカリスマ性がない」というコンプレックスと闘っていた江副は、社員に喜んでもらうため、福利厚生に惜しみなくカネを使った。

カミングアウト

高卒、女子社員といったマイノリティーの活用は、今風に言えばダイバーシティー（多様性）。そしてリクルートの成長を支えたもうひとつのマイノリティーが在日コリアンだ。時計の針を15年ほど進めて、リクルートからオリンピックのメダリストが生まれるまでの話をしよう。

１９８４年（昭和59年）の正月、中村清監督が率いる早稲田大学競走部は、箱根駅伝で30年ぶりの総合優勝を果たした。あの瀬古利彦を育てたことでも知られる名将は、勝負を左右する山登りの五区に2年生の木下哲彦を抜擢した。

1年生のときから木下の才能を見出し、箱根駅伝のメンバーに起用していた中村は、ゆくゆく木下をマラソンランナーに育てようと考えていた。しかし日本には教え子の瀬古のほか、中山竹通ら有力選手がひしめいており、木下が１９８８年のソウル五輪の選手に選ばれる確率は高くない。中村は木下に言った。

「お前、国籍を韓国に変えろ」

木下は在日コリアン3世だった。ソウル生まれの中村は、ベルリン五輪（１９３６年）のマラソンで金メダルを取った韓国の英雄、孫基禎《ソンギジョン》と親交があった。韓国陸上界を代表する孫は、自国開催のソウル五輪のマラソンで「なんとしてもメダルを取りたい」と願っていたが、当時の韓国には有望なランナーがいなかった。そこで中村と孫の間で「在日韓国人の木下を韓国人選手として走らせよう」という話になった。

大恩ある中村の勧めである。木下は大いに迷ったが、いくらルーツが韓国にあるとはいえ、北九州市で生まれ育った自分が突然、韓国人になるのはおかしいと思った。木下は中村に言った。

「先生のお心遣いは身にしみますが、国籍だけはどうしても変える気になれません。お許しください」

中村は怒りに震えた。

「それじゃあ、もうおまえの面倒は見ない」

木下は早稲田の競走部に在籍しているのに中村の指導を受けられず、ひとりでトレーニングを続けた。それでも3年生になった木下は早稲田のエースとして五区を走り、1985年の連覇に貢献した。その年、心臓病とがんを患っていた中村が趣味の渓流釣りで岩場から転落し、71歳で他界した。

当時、箱根駅伝の有力選手はエスビー食品や旭化成などの実業団に進んで陸上を続ける者がほとんどだった。強豪・早稲田のエースだった木下にも数社から声がかかっていたが、中村に「国籍を変えろ」と言われた後、木下の中で自分のルーツに対する思いが日に日に強くなっていく。最後の箱根を走り終わったころにはこう決断した。

（社会人になったら、カミングアウトして「金哲彦」として生きていこう）

誘いのあった実業団にそれを伝えると、どのチームも潮が引くように木下から離れていった。

陸上一筋の木下が、陸上選手ではなく一般の学生として就職活動を始めたのは大学4年の秋。

同級生のほとんどは内定をもらっていた。途方にくれる木下に「体育会系の学生を採りたがっている会社がある」と教えてくれたのは競走部の先輩だった。紹介されたのはリクルートという名前の会社である。

木下はリクルートが何をやっている会社か知らなかったが、とにかく面接を受けるためその本社に行った。会議室では社長の江副と池田、森村ら役員が待っていた。

「君は何がしたいの？」

江副に聞かれた木下は正直に答えた。

「私は早稲田の競走部で駅伝をやっていたので、社会人になったらフルマラソンに挑戦したいと思っています」

「へえ、面白そうだね。やってみたらいいよ」

木下は、江副のリアクションに面食らったが、正直ついでにこう言った。

「もうひとつお願いがあります。実は私は在日韓国人で、本名は金哲彦です。社会人になったら、木下ではなく本名の金を名乗りたいと考えています」

（どうせ、ここで断られるだろう）

木下はそう予想していたが、江副は再び予想外のリアクションを見せた。

「そんなの全然、かまわない。うちには朴さんや李さんが大勢いるよ。なあ」

江副がそう言って、まわりを見ると池田や森村も「そうだ、そうだ」と頷いている。

木下改め金哲彦は１９８６年４月、リクルートに入社した。会社は約束どおり金が陸上競技を続けることを認めてくれた。こうして「リクルートランニングクラブ」が誕生した。

金がひとりで立ち上げたリクルートランニングクラブが小出義雄監督（2019年4月死去、享年80）に率いられ、有森裕子、高橋尚子（のち他チームに移籍）といったメダリストを輩出するのは、1992年のバルセロナ五輪以降のことである。

第4章 「日本型経営」を叩き潰せ

「君はどうしたいの?」

江副浩正は、自分にはない才能をもつ人材を見出し、その人を生かすマネジメントの天才だったことはすでに書いた。一方で、ベンチャー企業を率いる多くの起業家が、もちあわせている資質が欠けていた。カリスマ性である。

「経営の神様」松下幸之助や中内㓛、本田宗一郎といったカリスマ型経営者は、強烈なリーダーシップを発揮して、倒産寸前、絶体絶命の危機を何度も乗り越えてきた。

「心理学」を経営に生かそうと試みていた江副や大沢武志は、カリスマの「リーダーシップ」に置き代われるものを見出す。それは、社員の「モチベーション」だった。

1979年に商社から中途入社し、後に江副の側近となる吉井信隆《よしいのぶたか》は、江副と若い社員の対話を聞いてあることに気づいた。

江副は自分を含めた社員に対して「こうしろ」とは言わない。社員が常々、不満を持っている事業や、自分が「やってみたい」とか「変えなければいけない」と思っている事柄について「君はどうしたいの？」と問いかけるのだ。

社長に「どうしたい？」と聞かれた社員ははじめ戸惑うが、江副は「それで？」とがまん強く社員の意見を促す。その様子を吉井はこう解説する。

「江副さんには『こうしたい』という意見がある。でも、それを自分が言えば、命令と服従の関係になってしまう。だからしつこく『君はどうしたいの？』と聞くんです。はじめのうち社員はトンチンカンなこと言っていますが、江副さんは『それで？』『でも、こういうこともあるよね？』と誘導していく。すると、そのうち社員は、江副さんが考えていた正解や、それより素晴らしいアイデアにたどり着く」

そこで江副は満面の笑みを浮かべ、こう叫ぶのだ。

「先生！　おっしゃるとおり。さすが経営者ですねえー！」

社長に「先生！」と呼ばれた社員は一瞬ぎょっとするが、悪い気はしない。江副は社員数が500人を超えるころまで、全社員に自分で勝手にあだ名をつけ、その社員の名前や年齢、プロフィールを頭に叩き込んでいた。〈ポール・ニューマンに似ているからポール。去年、社内結婚で先月、子供が生まれた〉といった具合である。

しかし500人を超えると、さすがに全員は覚えられない。名前が分からない社員のことは「先生！」と呼んだ。社長に「さすが先生！」と言われて目を白黒させている社員にすかさず、江副は畳み掛ける。

「じゃあそれ、君がやってよ」

「えっ、私がですか？」

「そう君が。だって君の言うとおりなんだから」

社長の前で意見を開陳してしまった社員は、もう引っ込みがつかない。こうして江副は不平不満ばかりの「評論家」だった社員を「当事者」に変えてしまうのだ。

大沢は自著の『心理学的経営　個をあるがままに生かす』の中でこうタネ明かしをしている。

〈かつてリクルートという企業集団は、若者が生き生きと仕事をしている〝不思議な新人類会社〟として注目を浴びたが、その理由の多くを、ハーズバーグの動機付け要因や、職務充実のための五つの職務次元などの中に見出すことができるように思う〉

「ハーズバーグの動機付け要因」とは、アメリカの心理学者フレデリック・ハーズバーグが唱えた理論で「職務満足を感じたり、仕事の上で幸せ感を体験する要因と職務不満足をもたらす要因とは別個の独立的な要因である」という二要因論を指す。

「五つの職務次元」はハーバード大学教授のリチャード・ハックマンとグレッグ・オールダムが唱えた内的動機付けの理論で、「多様性（どれだけ多くの能力や技能が求められるか）」「一貫性（自分の仕事はこういう仕事だというアイデンティティを持てるか）」など五つの次元で、社員のモチベーションを高めることができる、という考え方だ。

大沢と江副はハーズバーグやハックマン＝オールダムの最先端理論を使って、若い社員のモチベーションを高めようとした。それは「社員は会社の命令に従って働くものだ」という当時の日本企業の滅私奉公的な労働観とは正反対の思想だった。

大沢が書いた『心理学的経営』は、のちに企業の人事担当者のバイブルになる。

この章では、社長（リーダー）が社員（参加者）のモチベーションを高めることがリーダーシップである、という科学的で合理的な企業風土がこの会社に生まれるまでを書いていこう。

「首でもくくろうかな？」

「電車の時間だろ。そろそろ行ったほうがいい」

地方出張のため東京駅に行く際も、江副はいつもギリギリまで仕事をしている。森村稔や池田友之がいくら促しても「まだいい」と粘る。電車を待つのが嫌なのだ。東京駅につくとホームの階段を駆け上がり、列車のドアが閉まる寸前に飛び乗るのが江副のスタイルだった。

待つことが大嫌いな江副は、いつも頭をフル回転させて、ひとつのアクションで二つ、三つの目的を達成することに喜びを覚えた。思惑どおりに段取りが進み、いくつかの目的がパタパタとドミノ倒しのように達成されていくとき、江副はえも言われぬ快感を覚えるのだ。

合理主義者の江副は世間体もかまわない。大企業の社長が使う黒塗りのハイヤーには見向きもしなかった。

行き先が帝国ホテルでも、江副は総務部の若手「シゲちゃん」こと重田里志に、『リクルートブック』の運搬用のライトバンを運転させた。帝国ホテルのドアマンは、車寄せに現れた怪しげなライトバンに眉をひそめつつ、慇懃に後部座席のドアを開ける。だがそこには誰も乗っていない。紙袋を抱えた江副は、自分で助手席のドアを開け、あっけにとられたドアマンには目もくれず、ホテルに駆け込むのである。江副は会社から丸の内までの10分の移動時間を惜しみ、助手席に座って重田と打ち合わせするのを常としていた。

接待は毎晩午後6時から8時と、9時から11時の「2階建て」。ふたつ目の宴席が終わるとその足で会社に戻り、残りの仕事を片付けてから帰宅した。

「紙と鉛筆で仕事をする日本リクルートセンターにとってはオフィスが工場」が持論の江副は、2フロアを買い取ったニュー八重洲ビルを手始めに、1970年に文京区の大塚に7階建ての自社ビルを建てた。当初は独身寮の予定だったが、人が増えてオフィスが足りなくなったので、神田の本社から編集部、教育事業部などを移し、発送センター兼オフィスとして使った。大塚ビルが寮にならなかったため、1971年には改めて中野に男子寮を建てた。

本社が自社ビルになったのは、1972年に竣工した西新橋ビル（通称Nビル）が最初である。地上12階地下2階、延床面積2000坪の堂々たるビルであり、用地取得とビル建築で合わせて12億円を要した。年度の最終利益が2億円に満たない会社が12億円の投資をした。池田友之は当時の社内報に〈金持ちの道楽息子がスポーツカーを買ってもらうのとはわけがちがう。いわばアリガネを全部ハタイて賭けた勝負のようなもの〉と書いている（『週刊リクルート』71年5月7

日付）。だが、この賭けのタイミングは最悪なものとなる。

Nビルの工事が始まった1971年8月、アメリカから衝撃的なニュースがもたらされた。大統領のリチャード・ニクソンが、唯一の兌換紙幣だったドルと金の交換を一時停止すると発表したのである。「ニクソン・ショック」と呼ばれる世界経済の大事件だ。金1オンス（約28・3グラム）＝35ドルに固定されてきたドルの価値が変動したことは、ドルを基軸通貨とした西側社会の経済基盤である「ブレトン・ウッズ体制」の崩壊を意味した。

ニクソンはこう言っている。

「第二次大戦が終わったとき、欧州とアジアの主要工業国の経済は疲弊していました。彼らのためにアメリカは過去25年間にわたり1430億ドルの対外援助を行いました。それは正しいことでした。今日《こんにち》彼らは我々の援助に大きく助けられて活気を取り戻しました。彼らはわれわれの強力な競争相手であり、われわれは歓迎しています」

「しかし他国の経済が強くなった今、彼らが世界の自由を守るための負担を公平に分担すべき時期が来たのです。為替レートを是正して主要国は対等に競争する時です。もはやアメリカが片手を背中に縛られたまま競争する必要はないのです」

日本は、自動車や半導体の作り方を教えてくれたうえに、安くて良い製品さえ作ればどんどん買ってくれたアメリカという〝兄貴〟に「君はもう弟ではない。ライバルだ」と突き放された。

家電、自動車、鉄鋼など高度経済成長を牽引し、イケイケドンドンで社員を増やしてきた輸出型企業が、いっせいに採用の手を止めた。当然、求人広告の出稿量が減り、日本リクルートセンターは大きな危機を迎えた。

江副は国道1号線の歩道橋からNビルの建設現場を眺めるのが好きだった。流し込まれたコンクリートの基礎の上に鉄筋が張り巡らされ、ビルが少しずつ姿を現してくる。江副は歩道橋の欄干に顎を乗せ、その様子を飽くことなく見つめていた。

しかしニクソン・ショックで求人広告が激減すると、さすがの江副も弱気になった。

1971年の秋、会議で東京に来ていた名古屋支社長の下田雅美と一緒にランチに出かけると き、工事中のNビルを歩道橋の上から眺め、江副はこうつぶやいた。

「シモさん、このビルが完成するころには、会社が潰れて、ビルはもう他人のものになっているかもね……」

「それじゃあ、江副さんはどうするんですか」

「僕？　首でもくくるかな」

そんな弱気な江副を見たのは初めてだった。

結成された労働組合

江副を弱気にしたのは景気だけではない。

創業メンバーのひとりで営業部門を率いていた池田友之は1971年、高校生のころからの夢だった「海洋生物の研究者」になるため大阪支社長を最後に会社を辞め、東京水産大学の選科生になった。

江副は強く慰留したが「貧乏学生のころに拾ってもらった恩は返した」と言われると、それ以上、引き止める言葉は浮かばなかった。池田が抜けた後のリクルートには、アクの強い営業マンたちをまとめる人材がおらず、現場はバラバラになっていった。

追い討ちをかけるように、1971年末には日本リクルートセンターに労働組合が結成された。はじめは待遇改善を求めるアルバイトが作った15〜16人の小さな組織だったが、学園紛争で活動した経験のある社員がこれに呼応。制作部門を中心に80人が参加し、総評（日本労働組合総評議会、労組の中央組織）系の「全国一般労働組合東京南部」に加盟した。会社に待遇改善を要求する新橋のデモ行進には日本リクルートセンターの全社員数よりはるかに多い800人が参加した。

江副には「一律で給料を上げろ」という組合の主張がまったく理解できない。

「デモする時間があるなら、働いて自分の業績を上げたほうがよっぽど給料が増えるのに」

真顔でそう言って憚《はばか》らない江副は、組合との団交にも顔を出さず、労務担当の田中壽夫に任せきりにした。温厚な田中は団交の席で「うん、うん」と組合の主張に耳を傾け、それを江副に伝えたが、江副は聞き置くだけで賃上げや時短はいっこうに実施されない。

組合が「田中ではダメだ」と言いはじめ、今度は森村が労務担当になった。創業メンバーの中でもっとも「進歩的」な考え方を持つ森村は、労組にシンパシーを見せた。「森村さんは話が分かる」と組合は喜んだが、要求は江副のところで無視された。

「埒《らち》が明かない」と苛立った組合のメンバーは、ある日、逗子にある江副の自宅に押しかけた。

「社長はおられますか」

妻の碧が窓から覗くと、数人の若い組合員が思いつめた顔で玄関に立っている。

「あなた、組合の人ですって」

碧が告げると、江副は仏頂面で言った。

「僕は出ない。放っておけば、そのうち諦めて帰るだろう」

しかし悪いと思った碧は玄関に出て、若い組合員にこう言った。

「江副は家におります。おりますが、今日は日曜日ですから家庭の人です。せっかくここまで来ていただいて申し訳ありませんが、小さな子供もおりますので、どうぞお引き取りください」

きっぱりした碧の態度に気圧され、組合員たちは帰っていった。のちに組合では「逃げてばかりの江副さんと違って、奥さんは堂々たるものだった」と語り草になった。

「戻ってきてくれないかな」

一方、念願叶って東京水産大学の学生になった池田は嬉々として学究生活を送っていた。だが日本リクルートセンターで働いた8年間の「ブランク」はいかんともしがたく、2年ほどすると「学者で食っていくのは難しい」と悟った。

「さてどうするか」と池田が思案していた1973年の春、逗子でとれた生きのいいヒラメをぶら下げて、ふらりと江副が現れた。久しぶりに会う江副は少し元気がないように見えた。

「どうしたんですか、突然」

池田が尋ねると、江副はバツが悪そうに言った。

「戻ってきてくれないかな」

「戻って何をしろと」

「いや、営業がね、なかなかうまくいかないんだ。部長が5人いるんだが、これがまとまらない。ここは君にお願いするしかないと思ってね」

ふだんは飄々としている江副が、いつになくしおらしい。それが相手を乗せる方便だと分かっていても、「君しかいない」と言われると意気に感じてしまうのが人間である。池田は3年ぶりに日本リクルートセンターに戻り、5人の営業部長を束ねる本部長になった。

気の強い池田は大学の体育会出身の猛者《もさ》を集めた「営業突撃部隊」を組織し、組合員が「職場闘争」をしているオフィスに乗り込んだ。

「お前ら、仕事もせずに何をやってるんだ！」

と棚や机を積み上げたピケを蹴散らした後で、池田は組合の幹部を諭すのだ。

「あのな、うちの人事制度や給与体系のほうが、総評が言ってる改革よりよっぽどラディカルだぞ。うちはまだまだ成長する。組合なんかやってるよりバリバリ働いたほうが、絶対に給料は上がるって」

親分肌の池田にそう言われると、若い組合員はタジタジである。

「トモさんがそう言うんなら」

江副が手を焼いた組合は、脱退者が続出し、発足から2年あまりで自然消滅した。

「池田組」誕生

日本リクルートセンターに戻る際、池田は江副にひとつの条件を出していた。

「『リクルートブック』は日本の新卒採用のあり方を変えた点で素晴らしい。でも俺は商家で育った人間だから、無料で商品を配ることに抵抗がある。学生もタダでもらった本を大切にはしないだろう。やっぱり俺は、お客さんにおカネを出して買ってもらえる商品を作りたい」

池田は日本リクルートセンターに戻って3年目の1975年にその思いを叶える。中途採用専門誌『就職情報』（のちの『ビーイング』、「リクナビNEXT」の前身）の創刊だ。

一度就職したら定年までその会社で勤め上げるのが当たり前で、「転職＝落伍」と考えられていた時代である。企業も会社を辞めた人間を「ワケあり」とみて、中途採用には及び腰だった。つまり情報誌として見た場合、新卒に比べて中途採用は極端にマーケットが小さかった。だが池田はそこが狙い目だと思った。

（数は少なくとも、転職を考えている人のニーズは切実だ。二度と仕事選びで失敗したくないから、おカネを払ってでも情報誌を買ってくれるはず）

事情を抱えて転職してくる人間を、企業は「拾ってやる」くらいに考えており、日本の中途採用市場は圧倒的な買い手市場だった。新聞に載る中途採用の広告には、月給すら書かれておらず

「委細面談」が普通だった。「文句があるなら来なくていい」という態度である。（転職する側にも知る権利がある）

そう考えた池田の『就職情報』は、弱い立場にあった転職希望者の強い味方になった。雇用の流動性を生む一助になったと言ってもいい。

『就職情報』が発行部数を伸ばしたことで、中途採用事業部が生まれ、1977年12月にはこの事業部が別会社として独立して就職情報センター（SJC）が発足した。SJCは翌年、東新橋に自社ビルを持ち、名実ともに「池田組」が誕生した。

池田はSJCを「本社に負けない会社」にしようと奮闘した。初めのうちは本社からグループ会社への移籍を「左遷」と受け止めてしょげる社員もいた。しかし池田に「SJCは良い子、強い子、元気な子を集めたんだ」とハッパをかけられ、徐々に本社より結束の固い軍団に育っていく。

1980年には、女性専用の転職情報誌『とらばーゆ』を立ち上げた。女性の転職がまだ珍しかった時代であり、フランス語で「仕事」を意味する「travail」から採った誌名は女性が転職することを「とらばーゆする」または「とらばる」と呼ぶ流行語にもなった。

池田に社内での「自治」を認めたのは、江副なりの配慮だった。人望、すなわち何百人、何千人の社員を束ねる組織の長としての能力は江副より池田のほうが優れていた。部下がやりたいようにやらせ、失敗の責任は自分が被る。そんな器の大きさを持つ池田を、若い社員たちは「トモさん、トモさん」と慕った。

社員数が500人を超える大組織になった日本リクルートセンターには、池田のようなリーダーが必要だった。だから江副は池田を呼び戻した。そうは言っても日本リクルートセンターは「江副の会社」。ふたりが並んでいれば、いずれぶつかる日が来てしまう。そうなる前に、江副は池田を「一国一城の主人《あるじ》」にしたのである。

スーツケースに6000万円

1970年（昭和45年）5月、大塚ビルが竣工した直後に、江副は小倉義昭を呼んだ。『企業への招待』の配本で全国の大学を回り、八面六臂《はちめんろっぴ》の活躍を見せたあの小倉である。江副は何度も小倉を「うちに来ないか」と誘ったが、小倉は「俺は人の下では働かない」と言って聞かない。このときは「弁護士になる」と勉強を始めていた。

「俺はいま忙しいんだよ」

江副夫妻と同じ逗子に住んでいた小倉は、江副に「どうしても」と拝み倒され、しぶしぶ江副の家にやってきた。

「君にちょっと大きな仕事を頼みたいんだ」

「大きな仕事?」

小倉が怪訝《けげん》な顔をすると、江副はリビングのテーブルにスーツケースを置いた。

「これを手付金にして、土地を買ってきてほしい」

スーツケースを開けると、中には6000万円の現金が入っている。見たこともない数の札束に顔をしかめながら小倉が聞く。

「土地って、どこの?」

「志布志《しぶし》だ」

「どこそれ?」

志布志は鹿児島県の東部に位置する天然の良港で、隣の鹿屋《かのや》には昔、日本海軍の基地があったと、江副は説明した。

「その志布志で、何をするんだ」

「会社の保養所を作る」

「なんでそんなところに?」

「リクルートは紙と鉛筆の会社だろ。若い社員たちは一日中ビルの中で働いていて、自然と触れ合う機会がない。彼らに故郷を作ってあげたいんだ。会社も大きくなって、互いの顔を知らない社員も増えている。いろんな部署の人間がキャンプでもして同じ釜のメシを食えば、新しいアイデアが湧くだろう。一度、行ってみたけど、すごくいいところなんだ」

江副は白昼夢でも見ているようにぼうっと中空を見つめながら、語った。頭の中にはキャンプ・ファイヤーを囲んで酒を酌み交わす社員の姿が浮かんでいるようだ。

だが付き合いの長い小倉はだまされない。

「本当にそれだけか?」

「えっ？」

「本当にそんなことのためだけに鹿児島くんだりの土地を買うのか、と聞いているんだ」

江副の目がすっと細くなった。

「……。保養所を作るというのは本当だよ。けど、もうひとつ狙いがある」

江副が説明を始めた。

きっかけは森ビルの森稔から聞いた話である。1960年から70年にかけて虎ノ門周辺に数多くのビルを建てた森は、自民党実力者・大平正芳《おおひらまさよし》の秘書を務める真鍋賢二《まなべけんじ》という男と親しくなった。大平は、1970年1月まで第2次佐藤栄作内閣の通産大臣を務め、次の田中角栄《たなかかくえい》内閣で2度目の外務大臣になっていた。

時は第三次中東戦争（1967年）と第四次中東戦争（1973年）の真っ只中。産油国の国際カルテル、石油輸出国機構（OPEC）と、エッソ、スタンダードオイル、シェルなどのオイル・メジャー（国際石油資本）がツノを突き合わせていた。そんな中、中東産オイルに依存する日本では「有事への備え」が叫ばれていた。通産大臣から外務大臣に横滑りした大平は「石油備蓄基地構想」を打ち出した。

「大平さんは鹿児島を備蓄基地の候補地に考えているらしいよ」

ある日、真鍋から聞いた話を、森が江副にポロリと漏らした。石油備蓄基地を作るなら、大型のタンカーが接岸できる水深の深い港が必要だ。鹿児島で指折りの深さを持つ志布志港が有力と江副は読んだ。

「で、石油備蓄基地構想が発表されて地価が上がったところで売る、と」

小倉が江副の腹を見透かしたように言うと、江副は首を振った。

「別に売らなくてもいいんだ。今、会社の資金繰りを任せている池田くんが言うには、銀行は担保になる土地を持っている会社には簡単に金を貸すらしい」

「でも、志布志の土地なんて、二束三文で大した担保にはならんぜ」

「銀行が評価するのは地価じゃなくて面積なんだよ。なんせ戦後ずっと地価は右肩上がりだからね。まとまった面積の土地を持っていれば間違いなく含み資産は増え続ける。だから、どんな辺鄙な場所でも広い土地を持っていれば、億円単位の金が借りられるんだ」

「そんなうまい話があるのかねえ。でも悪くない」

小倉はニヤリと笑い、テーブルの上のスーツケースを引っ摑んだ。

「個の経営」

こうして1972年5月、有限会社「リクルートファーム」が設立された。〈土地や生物に親しむことと、生活の糧をうること（＝ビジネス）との合一をめざすべく、農牧を主とする第一次産業への進出〉（社内報『かもめ』1972年5月号）
志布志プロジェクトのいちばんの目的は「資金調達のための含み資産づくり」だったが、それが江副の手に掛かるとこんなもっともらしい話になる。

ファームの職員を募ると16人の応募があり、この中から一ノ宮嘉道、山本徹、常沢武夫の3人が選ばれた。3人とも結婚しており、総勢6人がファームの専従員として志布志に乗り込んだ。一ノ宮たちは水を引き、荒れ地を耕してイモやカボチャの種を植えた。牧舎を建てて牛を飼い、ビーフシチューやコーンスープの缶詰まで作った。最初に飼った牛は、江副の妻、碧の名前を取って「みどり号」と名付けられた。独身の社員を逗子の家に呼んでご飯を食べさせていた碧は、社員に人気があった。

ファームが開園するとまず新入社員が送り込まれ、農作業や牛の世話をしながら夜はキャンプ・ファイヤーを囲んだ。夏には一般社員50人が参加する「ワークキャンプ」が開かれた。創業メンバーの大沢武志が「村長」、社員が「村民」になり、酷暑の中で開墾作業に汗を流す。都会のオフィスでは交流のないさまざまな部署の社員が同じ釜のメシを食い、焚き火を囲んで酒を酌み交わす中で、独特の社風が醸成されていった。

心理学を経営の実践に活かすことをライフワークにしていた大沢は、社員のやる気を高める独自の組織論を模索していた。

終身雇用、年功序列、企業内組合の三点セットによる「日本的経営」が幅を利かせ、「社員が会社のために忠誠を尽くすのは当たり前」と考えられていた時代。江副と大沢は、心理学をベースに社員の適性を生かす「個の経営」を目指していた。定年まで勤め上げると大幅に増える退職金や年金を「人質」にして、社員を会社に縛り付ける日本的経営は何かが間違っている、とふたりは考えた。

日立の人事部から転職した大沢の望みは、大学で学んだ心理学を日本リクルートセンターで実践することだ。ワークキャンプは、その端緒だった。志布志に集められた50人は、日頃、別々の部署で働く社員である。1週間、ともに畑を耕し、牛の世話をし、キャンプ・ファイヤーを囲んで酒を酌み交わす。

「へえ、君のところはそんな仕事をしているんだ」

「一緒にやれることがあるかもね」

彼らは気軽に内線電話の番号を教え合い、東京に戻ると頻繁に連絡を取るようになった。

「今ちょっと、こういう問題で困ってるんだ」

「それなら、ウチの取引先に聞いてみるよ」

「大学広告」のころは、役割分担も漠然としていて、誰かが忙しそうにしていれば、隣の社員が手伝った。しかし今や日本リクルートセンターは500人に迫る大所帯である。組織は細分化され、隣の部署に誰がいて、何をやっているのか分からない。

しかしワークキャンプから戻った社員たちは、組織の壁を超え、知恵を出し合って課題を解決し始めた。日本型経営の破壊を目論む大沢と江副の狙いどおりである。

1999年、仏ルノーから日産自動車の再建に乗り込んだカルロス・ゴーンは、若手社員中心の「クロス・ファンクショナル・チーム」を立ち上げ、組織の壁を超えた改革のアイデアを絞り出させた。2010年、日本航空（JAL）の再生に取り組んだ京セラ創業者の稲盛和夫も、パイロット、整備士、客室乗務員、営業部門など、ふだんは接触することのない異なる部門の社員を集めた「コンパ」を開き、組織の壁を超えた改革のベースにした。

会社が大きくなれば組織が細分化され、横の連携が悪くなる。問題は往々にして部門と部門の間で発生するが、責任をなすりつけ合うといつまでたっても解決しない。大沢は、ワークキャンプを始めた段階で「壁を壊す」ことの有用性に気づいていた。ゴーンや稲盛と同じである。

プロフィットセンターの「ホーソン効果」

江副の「君はどうしたいの？」の思想は、1974年、会社制度に落とし込まれる。日本リクルートセンターの組織活性化で大きな役割を果たした「PC（プロフィットセンター）制度」である。

業容拡大に伴い日本リクルートセンターの社員数は増え続け、この年からの5年間で約500人が1000人に倍増する。社員が官僚化し、組織が硬直化して、いわゆる「大企業病」にかかる時期である。それを見越して江副と大沢は、「拠点別部門別会計＝PC制度」を導入した。

最初は札幌、広島、福岡、仙台、千葉、横浜、静岡、京都、神戸の9単位で始まったが、翌1975年には大阪支社と名古屋支社などが加わり13単位になった。PC、すなわち「小集団」の単位はどんどん細分化されていき、平成に入るとその数は1600単位を超えた。

リクルートというひとつの会社の中に独立採算の小集団が1600社ある、ということは全社員が採算責任者だ。つまり1600人の社長がいて、期末に発表される〝自社〟の業績に責任を持つことを意味する。これを江副は「社員皆《かい》経営者主義」と呼んだ。

会社を、採算責任を負った小集団に分けて競わせる手法は、稲盛和夫が編み出した「アメーバ経営」によく似ている。27歳で社長になった稲盛は「自分と同じように考え、行動してくれる分身が欲しい」という切実な欲求からアメーバ経営にたどり着いた。稲盛が我流で「アメーバ経営」を生み出したのに対し、江副と大沢の「PC制度」には、「ホーソン効果」という心理学の裏付けがあった。

ハーバード大学で哲学心理学を研究していたエルトン・メイヨーは、1924年、AT&Tの製造部門であるウェスタン・エレクトリックのホーソン工場で、照明の明るさが組み立て作業に与える影響を調べる実験をした。6人の女子作業員を選び、温度、湿度、休憩時間、食事、睡眠時間などの条件を一定にした上で、照明の明るさだけを変えて作業能率を測定した。

ところが実験は予想外の結果に終わる。物理的条件が悪化しても女子作業員たちの生産性は保たれ、さらに上昇し続けたのである。この意外な結果をメイヨーはこう結論づけた。

「彼女たちは、自分たちが選ばれた集団であること、そして新しい試みに参加し、みんなから注目されていることを知っており、そのことが彼女たちに特別の心理効果をもたらした」

実験が行われた場所の名前から、心理学の世界ではこの現象を「ホーソン効果」と呼ぶ。PC制度は「ホーソン効果」の日本リクルートセンター版だった。

「秘策」を全社員と共有する

早稲田大学の入山章栄教授（経営学）は、創造性の高いプロジェクト・アイデアが次々と発表されるリクルートのイベントに立ち会ったことがあるという。その体験を踏まえて、江副と大沢がリクルートに根付かせたモチベーション経営を、こう評価する。

〈同社には内発的動機とPSM（プロソーシャル・モチベーション＝他者視点のモチベーション）を代表する企業文化があるのだ。一つは、いわゆる「あなたはどうしたい？」文化である。リクルートでは社員が新しい取り組み・チャレンジをするに当たり、その根本である「結局自分は何をしたいのか」を徹底的に突き詰める文化がある。まさに内発的動機の啓蒙である〉（『世界標準の経営理論』ダイヤモンド社）

外発的動機が、報酬や昇進などによる動機付けであるのに対し、内発的動機とは、純粋に「楽しみたい」「やりたい」といった、内面から湧き上がるモチベーションだ。PSMとは、他人の視点に立ち、他者に貢献することをモチベーションにすることをいい、たとえば「顧客視点に立つ」あるいは「部下の視点に立つ」ことなどを指す。入山は、人材輩出企業の条件として、内発的動機とPSMの相乗効果を挙げている。

PC制度はその後、リクルートの伝統になる「垂れ幕文化」を生んだ。新入社員が初めて求人広告を受注してくれれば、天井からその新人の頭の上に「祝、山本さん初受注！」の垂れ幕がかかる。チームが目標を達成すれば「祝、田中班目標達成!」。何かにつけて「祝!」である。垂れ幕は「リクルートになくてはならないもの」になった。

ＰＣ制度の進化形と言えるのが１９８２年に始まった「ＲＩＮＧ（リクルート・イノベーション・グループ）」だ。小集団のグループごとに新規事業や日常業務を超えたテーマをプレゼンし、全国大会で１位になると賞金２００万円が提供された。単にアイデアを競うだけではなく、江副ら役員が「面白い」と思えば、本物の新規事業になる。

科学的な経営手法は惜しみなく投入される。ゴール設定理論に基づく「ゴール・イン・ボーナス（ＧＩＢ）」もそのひとつ。１９７１年には、営業成績１位の課がハワイ旅行、２位が香港・マカオ旅行、３位が沖縄旅行を獲得した。

ＧＩＢやＲＩＮＧの報奨制度には、社員のモチベーションを高めるほかに、もうひとつの狙いがあった。

江副と大沢は毎年、立派なホテルの宴会場を借りてＧＩＢやＲＩＮＧの表彰式を開いた。成績優秀者やチームを壇上に上げ、江副自ら表彰する。スポットライトに照らされて何百人もの社員から羨望の眼差しを向けられた社員は、頬を上気させ、受賞のスピーチをする。

「みなさんは今回、素晴らしい成績を上げられたわけですが、その秘訣はどんなところにあったのでしょう?」

晴れの舞台で司会にこう聞かれたら「それは秘密です」とは言えない。むしろ受賞者たちは営業成績を上げるために編み出した「秘策」を得意満面で話してしまう。

「なるほど、そんなやり方があったのか」

「来月からうちでもやってみよう」

この瞬間、受賞者が編み出した「秘策」を全社員が共有することになる。「情報の共有」とはよく言われるが、日常の仕事中ではなかなかうまくいかない。ライバルチームのリーダーが手の内を探りに来ても、簡単には手の内を明かさない。サラリーマンにとって自分のチームの暗黙知は組織内の競争を勝ち抜くための武器であり、ライバルに知られては困る。しかし華やかな表彰式で「おめでとう！」と祝福されると、どうしても秘中の秘を開帳する羽目になる。

第5章　APPI

収益の柱

自民党総裁選への出馬を控えた田中角栄は1972年（昭和47年）に『日本列島改造論』を発表する。江副は小倉義昭に相談した。

「角さんが首相になれば列島改造で東北に人とカネが流れ込む。今度はファームだけじゃない。スキー場やゴルフ場も作れるまとまった土地がいる」

日本列島改造論の目玉のひとつが上越、東北新幹線だった。東北新幹線は最初に大宮―盛岡で開業する計画で、これまで在来線で10時間以上かかった東京―盛岡の所要時間が3時間を切る。遠かった東北が、週末にスキーやゴルフに出かけられる「近場」に変わる。そこまで説明すると、江副は言った。

「総合レジャー施設として開発すれば、年間30億円のビジネスになる」

「30億円とは大きくでたねえ」

小倉が冷やかすと、江副は真顔で言った。

「日本リクルートセンターは大きくなったけど、求人広告は景気に左右されるから、あとひとつかふたつ、収益の柱が欲しいんだ。30億円はないと柱とは呼べないよ」


小倉は東北の豪雪地帯を歩き回った。いい土地が見つかると小倉が東京に電話を入れ、江副が碧と一緒に上野発の夜行列車で盛岡駅に向かった。碧が行けない時、江副は夜行列車でひとりの長い時間をやり過ごすため、睡眠薬代わりに缶ビールを飲むようになった。

土地探しを始めてから3年、候補地を「岩手県か秋田県」に絞った江副と小倉は、盛岡駅前のマンションをひと部屋買い、そこを拠点に調査を続けた。やがて候補地は岩手県の竜《りゅう》ヶ《が》森《もり》地区に決まった。そこに340ヘクタールの土地を手に入れ、1973年、日本リクルートセンターはゴルフ場を中心とする研修所「竜ヶ森レック」の建設に着手した。

竜ヶ森レックは1978年に完成し、8月に開かれた「竜ヶ森ジャンボリー」には日本リクルートセンターの社員と家族、総勢513人が参加した。

昼はオリエンテーリング、フィールド・アスレチック、アーチェリー、テニスにゴルフとレクリエーション満載。夜は盆踊りで、お祭り騒ぎは深夜まで続いた。

「三億円事件、犯人説」

竜ヶ森レックは布石に過ぎない。本命はスキーリゾートの開発だ。江副は竜ヶ森の向かいにある前森山に目をつけていた。

竜ヶ森レックの開発に着手した次の年の1974年、江副は志布志のファームにいた山本徹を前森山に送り込んだ。志布志で農業のかたわら研修に来る新入社員らの面倒を見ていた山本を、江副は「とおる、とおる」と呼んで可愛がった。

山本は日本リクルートセンターの社員という素性を伏せて前森山に「細野高原牧場」という小さな牧場を開き、そこを拠点に周囲の土地を買い集めていった。スーツ姿でアタッシェケースをぶら下げてやってきて土地を買いまくる山本の姿が地元の人たちの目には異様に映り、さまざまな噂が飛び交った。極めつきは「三億円事件、犯人説」である。

1968年12月、東芝府中工場の従業員のボーナス3億円を載せた現金輸送車が白バイ警官に偽装した犯人によって強奪された。警察は延べ17万人の捜査員を動員して空前の大捜査を展開したが、犯人は見つからず、ヘルメットをかぶった白バイ警官のモンタージュ写真が全国の駅構内や交番に貼られた。

事件の6年後、スーツ姿で前森山に現れて牧場を始め、アタッシェケースから大金を出して土地を買い漁る山本を、地元の人は「あの事件の犯人に違いない」と思って警察に通報した。スキー場の開発が決まり、自分は日本リクルートセンターの社員だと白状するまで、細野高原牧場には警官が3回も様子を探りにきた。

ホテルやレストランもある本格的なスキーリゾートとなると、高速道路（この区間の開通は1983年）からスキー場までの道路も整備したい。水道、電気のインフラも必要だ。何万人という人が集まれば、毎日出るゴミや屎尿も半端な量ではない。一企業の手には負えない問題ばかりなので、何としても地元自治体の協力を取り付ける必要がある。

そこで江副は次の一手を講じる。

盛岡市愛宕山の麓、小高い丘の上に盛岡グランドホテルというホテルがある。岩手国体開催を5年後に控えた1965年、「天皇、皇后両陛下をお迎えする本格的な洋式ホテルがない」という理由で、岩手の迎賓館として県が建てたホテルだ。だが、県に高級ホテルの経営ができるはずもない。開業以来、赤字が続き、頭痛のタネになっていた。

1977年、江副はこのホテルを買い取った。岩手県と盛岡市は、岩手の迎賓館として「盛岡グランドホテル」の名前を残すことにこだわった。このため大手ホテルチェーンに売却するわけにはいかず、何をやっている会社かよく分からないベンチャー企業のリクルートに不承不承、経営を任せた。

江副の狙いは、岩手県と盛岡市の信頼を獲得し、本格的なスキーリゾートを建設するときに全面的な協力を取り付けることにある。そのためには、盛岡グランドホテルを短期間で鮮やかに再建しなければならない。

切り札

この大事な局面で江副は、もっとも信頼する社員のひとりを盛岡グランドホテルに送り込んだ。高塚猛《こうつかたけし》である。

高塚は1968年、都立一橋高校を卒業し、アルバイトとして日本リクルートセンターで働き始めた。教師になる目的で東京学芸大学を受験して合格したのだが、折からの学園紛争で授業が一向に始まらない。そのうち日本リクルートセンターでの仕事が面白くなり、実家があまり裕福でなかったこともあって大学進学を諦め、そのまま社員になった。

大学には進まなかった高塚だが、勉強が嫌いなわけではない。京大の梅棹忠夫や一橋大の坂本二郎が書く論文を読み漁り、入社時に伊豆長岡で行われた新人研修では、独自の「情報産業論」をぶって江副を驚かせた。

学園紛争の広がりで、全国の主要大学がバリケード封鎖に入ると、『リクルートブック』を就活生に配っていた各校の就職部も窓口を閉じてしまった。企業から求人広告を集めても、学生に届かないのでは『リクルートブック』の媒体価値は失われてしまう。江副たち経営幹部が困り果てていたとき、「僕に任せてください」と言ってきたのが高塚である。

しばらくすると高塚は東京の主要大学の学生名簿を持ってきた。各校のゼミやサークルを回り、学生ひとりにつき20円で名簿を買い集めたのだ。今ほど個人情報にうるさい時代ではなかったので、馬力さえあれば不可能ではなかった。

「でかした！」

営業担当役員の田中壽夫から、高塚がどうやって名簿を入手したかを聞くと、江副は快哉を叫んだ。この一件から江副は機転が利く高塚に一目置くようになり、勝負どころで切り札的に高塚を起用するようになる。

高塚が入社3年目、22歳のときには業績が伸び悩んでいた福岡営業所の所長に抜擢した。所長といえば課長待遇である。大卒の新入社員と同い年の若者をいきなり課長にしたわけだ。江副は、年齢や性別や学歴で人物を判断しない。高卒の22歳でも、できる社員なら所長なのである。高塚は年商500万円だった福岡営業所の売上高をたった1年で7500万円にして江副を喜ばせた。

1977年、盛岡グランドホテルの再建を託されたとき高塚は29歳だった。千田正《ちだただし》岩手県知事の手前、社長には江副自身が就任したが、経営の実権は総支配人の高塚に委ねた。県や市に本気度を示すため、いったん日本リクルートセンターを退社する高塚に江副は言った。

「僕は不在の社長だから。全部、君の思うとおりにやっていい」

高塚は「いまさら何を」という顔をした。

退職金２５０万円を原資に

高塚は赴任早々、66人いた従業員全員の給料を1万円ずつ引き上げた。組合の賃上げ要求は5000円だったが、いきなりその倍を支払ったのだ。

もちろん赤字続きの盛岡グランドホテルにそんなおカネはない。高塚は日本リクルートセンターで受け取った自分の退職金を賃上げの原資にした。これで「自分は味方だ」と示し、その次に合理化策を打ち出した。

盛岡グランドホテルの業績はみるみる回復し、岩手県や盛岡市から見た日本リクルートセンターは「怪しげなベンチャー」から「頼れる会社」に変わった。

岩手県と地元の安代《あしろ》町や松尾村は、盛岡グランドホテルで実績を作った日本リクルートセンターに胸襟《きょうきん》を開き、1980年にリクルート、県、町などが出資する第三セクター「安比《あっぴ》総合開発」が設立された。資本構成はリクルート48％、北海道東北開発公庫、岩手県など公的機関と準公的機関41％、岩手銀行など地元企業11％で、江副の狙いどおり、リクルートをオール岩手が支える構図が出来上がった。

ここに至るまでの過程で、高塚は岩手県を地盤とする自民党の鈴木善幸や小沢一郎、社会党の山中吾郎に接近し、林野庁や建設省（現・国土交通省）にも働きかけた。勝負所では江副を担ぎ出し、鈴木や山中に会わせた。これが江副にとって初めての本格的な「政治」との遭遇だった。

心の故郷

第三セクターができ、許認可が出揃うと、いよいよリゾート開発が始まる。だがスキー場やリゾートホテルを建てるノウハウは江副にも小倉にも高塚にもない。江副が相談したのは社章をつくってくれたデザイナーの亀倉雄策だった。

亀倉とリクルートとの出会いは、1963年に遡る。入社したばかりの森村稔が、企業の人事部向けに創刊した『リクルートメント』（のちに『月刊リクルート』に誌名変更）の初代編集長となって、亀倉のデザイン事務所を訪ねた。当時、「大学広告」の社員はたったの16人。そんなちっぽけな会社が、1964年の東京オリンピックのエンブレムをデザインし、1970年の日本万国博覧会（大阪万博）のポスターを任されることになるデザイン界の巨匠に、雑誌の表紙を依頼したのだから呆れるほかない。しかし、巨匠は、これを格安の料金で引き受ける。亀倉がこの会社の未来を予見したのかどうかはわからないが、小さな船で、大海原に漕ぎだす江副たちへの粋な餞《はなむけ》だったのかもしれない。

その後、企業文化を形にしたい江副が、リクルートの社章のデザインを依頼する。正方形を45度傾けたダイヤモンド型の青い空に白いカモメが大きく翼を広げている社章は、江副が各地につくる自社ビルのシンボルになった。

当初、亀倉はホテルの建設に反対していた。

「考えてもみなさい。スキーリゾートのホテルなんて雪があるときしか部屋は埋まらない。年間100日も稼働すればいいほうだ。絶対に赤字になる。堤（義明）さんの西武グループならともかく、おカネのない君たちの会社では支えきれないよ」

亀倉の言うとおり、雪のない季節にスキー場を訪れる観光客は少ない。ゆえにスキーリゾートの開発は、堤義明《つつみよしあき》の西武グループ（志賀高原、苗場《なえば》、雫石《しずくいし》）、五島昇《ごとうのぼる》の東急グループ（蓼科《たてしな》、ニセコ）といった大資本の専売特許だった。本来なら、カネのない日本リクルートセンターには無縁のビジネスだ。しかし江副は画期的なアイデアでこの問題を乗り越えた。「分譲型コンドミニアム」である。

利用者から見たリゾート物件には「所有」する別荘やリゾート・マンションと、「利用」するホテルと貸し別荘がある。提供する側から見ると、別荘、リゾート・マンションは短期勝負の売り切りで、ホテルは何十年もかけて利益を回収する長期戦だ。

資力がない日本リクルートセンターにホテル事業は難しいが、江副は「売りながら貸す」サブリース方式でこれを可能にした。部屋はオーナーに売る。しかし管理は日本リクルートセンターがやり、オーナーが利用しない時には一般の客にホテルとして貸し出すのだ。

オーナーから見ればその分、分譲価格が安くなり、日本リクルートセンターから見れば、オーナーが使っていないときもその部屋が稼動する。「分譲」でひとまず投下資本を回収しておきながら、一般客にも部屋を貸すことで日本リクルートセンターも長期にわたって安定した収入を得る。分譲型コンドミニアムはのちに日本でもブームになる。

社内で「竜ヶ森」と呼んできたスキーリゾート開発プロジェクトはやがて、近隣を流れる安比《あっぴ》川《がわ》からとって「安比高原スキー場」と名付けられた。安比にはアイヌ語で「安住の地」という意味がある。知恵を出したのは池田友之だった。

名前が決まると亀倉がウサギに「ＡＰＰＩ」の文字をあしらったロゴを作った。亀倉は８つのコースに自分の好きな野鳥の名前をつけ、コースサインをデザインした。欧州のスキーリゾートのような「大人がくつろげる空間」を目指した亀倉は、敷地内の建物すべてに原色の使用を禁じ、欧州の古い町並みのような落ち着いた雰囲気を作った。ゲレンデをバックにすっくと建つモダンなホテルは、ゲレンデの白に映えるレモンイエローに染め上げた。レストランの食器、箸袋まで自分でデザインする力の入れようである。

ゲレンデを山の北側に配したことで、暖冬の年でも上質のパウダースノーを楽しめた。他のスキー場が雪不足に悩む年には「安比に行けば滑れる」という評判がスキーヤーの間で広がった。おまけに海外旅行にでも行ったかのような洗練されたリゾートの雰囲気を味わえた。スキーブームの絶頂である１９９０年代前半には、シーズンの利用者が１４０万人を突破し、首都圏から来るスキーヤーの間では、車の後ろに「ＡＰＰＩ」のステッカーを貼るのが流行った。

日本有数のスキー場になった安比高原は、シーズンになると地元で２０００人の雇用を生み出した。出稼ぎをなくすことが悲願だった安代町長の伊藤重雄は、安比がスキー客で溢れかえったバブル期の記念式典でこう語っている。

「豪雪地帯に生まれて、雪を恨んだことはあっても、雪をありがたいと思ったことは一度もなかった。リクルートのおかげで、今は心から雪をありがたいと思います」

安比の人々は日本リクルートセンターに感謝し、江副が訪れるといつも温かく迎えてくれた。複雑な家庭環境で育ち、故郷と呼べる場所のない江副にとって、安比は心の故郷になった。

霞が関ビルと東京ディズニーランド

人の寄り付かない豪雪地帯に日本有数の高級リゾートを作り上げた江副を高く評価した財界の大物がいた。三井不動産の中興の祖、江戸英雄《えどひでお》である。

江戸は1927年（昭和2年）に東大法学部を卒業し、三井財閥を束ねる「三井合名会社」に入社した。戦後、三井不動産に転出し1955年に社長になった。GHQ（連合国軍最高司令官総司令部）に睨《にら》まれていた三井財閥は徹底的に解体され、江戸が社長になったころには土地資産がほとんどなかった。

「丸の内の大家」と呼ばれた三菱財閥に対抗するため、江戸は東京湾を埋め立てることで土地を創造した。今の浦安や京葉工業地帯は江戸が埋め立てで作った土地である。その埋立地の上に、旧制水戸高校の同窓である京成電鉄の社長、川崎千春《かわさきちはる》に持ちかけられて建設したのが東京ディズニーランドだ。今も京成電鉄と三井不動産は東京ディズニーランドを運営するオリエンタルランドの大株主である。

江戸のもうひとつの大仕事は日本初の高層ビル、霞が関ビルの建設だ。地震大国の日本にマンハッタンのような高層ビルは建てられないというのが、当時の通説だった。しかし江戸は建築学の粋を集め、高さ147メートル、36階建てのビルを建ててみせた。東京湾の埋め立てが水平方向なら霞が関ビルは垂直方向の「土地創造」である。土地を持たないゆえに土地を造る。この発想が江戸の真骨頂だった。

財閥企業出身でありながら起業家精神に溢れた江戸は、若いベンチャー経営者を愛した。なかでも目をかけていたのが東大の後輩、江副である。何もなかった岩手の奥地に本格的な高級リゾートを作った江副の手腕を江戸は高く評価していた。

江戸は江副の妻、碧のこともたいそう気に入り、泥のついた野菜をしばしば送ってくるようになった。茨城の農家で育った江戸は三井不動産の社長になってからも、練馬の自宅で家庭菜園を営み、自分が育てた白菜や大根や玉ねぎを親しい人々に配った。江戸の野菜が届くことは、財界の大物に認められたことを意味する。碧は段ボール箱が届くたびに丁寧な礼状を書いた。

江戸は江副を、自分と並ぶ三井グループの重鎮、三井銀行社長の小山《こやま》五郎《ごろう》に引き合わせた。1968年から1982年まで三井銀行（現・三井住友銀行）の社長・会長を務め「三井の首《ド》領《ン》」と呼ばれた小山もまた、江副の才気に魅せられた。江戸が野菜作りなら、小山の趣味は絵を描くことである。多忙な社長、会長時代も小山は暇を見つけてはせっせと絵を描き、気が向くと親しい人間に贈った。江副が南麻布に家を建てたときには、小山は観音像を描いた一幅の書画を江副に贈った。

届かなくなった野菜

1979年の1月のある日、江戸が江副に囁《ささや》いた。

「江副くん、君、前から都心に本社ビルを建てたいと言っていたね。今度、銀座の土地が売りに出るんだよ。銀座で、あれだけまとまった土地が売りに出るのはこれが最後だと思う」

江戸が教えた土地は銀座8丁目、電通通りに面した土橋《どばし》の角地にあった。戦後、一世を風靡《ふうび》したキャバレー「ショウ・ボート」の5階建てビルがあった場所だ。1970年に火事でキャバレーが焼失した後、500坪の跡地が空き地になっていた。その土地が売りに出る、というのだ。江副はこのころ、「新幹線男」と呼ばれていた。新大阪、名古屋と、新幹線の駅前に次々と自社ビルを建てたからだ。

偶然そうなったわけではない。戦後復興の最終盤に建設された新幹線の駅は町の中心から少し外れた場所にあり、地価が安かった。赤線地帯（戦後も黙認されていた街娼区域）だった場所もある。そうは言っても日本の大動脈である新幹線の駅ができたのだから、いずれは開発が進み地価が上がる。おまけに列車が駅に止まっている間、「リクルート」の看板が乗客の目に飛び込んでくる。宣伝効果は抜群だ。

銀座8丁目なら、東京駅の手前で減速した新幹線からよく見える。江戸から情報を得た江副は、すぐに本社ビル建設の試算をさせた。土地代と建設費用を合わせて500億円。当時の日本リクルートセンターの売上高は315億円、経常利益は42億円である。12億円のNビルでさえ会社が潰れそうになったのに、今度は500億円。文字どおりケタが違う。

江副は自社で経営する「ホテルデン晴海」に全取締役を集め、本社ビル建設について泊まりがけで議論した。いつもは「あーでもない」「こーでもない」とうるさいほどしゃべる池田や大沢も、この日は口が重い。今の日本リクルートセンターにとって500億円の投資はあまりに危険だが、「何が何でも」と前のめりになっている江副を止めるのは簡単ではない。取締役の意見を代弁するように大沢が言った。

「うちの社員の平均年齢は23歳。みんな若いんだから、銀座なんかに本社を置いたら勘違いして遊んじゃうんじゃないか」

江副が待ってましたとばかりに言い返した。

「リクルートは時代と並走する情報産業なんだ。銀座は日本一の繁華街で時代の情報が溢れている。新聞社や電通の本社もある。そこにリクルートの経営思想や社内風土を発信する明るいビルを建てるんだ。この場所なら新幹線からもよく見える。日本中の人がリクルートを知ることになる」

江副の迫力に押された池田は、つい歩み寄ってしまった。

「まあ、夜の賑わいは社員にとってプラスになるかもしれないね」

500億円という費用については「広告費だと考えれば安いもの」と江副が押し切った。手回しのいい江副はすでに三井銀行の小山から融資の内諾を取り付けており、ビルの外観デザインは亀倉に頼んでいた。

こうして「銀座本社ビル」の建設が決まった。設計は入江三宅設計事務所に、施工はスーパーゼネコンの清水建設を使った。安比で大規模リゾートを開発し、日本中に自社ビルを建てるリクルートは、スーパーゼネコンにすれば上客である。安比で鹿島建設と竹中工務店を使った江副は、今度は清水建設を使うことで彼らを競わせようとしたのだ。

三井不動産の江戸にショウ・ボートの土地を紹介してもらった経緯を知っている碧は心配した。

「銀座の土地を紹介してくださったのは江戸さんでしょう。三井不動産にお願いするのが筋ではないの」

すると江副は、見たこともないような剣幕で怒った。

「これはビジネスだ。何も知らないお前が口を挟むんじゃないっ！」

江副の中の何かが変わり始めていた。いちばん近くにいた碧は、それを敏感に感じ取った。

ほどなくして江戸から野菜の段ボール箱が届かなくなった。

本社ビルは1981年3月に完成した。11階建て総ガラス張りの派手なビルは、通称「G8」と呼ばれ、銀座が酔客で溢れる夜中までいつも煌々と明かりがついていた。

第6章　打倒Y

新しい事業

１９７３年（昭和48年）、入社５年目の重田里志は総務部で忙しい日々を送っていた。社員数は増える一方だ。若い社員ばかりなので、あちこちに独身寮を借り、２年前には中野区に自前の独身寮も建てた。寮や社宅の管理も重田の仕事だった。

（これだけたくさんの不動産を扱うんなら、資格くらい持っておいたほうがいいかもしれない。会社を辞めることになっても潰しが利くし）

そう考えた重田は2度目の挑戦で宅地建物取引士（宅建）試験に合格した。それからしばらくして残暑が続く9月、江副から「昼メシでも食べにいかないか」とNビルの近くの蕎麦屋に誘われた。

（なんの用だろう）

江副とふたりきりで会うのは久しぶりだ。

「シゲちゃん、すっかり一人前でバリバリやってるらしいね」

蕎麦を手繰りながら江副は重田の顔を覗き込んだ。

「ええ、まあ」

重田は江副の真意を測りかね、黙って蕎麦をすすった。

「ところでシゲちゃん、最近、宅建を取ったんだってね」

「え、なんで知ってるんですか？」

「なんで取ったの？」

「いや社宅とか寮とかを管理するのに、資格があったほうがいいかなと思いまして。会社に何かあったときに潰しも利きますし」

「うちの会社はそんなに危ないかな」

「Nビルが建つ前、江副さん、もうダメかも、って言ってたじゃないですか」

「そんなこともあったねえ」

江副はしばし遠い目をしたがすぐに現実に戻り、命令に近い口調で言った。

「10月、まあ12月でもいいけど、経理部に行きたいと自己申告してよ」

「え、経理部ですか？」

「そう経理部」

日本リクルートセンターでは四半期ごとに、めまぐるしく人事異動がある。それも自己申告制が認められており、よほどのことがない限り本人の希望が通る。「あいつが欲しい」と思ったPC（プロフィットセンター）のリーダーは、前もってその社員に「うちに来いよ」と声をかけ、自己申告させるのだ。

「なんで経理部なんですか？」

「今度、新しい事業を始めようと思っていてね。マンション販売なんだ」

「マンション？　うちが不動産事業をやるんですか？」

「そう。このまま地価が上がると戸建はサラリーマンの手の届かないものになる。これからはマンションの時代だよ」

甲南中学、高校の同級生で、マンションのデベロッパーで急成長している長谷川工務店（現・長谷工コーポレーション）の社長、合田耕平《ごうだこうへい》の受け売りだが、江副にも実感があった。東京の大学を出ていても、多くは地方出身者で、彼らを住まわせる独身寮はいくらあっても足りない。数年すると彼らは結婚するので、今度は社宅が必要になる。都会に流れ込んでくる若者たちに必要なのは戸建ではなく、手軽に買えるマンションだ、と江副は読んだ。事実こののち、空前のマンションブームが起きる。

「それはそうなのかもしれないけど、なんで俺なんですか」

「うちでただひとり、宅建をもってるシゲちゃんに、是非ともその才能を活かして欲しいんだ」

「資格を取っただけで、才能なんかないですよ」

「嫌なの？」

「別に嫌ってわけじゃないですけど……」

「じゃあ決まりだ！」

総務部で重田のボスは1970年にフジテレビから移り、この年、取締役になった真石博之《まいしひろゆき》である。真石が「重田は手放したくない」とゴネたので重田は総務と経理の兼務になり、総務の仕事をしながらマンション販売を目的とする新会社の設立準備を進めた。重田は江副の紹介で長谷工に行き、マンション販売ビジネスの手ほどきを受けた。

「遠くの都心より、行徳駅前3分」

会社の立ち上げ準備に追われる重田の机に江副がふらりと現れた。

「どう？　順調？」

「マンション販売なんて、分からないことばかりで大変ですよ」

「シゲちゃんにはいつも大変な思いをさせるねえ」

（またなんか企んでるな……）

江副が優しいときには何かある。重田は警戒した。

「今日は何ですか」

「いや、シゲちゃんの頑張りでもうすぐ会社も立ち上がりそうだし、そろそろ会社の名前を考えてもらうかなと思って」

「そんなの江副さんが決めればいいじゃないですか」

「いいや、この会社を切り盛りするのはシゲちゃんだからさ。シゲちゃんに決めて欲しいんだよ」

江副が得意とする「君はどうしたい？」の〝派生形〟である。会社の名付け親になれば、重田は創業者並みに頑張らざるを得なくなる。江副の狙いどおり、重田はその後の人生を不動産事業に捧げることになるのだが、このときは知る由もない。

「本当に俺がつけてもいいんですか」

「いいよ」

江副はニコニコしている。

リクルート不動産とか？」

「あっ、「リクルートの名前は使わないで。これはまったく新しい事業だから」

「じゃあ、少し時間をください」

江副が姿を消した後、重田は目を閉じて考えた。マンション販売のイロハを教えてくれた長谷工社員の言葉が浮かんだ。

「都心の駅前の一等地は財閥系やスーパーゼネコンが押さえています。われわれが買えるのは駅からバスを乗り継いでたどり着く不便な土地です。そこにどれだけ付加価値をつけられるかが、後発デベロッパーの腕の見せ所です」

長谷工よりさらに後発の自分たちが買えるのは、もっと不便な土地だろう。

（不便な場所を住みたい場所にする。住みたい環境を開発するってことだな）

頭に浮かんだ言葉をノートに書いてみた。

「環境開発」

（ふむ、悪くない）

後日、江副に相談に行くと「シゲちゃんが決めたのなら、それでいい」とあっさり認めてくれた。

1974年2月、「環境開発株式会社」が発足した。後の「リクルートコスモス」（現在はダイワハウスグループのコスモスイニシア）である。

環境開発が最初に手がけた物件は千葉県市川市行徳のマンション「ネオコーポ行徳」。江戸英雄の三井不動産が埋め立てた土地である。工場しかない「陸の孤島」だったが、1969年に営団地下鉄（現・東京メトロ）の行徳駅が開業し「都心まで30分」の便利な土地になった。

27戸プラス店舗の小さなマンションは「遠くの都心より、行徳駅前3分」のキャッチコピーが受け、売り出しと同時にほぼ全戸が完売した。江副はよほど嬉しかったらしく、竣工したときには、ここで日本リクルートセンターの取締役会を開いた。お昼は豪華な仕出し弁当に松茸のお吸い物が付いた。隅っこで役員たちの話を聞いていた重田もお相伴に預かった。

行徳の次も東京湾の埋め立て地、江東区の大島地区である。昔は荒川が氾濫するたびに浸水する不便な土地だったが、この「ネオコーポ大島」もすぐに完売した。

「とにかく土地を買え！」

「地価は上がり続ける」と信じた江副は、重田にハッパをかけ、日本リクルートセンターの営業成績優秀者や、採用試験で成績の良かった新人を次々と環境開発に送り込んだ。

当時の新入社員は入社式の日に配属が言い渡されることになっていた。花形は何と言っても『リクルートブック』の営業で、テスト事業の人材開発、編集作業をする制作、総務、人事と続き、最後に「環開（環境開発の略）」の配属が告げられる。

成績優秀でてっきり『リクルートブック』の営業に配属されるものと思い込んでいた新入社員の中には「俺は不動産をやるためにこの会社に入ったんじゃない」とゴネる者もいたが、配属されて数ヵ月もすれば血眼《ちまなこ》で土地を探す「環開の一員」になっていた。

江副は長嶋茂雄

江副と碧は6年間住んだ逗子を離れ、都内に住むことを考え始めた。会社が大きくなるにつれ、江副は逗子まで帰るのが億劫《おっくう》になり、都内のホテルに泊まる機会が増えていた。碧のほうは、長女を私立の小学校に入れたいと考えていた。

麻布、青山、表参道。江副は週末を使って都内の物件を探すのだが、なかなかこれといった家が見つからない。「閑静な住宅街」と聞いて足を運んだ物件が、日当たりの悪い土地だったり、道路の付いていない奥まった土地だったりした。

無駄足を踏まされるたびにうんざりした。駅から何分とか、角地とか、日当たり良好とか、きちんと情報を整理して事前に客に伝えるべきだろう。

そこまで考えて、ハッと気づいた。求人情報と同じではないか。

問題は売り手と買い手の間にある「情報の非対称性」だ。どこにどんな物件があるのか、その地域の相場はどのくらいなのか、知っているのは不動産屋であり、買い手は情報をほとんど持っていない。気に入った物件が見つかったとしても、提示された値段が高いのか安いのか、判断がつかない。

買い手に入る情報と言えば、新聞に折り込まれてくるチラシと不動産屋の入り口に張り出された物件情報くらい。それも「駅まで十分」と書いてあるのに、歩いてみたら30分。不動産屋に文句を言うと「それは10分ではなく十分《じゅうぶん》と読むんです」と開き直られた、という笑い話があったほど、情報の質は低かった。

売り手であるデベロッパーも、自分たちの物件情報を「本当に家を買いたい人」に伝える手段がなくて困っていた。新聞広告やチラシはすでに家を持っている人や、家を買うおカネのない人のところにも無差別にバラ撒かれる。そのくせ、何百万部という発行部数を理由にバカ高い広告料を払わされるのである。

ならば「情報の非対称性」をなくせばいい。街の不動産屋や新聞をすっ飛ばし、デベロッパーと買い手をダイレクトに結びつけてしまえば、家を買いたい人に正確な情報が届く。つまり住宅専門の情報誌だ。

江副はさっそく、企画書をまとめ、取締役会に提出した。

「『リクルートブック』に次ぐ主力媒体として、不動産を扱う情報誌の創刊」

だが現状に満足している多くの役員からは、次々と反対の声が上がった。

「不動産屋というのは枕詞に『悪徳』がつくぐらい評判が悪い。これまで人材情報で築き上げてきた日本リクルートセンターのイメージに傷がつく」

「そもそも出版業界には『住宅関連の雑誌は売れない』というジンクスがある」

「我々は不動産のプロではない。素人ばかりで不動産の情報誌は作れない」

だが江副はいっさい耳を貸さず「絶対に伸びる事業だから」と押し切った。江副には、すでにこの時点で住宅情報誌が『リクルートブック』並みに１００億円以上を稼ぎ出す未来が見えている。「儲かると分かっているのに、やらない手はない」というのが江副の考え方である。「失敗するかもしれない」「売れなかったらどうしよう」というネガティブな発想は頭の片隅にもない。

１９７６年に入社し、２０１３年に江副が亡くなるまで親交のあった東正任《ひがしまさとう》は江副のビジョナリーぶりをこんなふうに話す。

「江副さんは長嶋茂雄なんですよ。長嶋の自宅の傘立てにバットが1本、無造作に放り込んであった。１９５９年の天覧試合で2本のホームランを打って長嶋がスターになったときのバットだったという話があります」

昭和天皇が初めてプロ野球を観戦した１９５９年6月25日の「天覧試合」。長嶋は5回に12号ソロ、4対4で迎えた9回に阪神のエース村山実からサヨナラ13号ソロを放った。2017年、野球殿堂博物館が企画展の目玉にしようと、このときのバットを借りに行ったら、お宝もののバットが傘立てに放り込んであって、仰天したという話である。東が続ける。

「長嶋はホームランを打った瞬間にパーっと最高に気持ちよくなる。でもダイヤモンドを回ってベンチに戻ったころには、もうその快感は消えていて、ホームランを打ったバットなんてどうでもいい。江副さんも、新しい事業を発想したり、土地や株を買ったりして、思いどおりにいった瞬間が気持ちいい。長嶋は打席に入るとき、三振したらどうしよう、とは微塵《みじん》も考えない。江副さんも一緒。失敗したらどうしようとか、いっさい考えない。ふたりはその瞬間の快感のために生きている」

アップル創業者、スティーブ・ジョブズ、テスラ創業者のイーロン・マスクも同じ類《たぐい》の人間だろう。ジョブズはコンピューターがまだ大企業や政府の持ち物だった時代に、個人がひとり1台のコンピューターを持つ世の中を夢想した。マスクは二酸化炭素を排出しない電気自動車(EV)が普及し、ガソリン車が地球から一掃されるビジョンを見ている。一時期のテスラは3ヵ月に1000億円のペースで現金を燃やしながらEVを作っていた。ふつうの人間から見れば「狂気」だが、マスクにとってそれは「必然」である。そして日本リクルートセンターによる住宅情報誌の発刊は江副にとって「必然」だった。

絶対的な江副の自信は、やがて周りの人間を巻き込んでいく。住宅情報事業の初代担当役員になった田中壽夫は発刊決定の瞬間をこう振り返っている。

〈業界の慣習や規制についてはまったく未経験の領域であるという懸念が入り混じり、ずいぶん議論になりました。しかし最後は「やってみなければ、わからないじゃないか」というリクルートらしい明快な意志がＪＪ（『住宅情報』）を誕生させたのです〉

「大人の接待」のプロ

１９７６年１月、『住宅情報』（「ＳＵＵＭＯ」の前身）が創刊された。１２４ページ、掲載物件数１２９件の薄っぺらな月刊誌は、住宅融資制度を持つ大企業の厚生課や銀行の住宅ローン相談窓口に無料で配布された。

不動産業界ではまったく無名の情報誌に広告を出してくれるデベロッパーを探すのは、至難の業だった。

「え、おたくは求人広告の会社でしょ？」

「うちはチラシで足りてるから」

大手デベロッパーに営業をかけた日本リクルートセンターの社員たちは、ことごとく門前払いを食らった。くじけそうになる若い社員に「大人の営業」を教えた男がいる。

間宮舜二郎《まみやしゅんじろう》。中央出版という名古屋の小さな出版社で営業をやっていたこの男は、只者《ただもの》ではなかった。中央出版は小中学校向けの教材を得意とする出版社である。教材と聞けばお堅い感じがするが、当時の営業現場はかなり生々しかった。文部省（現・文部科学省）の指導要綱に沿って作られる教科書や教材の中身は、どこも似たり寄ったりで差がつけにくい。だが一度、採用されればまとまった数の本が確実に売れる。成否を分けるのは本の中身より営業力だ。

公立学校で使用される教科書は、その学校を設置する市町村や都道府県の教育委員会に選定の権限があり、国立や私立の学校で使用される教科書の採択の権限は校長にある。教育委員会の長や校長に賄賂《わいろ》を贈るわけにはいかないが、饗応《きょうおう》については今よりずっと基準が甘かった。

日本リクルートセンターの創業期のメンバーは江副を筆頭に、大学を出てすぐ事業を始めているので「大人の営業」を知らない。その点、間宮はプロだった。大事な接待がある日には夕方に担当のチームリーダーを呼びつける。

「今日のお客様にお出しするビールの銘柄は?」

「住友グループなので『アサヒ』です」

「ウイスキーは?」

「シーバスリーガルがお好きだと聞いております」

「二次会は?」

「はい、銀座の店を押さえてあります」

「バンドは?」

「はい?」

「バカ! 今日のお客様は歌がお好きなんだよ。今からバンドを探してこい!」

チームリーダーは銀座、新橋界隈を駆けずり回り、その晩、なんとか流しのギター弾きをつかまえた。二次会が終わり、お客をタクシーに乗せると「反省会」で飲み直しだ。

「お前な、二次会の店に行くとき、ワンブロック先でタクシーを止めただろ」

「はあ、店の前に別のタクシーが止まっていたものですから」

「バカ！　お前はお客様を15メートルも歩かせたんだぞ。もっとタイミングよく止めなきゃダメじゃないか！」

間宮は学生サークルのノリで始まった日本リクルートセンターに「大人の営業」を持ち込んだ。接待される側は、妙に気が回る若者たちにしてやられ「ウチの若い連中も、君らくらい気が利くといいんだけどなあ」とすっかりご機嫌になる。

「分からないことはお客様に聞け」

江副は若い社員たちにクライアントと飲み食いする「外飯《そとめし》・外酒《そとざけ》」を奨励した。世間知らずの若い社員をお客に育ててもらう。それはほかの鳥の巣に卵を産み、ヒナになるまで育てさせるカッコーのような戦略だった。

JJレディ

創刊号から4号までの『住宅情報』はチラシを集めただけで、お世辞にも読者本位とは言えない中身だった。おまけに不動産の素人だけで作る雑誌だから、専門用語の使い方もわからずミスが多い。ミスのあったページに付箋を貼ると厚さが2倍に膨らんだ。

しかし「不動産」という未知の分野に放り込まれた若者たちは、ここでも驚異的な成長を見せる。まずは「読者目線」の編集改革だ。

当時の不動産広告は、発売寸前の物件しか掲載できなかった。売り出し価格が決まるまで広告を打ってはならない規制があったからだ。このため人気物件は客に検討する時間がほとんどない。広告を見た日に展示会に行き、その場で手付金を払わないと完売になるありさまだ。

「一生に一度の大きな買い物をするのに、これはないよな」

業界では当たり前でも、素人であるがゆえに疑問が芽生える。どうしたらもっと早く、買い手が知りたい情報を届けられるか。そこから生まれたのが「ルポライターの現地報告」という記事広告だった。ライターが物件を訪れ、近隣の環境から日当たり、間取りまで消費者目線できめ細かくレポートする。広告ではなく「編集記事」なので、価格が決まっていなくても掲載できた。

こうした工夫が認められ、『住宅情報』はジワジワと発行部数が増え、それに連れて広告出稿量も増えていった。とはいえ、企業の厚生課に置いてもらうだけでは限界があった。

発行部数を伸ばすためには、なんとか『住宅情報』を書店の棚に並べたい。その場合、書店に利益を落とさなくてはならないから有料誌ということになる。ところが書店流通を取り仕切る「日本出版販売」（日販）や「東京出版販売」（トーハン）などの取次《とりつぎ》（出版業界の問屋）は「住宅雑誌は売れないから」と相手にしてくれない。

取次が扱ってくれなければ「書店売りは無理」と諦めるのがふつうだが、日本リクルートセンターの若者たちは嫌がる取次をかき口説き『住宅情報』を流通させることに成功した。そして次の段階では1都3県にある3000店の書店に、取次を飛ばして直接搬送を始める。

しかし、取次を怒らせれば全国の書店が敵に回る。日本の書店は取次と委託販売契約を結んでおり、売れ残った本は返品できる仕組みになっている。

「けっしてご迷惑はおかけしませんから」

『住宅情報』の担当者は直接搬送の「許可」をもらうため、地域ごとにいる取次の担当者に日参した。「また来たのか」と言われるほどに通い詰め、最後は「どうせ失敗すると思うけど、まあやってみれば」と言わせた。

「やってみれば」と言わせた後は、書店への営業だ。無料誌では書店にお金が落ちないので、8号から有料化した。価格は200円。全額を書店の取り分にした。書店からみれば驚きである。ふつうの雑誌は出版社に原価、取次にマージンを払った後の薄い利益しか受け取れない。ところが『住宅情報』は、売れた分だけ「丸儲け」なのだ。もちろん日本リクルートセンターは不動産会社からの広告料で十分潤っている。

日本リクルートセンターの営業マンは小型のワンボックス・カーに『住宅情報』を満載し、首都圏の書店を〝絨毯爆撃〟した。丸儲けと分かると書店は棚を開けてくれたが、それでも新参者の『住宅情報』は隅っこにしか置いてもらえない。

そこで登場したのが「JJのCL（住宅情報のコミュニティレディ）」。書店の近所に住む主婦をアルバイトで雇った。JJレディは客の少ない昼間に書店に顔を出し、店主と世間話をする。

近所づき合いがあるから、店主も邪険にはできない。JJレディは頃合いを見計らって、書店のドアに『住宅情報』のポスターを貼る。

「おいおい、そこはダメだよ」と言われても、JJレディは「あらいいじゃない」と知らぬ顔。中には店主の目を盗んで『住宅情報』をこっそり棚の「いい場所」に移すツワモノもいた。「おいおい、そんなことしちゃダメだってば」と咎《とが》められても「売れればオタクが儲かるのよ」と涼しい顔だ。棚が狭い書店には、日本リクルートセンターの営業が「邪魔にならない場所に置いてください」と手作りのマガジンラックを持参した。

狂気の沙汰

もうひとつの重要な販促ポイントが国鉄（現・JR）の「キヨスク」だ。1932年に鉄道殉職者の妻に働き口を提供する目的で設立されたキヨスクは、コンビニがまだ未発達だったこの時代、関東だけで1000店舗を超え、雑誌の重要な販路になっていた。

キヨスクには、JJレディではなく日本リクルートセンターの若い男性社員が直接搬入した。息子のような年恰好の若者が額に汗して重い雑誌を運んでくれれば、売り場の女性は「若いのに大変ねえ」となる。

すかさず男性社員は爽やかに「僕が店番してますから、どうぞ一服してきてください」とやる。店員ひとりで切り盛りするキヨスクは、交代の店員が来るまで持ち場を離れられない。トイレに行き、タバコを一服できる5分の休憩が実にありがたいのだ。しばらくすると人気の週刊誌を押しのけて『住宅情報』がいちばん目立つ場所に並んだ。

「本は本屋で売るもの」という固定概念に縛られない営業員とJJレディは酒屋、美容院、理髪店、銭湯と手当たり次第に販売ポイントを増やしていった。

取次を使わず販売ポイントに直接搬入するのは手間がかかる。しかし、その分、売り場の情報がダイレクトに入ってくる。取次を通した通常の販売ルートでは、発売した本や雑誌が何冊売れたかが分かるのには時間がかかる。『住宅情報』は直接搬入ゆえに1週間後には正確な数字が把握できた。このデータをもとに編集部は「この企画は○」「この企画は×」「このレイアウトは○」「このデザインは×」と、誌面をどんどん刷新していった。

創刊4年目の1979年3月には月刊から隔週発行、半年後の9月には週刊化に踏み切る。創刊号で129件だった掲載物件は折からのマンションブームに乗って5000件、1万件、2万件と爆発的に伸びていく。「正確な間取りが知りたい」という読者の声に答え、多くの物件に間取り図を添え、しかも全ページ、カラーである。

1回刷って終わりのモノクロと違い、カラーは何度も刷って色を重ねていくので印刷に時間がかかる。ふつうの週刊誌の場合、カラーのグラビア・ページは何日も前に刷っておき、締め切りギリギリのタイミングでモノクロのニュース・ページを刷る。「オールカラーの週刊誌」というのは、印刷工程を考えればまさに狂気の沙汰だった。

「私たち、できれば暗いうちに帰りたいんです」

それでも毎週『住宅情報』を発刊できたのは、若い女性社員が頑張ったからだ。価格や所在地、問い合わせ先の電話番号はもちろんのこと、間取りや各種の契約条件など膨大な量の情報を扱う『住宅情報』は、間違いやミスをチェックする校閲《こうえつ》作業からみれば〝地雷〟だらけである。毎号、毎号、気の遠くなる校閲の仕事をこなしたのが彼女たちだった。

週刊化が始まってしばらくすると、その女性社員たちが思いつめた顔で事業本部長の田中壽夫のところにやってきた。

「あのー」

ふだんはテキパキ働く彼女たちが、珍しくモジモジしている。

「ん、どうした？」

田中の温和な顔に励まされるように、先頭の社員が口を開いた。

「私たち、仕事が嫌なわけじゃないんです」

「うん、君たちの頑張りには、感謝してるよ」

「ありがとうございます。でも……。みんなが頑張っているのに、なんか言いにくいんですけど……」

「なんでも言ってごらん」

「あのー、私たち……」

「？」

「暗いうちに帰りたいんです」

「え？」

締め切り日の校閲作業は毎週、深夜を超え、彼女たちが帰路につくのは空がすっかり明るくなってから。男性社員のようにソファでごろ寝し翌日も同じ服、というわけにはいかない。明け方に始発で帰り、シャワーを浴びて着替えると、仮眠する間もなく、お化粧を直してまた出社するのだ。身なりはすっきりしているから、管理職は徹夜明けと気づかない。

「そんなことになっていたのか……」

彼女たちの訴えは当然であり、田中は事業本部長として気づかなかった自分を恥じた。しかし、彼女たちにしても「会社は好きだし仕事は楽しい」というのが偽らざる気持ちだった。

ある女性社員の父親は、疲れ切って明け方に帰宅する娘を見て「そんな会社は辞めてしまえ」と部屋に閉じ込めた。それでも娘は窓から抜け出して銀座のオフィスに向かった。


何が彼女たちをそれほど頑張らせたのか。

それは当時の女性に与えられることのなかった「活躍の機会」である。男女雇用機会均等法が施行される10年前、日本企業における女子社員の役割は「お茶汲み」と相場が決まっており、結婚退社が前提だった。男子と同じ受験戦争を勝ち抜き、男子より成績優秀な女子学生も、会社に入れば制服を着てお茶汲みなのだ。

しかし「自ら機会を創り出し、機会によって自らを変えよ」と唱える江副の日本リクルートセンターでは、女性社員にも平等に機会が与えられた。頑張って仕事をすればまわりに賞賛され、良いアイデアを出せば「それいいね。じゃあ君がやって」と責任者に抜擢される。他の会社では味わえない充実感を彼女たちは味わっていた。

ある時期、日本リクルートセンターは求人広告のクライアント企業に近いという理由で、東京・大手町のＮＫＫ（日本鋼管、現・ＪＦＥスチール）ビルのフロアを間借りして営業部隊を入居させていた。

名門企業の日本鋼管に女子の総合職はなく、女子社員は制服を着て男子社員のサポートをしていた。そこにどやどややと押しかけてきた不思議なベンチャー企業の女子社員は全員が思い思いのファッションに身を包み、ロビーや廊下でタバコをふかしている。日本鋼管のおじさんたちは仰天し、眉をひそめる。彼女たちが自分の会社の男子社員よりはるかに稼いでいることを、おじさんたちは知らなかった。

「徒歩１分＝80メートル」のルール

『住宅情報』が読者にもたらした最大の利点は、正確な情報である。それまでの不動産広告は「閑静な住宅街」「瀟洒《しょうしゃ》な街並み」「最高の環境」などの常套句で消費者を引き寄せた。安い物件で消費者を釣り、「タッチの差で売れてしまいました」と言って、代わりに割高な物件を買わせる悪徳業者もいた。

初心《うぶ》で真っすぐな日本リクルートセンターの若者たちは、こうした悪質な商売を一掃した。「駅まで8分」は本当に8分なのか。「閑静な住宅街」が国道に面していることはないか。「情報審査室」を立ち上げ、読者からクレームのあった物件に足を運び、「悪質」と判断した広告は取り下げ、悪質な広告が多いデベロッパーとは取引をやめた。業界で大手と呼ばれる会社も例外ではなかった。

「徒歩1分＝80メートル」という業界内の規約が『住宅情報』の出現によって守られるようになり「怪しげな不動産広告」は減っていった。

これまで不動産会社に閉じ込められていた情報が消費者に解放され、不動産会社も本当に家を買いたいと思っている人に物件情報を届けられるようになった。『住宅情報』は『リクルートブック』と同じ原理で買い手と売り手をマッチングし、双方をハッピーにした。未知なる不動産業界に飛び込んだ若者たちは「自分たちは世の中の役に立っている」という充実感を励みに、猛烈に働いた。

「販売の神様」の逆鱗

だが、彼らの知らないところで怒りを募らせている人々がいた。求人広告、不動産広告という二大収入源を奪われた新聞社だ。新聞社にとって不動産広告を奪われることは二重の意味で痛かった。不動産広告は紙面の下3分の1を占める広告欄を飾るだけではなく、販売店が新聞に挟んで読者に配る「折り込みチラシ」の重要なコンテンツでもあったのだ。

無邪気に事業を拡大する日本リクルートセンターを、誰よりも苦々しい思いで見ていたのが、読売新聞の中興の祖で「販売の神様」と呼ばれた務臺光雄《むたいみつお》だ。

戦前、報知新聞で販売の仕事をしていた務臺は、のちに政界にも進出した読売新聞社長の正《しょう》力松太郎《りきまつたろう》に見出され、読売の販売部門に移籍した。正力の意を受けた務臺は大阪、九州への進出を成功させ、東京朝日新聞（現・朝日新聞）、東京日日新聞（現・毎日新聞）を抜いて読売を発行部数日本一の新聞社に育て上げた。

務臺は読売新聞傘下の日本テレビ放送網に、プロ野球「読売ジャイアンツ」の試合を中継させ、王貞治、長嶋茂雄といった国民的スターを生み出した。そしてプラチナ・チケットと呼ばれた巨人戦の観戦券を新聞販売店に配り、勧誘の景品にした。それは朝日や毎日の販売店が配るトイレットペーパーよりはるかに魅力的だった。

正力の死後、1970年に務臺は読売の社長に就任。1982年まで社長・会長を務め、名誉会長になった1983年から死去する1991年までの長きにわたり「読売のドン」として君臨した。

務臺は、自分たちから不動産広告の収入を掠《かす》め取る日本リクルートセンターの〝若造ども〟を不愉快に思っていた。だが日本リクルートセンターに対抗して住宅情報誌を出せば、「新聞の不動産広告は効果がありません」と世間に触れ回るようなものだ。

一方で務臺は、江副が仕掛けた「広告革命」の意味を正しく理解していた。『リクルートブック』と『住宅情報』の登場により、不特定多数の読者に求人広告や不動産広告を届ける新聞やテレビの「魔法」が解けてしまったのだ。

2003年6月、米三大テレビのCBSネットワークやパラマウント映画、MTVを傘下に持つメディア大手バイアコム会長のメル・カーマジンは、カリフォルニア州・マウンテンビューにあるグーグル本社を訪れた。

「心配しないでくれたまえ、別に君らを買いに来たわけじゃないんだから」

カーマジンは冒頭、余裕たっぷりにそう言った。だが当時30歳だったグーグル創業者のラリー・ペイジとセルゲイ・ブリンから、グーグルの収益モデルである「検索連動型広告」の仕組みを聞いたカーマジンはこう叫ぶ。

「君たちは魔法をぶち壊しにしているんだ！」

テレビや広告代理店の莫大な収益性を担保していたのは、電波の使用を認可された独占的な地位によって膨大な視聴者を抱え込むことだ。そうしておいてマスマーケットに巨大な投網をかける高額の広告を大量に打つ。その「マジック（魔法）」、いや「トリック（詐欺）」を目の前のふたりに見破られたのだと直感したのだろう。

カーマジンの予感は的中する。15年後の2018年、世界の広告費に占めるデジタル広告の比率は38・3％にのぼり、35・5％のテレビ広告費を抜いた。グーグルは既存メディアの魔法を破壊した。

カーマジンが「魔法をぶち壊しにしているんだ！」と叫んだのと同じように、務臺もまた江副がマス広告の価値を台無しにしていることを理解していた。取り返しがつかなくなる前に、この危険な若者たちを叩き潰さなくてはならない。

務臺の読売は総力をあげて、住宅情報誌『読売住宅案内』の刊行にかかる。

「Yシフト」

全社員が黄色いハチマキを巻いている。

1983年2月22日、江副浩正は『読売住宅案内』創刊の前日に、G8の11階にあるホールに社員を集めた。壇上には横断幕。

「チャンス到来、打倒Y　総決起集会」

日本リクルートセンターでは『読売住宅案内』のことを『Y誌』と呼んでいた。ハチマキには『打倒！　Y誌』。打倒Yだからハチマキはイエローだ。

「情報誌にナンバー2はない！　生き残るのはナンバーワンだけだ！」

江副は、ダイヤモンド社と戦ったときと同じフレーズを使った。もう16年も前の話だから、若い社員は当時を知らない。あのときは創業から7年目で、吹けば飛ぶような会社だった。それに比べれば今や社員も売上高も比較にならないほど大きくなった。だが今度の相手は「販売の神様」務臺が率いる発行部数日本一の読売新聞だ。江副が抱いた危機感はダイヤモンド社との戦争のときの比ではなかった。

江副は「Yシフト」を敢行する。打倒Yのため、社内の人材を優秀な者から順に『住宅情報』の事業部に送り込んだのだ。異動の対象は営業、制作、販売などすべての部門に及び、総勢300人近くの精鋭が『住宅情報』に集められた。

キックオフ・ミーティングの翌日、『読売住宅案内』が創刊された。表紙は国民的な知名度を誇る読売巨人軍の若きエース「江川卓」。テレビCMには読売巨人軍の伝説の四番打者、王貞治を持ってきた。

「いろんな情報あるけれど、これが決め手のビッグワン」のキャッチフレーズで、「世界の王」に「よろしくお願いいたします」と言わせている。まさに天下の読売がグループの総力をあげて日本リクルートセンターを潰しにきたのである。

『読売住宅案内』の現物を手に取った江副は小刻みに肩を震わせた。

「もっと薄いって話だったじゃないか！」

『読売住宅案内』に物件の掲載件数で負けることはない。現場はそう言っていた。だがフタを開けてみれば掲載件数はほぼ同じ。

正確な情報が上がってこないと、正しい戦略を立てられない。江副は苛立った。見渡すと、自分のあまりの剣幕にまわりが萎縮している。江副はようやく落ち着きを取り戻した。

「いや、取り乱してすまなかった。こういう悪いニュースはなるべく早く教えてくれ。僕は二度と怒らないから」

以来「バッド・ニュースほど早く」は日本リクルートセンターの伝統になった。

「発行部数日本一」の攻勢

「読売が来る」と分かった日から、日本リクルートセンターの営業部隊は広告主の不動産会社に日参し、発行部数の多さや読者からの信頼など自分たちの優位性をアピールした。「住宅情報誌」というまったく新しいジャンルを開拓したのは自分たちだという自負もあった。

だが、「大新聞」の威光は絶大だった。

発売された『読売住宅案内』創刊号には、『住宅情報』の主な不動産会社がすべて、広告を出していた。しかも多くの不動産会社は『住宅情報』に出した広告の版下《はんした》（印刷原稿）をそのまま使っている。大口の広告主がこぞって寝返った。

「いくらなんでもこれは……」

広告主のわがままを聞きながら版下作りに知恵を絞った日本リクルートセンターの社員は「あんまりだ」と悔し涙を流した。

都内の主要な駅のキヨスクでは『住宅情報』のあった場所に『読売住宅案内』が置かれていた。

「おばちゃん、ウチの本は?」

駆けつけた営業マンが尋ねると店員はバツが悪そうに言った。

「上からのお達しでね、あんたのとこの本はお昼過ぎまで並べちゃダメだって……」

読売はその組織力で大阪や名古屋でも「実力行使」に打って出た。

G8で毎朝、決起集会を開いた東京は士気が高かったが、大阪や名古屋の動揺は収まらない。しかしこの危機が、またしても日本リクルートセンターの若い現場を成長させた。取材に行く広告主は同じだから、次の週に『読売住宅案内』がどんな特集を組んでくるのかはほぼ予測がつく。同じ内容で向こうのほうが出来が良さそうなら、いったん仕上がった特集をボツにして、別の特集に差し替えた。

俺たちは絶対負けない——「ランチェスターの二次法則」

入社2年目の水口通夫《みずぐちみちお》は「情報誌にナンバー2はない」という江副の言葉で熱くなり、「俺の担当物件は絶対に死守する」と勇んで客先に通った。当然、そこには『読売住宅案内』の営業マンもやってくる。はじめのうちは、双方ともツンケンしていたが、何度も顔を合わせているうちに「それじゃあ、お茶でも」となる。世間話をしていると、ほどなく読売の営業マンが愚痴り始めた。

「僕はもともと新聞の広告で大手メーカーを担当してたんだ。それが、こんなところに飛ばされてさ。不動産屋回りなんて、やってられないよ。ウチはワンマン会社だからなあ。君のところもそうだろ?」

「はあ、まあ……」

読売の営業マンと別れた帰り道。水口は確信した。

(俺たちは絶対負けない)

臨戦状態にある日本リクルートセンターで、会社の悪口を言っている暇人《ひまじん》などひとりもいない。どうやって物件を集めるか。納期を短縮するか。販売ポイントを増やすか。寄ると触ると、社員の口をつくのは『住宅情報』を良くするためのアイデアだ。

実際『読売住宅案内』と死闘を繰り広げている間に、『住宅情報』の納期は飛躍的に短縮され、販売ポイントも激増し『読売住宅案内』の10倍になった。最初は雑誌を置いてくれなかったコンビニエンスストアにも、『住宅情報』専用の棚が入った。

『住宅情報』に決定的な勝利をもたらしたのは「敵失」だった。『読売住宅案内』では誤字・脱字をはじめとするミスが頻発した。データの信頼性が問われる情報誌において、これは致命的だった。

たとえば2000万円のマンションの価格を「200万円」と誤記すれば、顧客が殺到してパニックになる。中には筋の悪い客もいて「200万円と書いてあるんだから200万円で売ってくれ」と座り込む。〝その筋のプロ〟に「お土産」をせびられた広告主は二度と『読売住宅案内』と付き合わない。

読売は広告宣伝など物量で『住宅情報』を圧倒しようとした。だが、水口が目の当たりにしたように、前線の社員の士気では日本リクルートセンターが読売を凌駕していた。互いを励まし合いながら明け方まで数字のチェックに余念のない『住宅情報』の女性社員たちに対し、『読売住宅案内』の制作現場には「しょせんは広告を寄せ集めただけの雑誌だろ」という緩い空気が漂っていた。

士気だけでなく、社員の質にも差があった。『住宅情報』の営業の現場では顧客との間でこんな会話がされていた。

「御社の場合、総力戦では三井（不動産）、三菱（地所）に勝てませんから、まず三多摩でシェア40%を取りましょう。40%まで行けば、三多摩では地滑り的に勝てます」

「なんで40%なの？」

「ランチェスターの二次法則によりますと……」

「ラ、ラン、何？」

「ランチェスター。イギリスの自動車エンジニアで『集中の法則』というレポートを書いた人が唱えた法則です。もともとは第一次世界大戦の軍事法則を解析した理論でしたが、ドイツのフォルクスワーゲンが経営に応用して大成功しました。『弱い企業が大企業に勝つには、まず限定した市場で40％のシェアを取ることだ』と言っています」

相手は目を丸くして尋ねた。

「君、大学はどこ？」

「一応、東大です」

「へえ、東大を出て広告取りをしてるのか」


これぞ江副経営の真骨頂である。

『リクルートブック』で全国の学生と企業を仲介する日本リクルートセンターには「どの大学のどの学部にどんな学生がいるか」「どんな学生が企業に入ってから活躍するか」など、人材に関する膨大な情報が蓄積されていた。

江副はもっとも戦闘力の高い学生を、他社の手がつく前に囲い込んだ。いわば「クリーム・スキミング（いいとこ取り）」である。

東大を筆頭に、有名大学を出たバリバリの人材に、江副は求人広告や不動産広告の「ドブ板営業」をやらせた。オーバースペックもいいところだ。

その代わり、大企業なら雑用しかやらせない20代前半から彼らを管理職に起用し、役員並みの仕事をさせた。もともと優秀な人間に、これ以上はない「機会」を与えるわけだから、彼らは凄まじいスピードで成長する。そこに「君はどうしたい？」の社員皆経営者主義が加わる。若者たちはドブ板を踏みつつ「この会社を支えているのは俺だ」と自負していた。

「左遷された」とふてくされている『読売住宅案内』との戦闘力の差は歴然としていた。ミスが多く、変わりばえのしない誌面の『読売住宅案内』の販売部数は読売グループの力をもってしても一向に伸びず、徐々に広告主からも見放されていった。

務臺が並の経営者であったならば、意地になって『読売住宅案内』を発行し続けただろう。新聞で日本一の発行部数を誇る「大読売」が、ぽっと出のベンチャーに負けたとなれば、世間の笑いものである。

しかし「販売の神様」は名より実を取る。

1986年2月、務臺は創刊からわずか3年で『読売住宅案内』を廃刊にした。廃刊を決めた後、務臺は博報堂を通じて、江副に「会いたい」と伝えてきた。講和会議の申し入れだった。江副は巨大メディアに勝ったのだ。

怒声

Y戦争の最中、江副はもうひとつ、世間の注目を集める決断をしている。銀座8丁目に建てた本社ビル、通称G8の斜向《はすむ》かいにある日本軽金属（日軽金）本社ビルの買収である。

1984年1月13日の朝、銀座7丁目の上空を複数のヘリコプターが忙しく旋回していた。この日、日本経済新聞が朝刊で「日軽金、銀座本社ビルをリクルートに売却」と報じ、テレビ局のヘリが撮影していたのだ。

たかが本社ビルの売却がなぜ、そんなに大きく取り扱われたのかについては、少し説明が必要だろう。

1939年に古河電気工業と東京電燈（現・東京電力）の出資で設立された日軽金は、昭和電工、住友化学などを抑える日本最大のアルミメーカーである。軽くて錆びにくいアルミは、戦前は重要な軍需物資であり、戦後は鉄に代わる基幹素材として、建材、飲料缶、自動車ボディなどに使われた。

供給量が限られるアルミを少しでも多く確保するため、ユーザーは銀座にある日軽金の本社に日参した。販売というより配給に近い。夜の接待では日軽金の営業マンが客を差し置いて上座に座り、「銀座通産省」と呼ばれた。その日軽金が〝銀座の城〟をベンチャー企業に明け渡し、港区田町に「都落ち」する。衝撃的なニュースだった。

「経営が苦しい時期だけに世間から何を言われるかわからない。社員の士気にも影響する」

「本社を売ってもいくらにもならない。むしろ、取引先に不安感を与えるなどのマイナス効果ははかり知れない」

日軽金の経営陣の中には「本社売却反対」の声が根強くあった。だが、この時点で日軽金の借入金は2950億円と、同社の年間売上高に匹敵するところまで積み上がっていた。本業の利益だけで返済していくのは難しく、社長の松永義正《まつながよしまさ》は債務超過を避けるため「やはり売ろう」と決断した。

日軽金のメインバンク、第一勧銀（現・みずほ銀行）が見つけてきた売り先は森ビルと日本リクルートセンターだった。興銀（同上）は資生堂、朝日生命は長谷川工務店を推した。

その動きを察した江副は、第一勧銀と興銀の副頭取に会い、日本リクルートセンターが日軽金ビルを買う場合、両行から融資を受けることを約束し、松永には巻き紙で手紙を書いた。

〈私どもはオフィスが狭く困っております。どうか私どもにお譲りくださいますようお願いいたします。お譲りいただければ、私が社長でいる限り、リクルートが建てるビルのカーテンウォールはすべて日軽金製にすることをここに記してお約束いたします〉

このころ、日本リクルートセンターの社長室には江副専属の筆耕（代筆者）がいて、江副が口述した内容を筆で、戦国大名が使ったような巻き紙に認《したた》めた。

江副は当時、1坪あたり1500万円だった土地に3000万円の値をつけた。森ビル社長の森稔と長谷工社長の合田耕平はともに江副の友人だが、このときばかりは「君はひとりで銀座の地価を釣り上げるつもりか」と怒った。碧は自宅の電話で江副がそのどちらかと言い争っていたのを聞いている。

「ワシはな、欲しいと思ったら、なにがなんでも手に入れるんじゃ！」

関西弁で声を荒らげる江副は、すっかり人が変わったようだった。

「情報誌で10年かかった利益を、たった2年で稼いじゃった」

結局、江副は250億円という途方もない値段で日軽金ビルを手に入れた。このビルは銀座7

丁目にあることから社内では「G7」と呼ばれることになる。銀座、新橋界隈で6ヵ所に分散していた日本リクルートセンターの主力部隊は、G8とG7にほぼ集約される。

1984年4月、「日本リクルートセンター」は社名を「リクルート」に改めた。同年11月、G7が竣工、これを機に、それまでG8にいた『住宅情報』の部隊がG7に移った。実はこのときまで『住宅情報』事業本部と環境開発がともにG8のビルに入っていたのだ。

メディアである『住宅情報』に集まる不動産情報が、デベロッパーである環境開発に筒抜けだ。これでは『住宅情報』に広告を出している広告主はやっていられない。インサイダーそのものである。

「いくらなんでも露骨すぎる」

78年に東大教養学部を卒業して入社した藤原和博《ふじわらかずひろ》は口を酸っぱくして忠告してきたが、江副は「何がいけないんだい?」と意に介さない。G7ができてようやく、『住宅情報』と環境開発の分離に同意した。

「違法ではないが商道徳としては間違っている」という問題は、少年時代に「名前が新聞に載るような人間になれ。少々悪いことでも構わん」と祖父に言われて育った江副にとっては「正しい」のだった。違法でなければ合法。倫理的には正しくないが、論理的には正しい。だが、「何が好ましく、何が好ましくないのか」という社会的な価値観は時代に連れて移ろう。「合理の人」である江副はその部分にまったくもって疎かった。

日本はバブルに向かって加速していた。買った時、坪3000万円だった銀座の土地は5年後の1988年、坪8000万円に迫った。G8、G7の土地だけで、1000億円以上の含み益である。

「情報誌で10年かかった利益を、たった2年で稼いじゃったよ」

笑いが止まらない江副は、社内でうっかりこう口を滑らせ、情報誌部門で不興を買った。まるで不動産に取り憑かれたかのようだ。

「江副さん、最近、変わったよね」

やがて創業期を知る古株の役員、社員がそう囁き始めた。

江副に対する評価が変わったのは社内だけではなかった。

大読売を向こうに回して『読売住宅案内』を廃刊に追い込み、名門日軽金の本社ビルを買った男。

「いったいヤツは何者なんだ」

江副が作り上げた「情報誌」のビジネス・モデルは、需要者と供給者をダイレクトに結びつける「検索サービス」である。それを理解できない政官財のエスタブリッシュメントは、江副とリクルートに胡散臭《うさんくさ》さと強い不快感を感じていた。だが老獪《ろうかい》な彼らはそんなそぶりを露《つゆ》ほども見せず、「東大が生んだ戦後最大の起業家」「民間の暴れ馬」と江副を褒めそやした。

「魔法の水晶玉」

新卒の求人情報を扱う『企業への招待』（後に『リクルートブック』）から始まったリクルートの情報誌ビジネスは転職の『就職情報』（後に『ビーイング』）』、家探しの『住宅情報』、女性の転職情報『とらばーゆ』、海外旅行の『エイビーロード』、中古車探しの『カーセンサー』と順調に領域を広げていった。それぞれの創刊にはそれぞれのドラマがあるが、ビジネス・モデルとしては『企業への招待』の派生である。

江副の仕事は、現場が「やりたい」と言ってくる領域の将来性を見極め、ストップをかけるかゴーサインを出すかだけだった。

社員一人ひとりに当事者意識を持たせる「ＰＣ制度」が根付き、リクルートは江副がいちいち号令をかけなくとも自走する組織になっていた。しかも中で働いているのは「採用狂」の江副がかき集めたとびきり優秀な人材だ。情報誌ビジネスに関する限り、江副の出番はどんどん減っていった。

だが当時の江副はまだ40代の半ば。「よきにはからえ」と隠居を決め込むには早すぎる。本業の情報誌事業で出番が減るに連れ、江副はますます不動産に傾倒していった。

そしてもうひとつ、江副が終生、飽きることなく情熱を燃やし続けた「仕事」がある。個人投資家としての株取引だ。

江副の株取引は父親仕込みだった。会社を立ち上げて3年目の1962年。父・良之から書留で「いざというときの足しにしろ」という手紙と一緒に三井鉱山の株券が送られてきた。数学教師だった良之は、株式投資で小遣いを稼いでいた。

その後、江副は、大和証券や日興證券に就職した甲南高校、東大時代の友人の手ほどきを受けて、本格的に株の売買を始めた。1962年当時の日本の平均株価は1200円台。それが1970年末には1918円になり、バブル経済のピークである1989年（平成元年）末には3万8915円まで上昇する。30年近く株価が右肩上がりを続ける中、江副は名古屋の中堅証券会社を使って着実に運用益を上げていた。

日本リクルートセンターが売上高100億円規模になっても、江副は大して給料を受け取らなかったが、金には困らない。運用益があるからだ。毎月欠かさなかった社員への誕生日プレゼントもポケットマネーで賄った。

G8を建てるとき、江副は社長室の奥に目立たぬ小さな部屋を作った。そこは江副のディーリング・ルームだった。会議や接客の合間に時間を見つけては、江副はこの部屋にこもり、モニターをにらみながら「売り」「買い」の注文を出していた。

不動産事業と同じく、株取引でも江副はインサイダーの立場にいた。日本リクルートセンターには、毎日、日本中の会社から膨大な求人情報が集まってくる。求人情報とは経営情報そのものである。

簡単に言えば、求人数が増えている会社の株を買えば儲かる。求人が減ってきたら売ればいい。

江副は生の求人情報を通じて、近い将来どの企業の業績が上がり、どの企業の業績が下がるかを見通す「魔法の水晶玉」を持っていた。今ならインサイダー取引規制に抵触するだろう。しかしバブル前夜の大らかな日本の株式市場には、情報格差が生む市場の不公平を是正する仕組みがなかった。早い話が「やりたい放題」である。

江副が得意としたのは、値の上がりそうな成長企業の株を買うのでなく、値下がりする株に目をつけることだった。ある企業の業績悪化を見越して、証券会社から株を借りて売り注文を出しておく「空売《からう》り」と呼ばれる投資スタイルである。首尾よく株価が下がったところで買い戻し、貸し主に株を返して利益を出すやり方だ。兜町《かぶとちょう》で「最後の相場師」といわれた是川銀蔵《これかわぎんぞう》が「買い方」に立つと、江副がその株を空売りした仕手戦で、売り方の江副に軍配が上がったという伝説もある。

秘密の和室

G8が竣工した翌年の1982年、地下1階に自社専用のピアノバー「パッシーナ」がオープンした。名前はG8の住所、中央区銀座8－4－17に由来する。ママ（女将）は日本航空（JAL）の客室乗務員から代議士秘書になった女性。薄めの化粧に普通のスーツという水商売らしくないいでたちのホステスは、酒とつまみを運ぶとカウンターの向こうに消えてしまう。そこがミソだ。席と席の間はゆったりスペースが取られ、隣の話は聞こえない。商談するにもってこいの空間になっていた。

パッシーナは江副専用というわけではなく、リクルートの社員なら誰でも使えた。社員は大事な取引先をどんどんパッシーナに連れてきた。

料亭で会食を済ませた江副が、その流れで接待相手をパッシーナに連れてくることもあったが、江副とその客はフロアの奥に消える。パッシーナの奥には、秘密の和室があった。

江副がよく連れてきたのは「次期総理」の呼び声も高い労働大臣の藤波孝生《ふじなみたかお》（後にリクルート事件で有罪）や清和会《せいわかい》のホープと言われた森喜朗《もりよしろう》（後に首相）、財界なら経済同友会で頭角を現していたウシオ電機社長の牛尾治朗《うしおじろう》、フジサンケイグループの「プリンス」鹿内春雄《しかないはるお》（1988年急逝）、そして「大学広告」の時代から大のお得意様であるダイエー社長の中内㓛、さらには霞が関の高級官僚。銀座のクラブでは、目立ってしまう人々と会うには、奥の小部屋はもってこいの場所だった。

会社をより大きくするため、江副はパッシーナで日本のエスタブリッシュメントとコネを作ろうとした。それがリクルートの理念と相容れないことに、考えが及ばなかったのだろうか。

『リクルートブック』は親や教授のコネがない学生が大企業に入るきっかけを作った。『就職情報』と『とらばーゆ』は、後ろ暗いイメージがあった「転職」を当たり前のものにした。『住宅情報』は一般の消費者には知ることのできなかった不動産情報を誰でも手に入れられるようにした。情報誌ビジネスの理念は、既得権者が独占していた情報をオープンにする「情報の民主化」にある。江副は閉ざされた情報を人々に解放する改革者だった。

ところが皮肉なことに、情報誌で成功を収めた江副は、より成功するためにエスタブリッシュメントとの距離を縮め、自ら既得権者側の人間になろうとしていた。

江副が生まれて初めて首相官邸に足を踏み入れたのは1980年のことだった。世にいう「四十日抗争」で心労が重なって急逝した大平正芳の後を受け、岩手1区選出の鈴木善幸が新首相になった。

「官邸に行かないか」

鈴木の支援者だった安代《あしろ》町長が、安比《あっぴ》高原スキー場の開発で仲良くなった小倉義昭を誘い、小倉が気を遣って江副に声をかけた。

江副はタクシーを拾って官邸に行こうとした。小倉がたしなめる。

「官邸に行くときくらい、黒塗りのハイヤーにしたほうがいい。大企業の社長はみんなそうしている」

「シゲちゃん」こと重田里志が運転するライトバンの助手席に乗って帝国ホテルに行っていた江副は、黒塗りのハイヤーを使うようになった。

官邸から出てきた江副は興奮していた。

「すごい、すごい。ああいうのを機密情報って言うんだな」

20年以上、情報でメシを食ってきた江副は、頭の中で情報に値札をつけるクセがついている。エスタブリッシュメントの世界には、外からはうかがい知れない「おいしい話」がゴロゴロしていた。だが閉ざされた世界の情報をカネに換えるという行為は、インサイダーそのものである。情報の解放者だった江副は、パッシーナの小部屋で、肩までどっぷり既得権益に浸《つ》かっていった。

第2部

1984

屋外での「じっくりT会議」（取締役会議）の様子。右から江副浩正、森村稔、大沢武志。

第7章　江副か稲盛か

「地方、貧乏、野望」とSPI

大條充能《だいじょうみつよし》は青森県の進学校、弘前南高校の応援部応援団長である。

アンパンマンのような丸い顔に笑みを絶やさない大條は学園の人気者で、先輩後輩、男女を問わずいつも仲間に囲まれていた。

大條が高校3年生だった1983年（昭和58年）の夏、サッカー部のマネージャーをしていた1学年上の女の先輩がふらりと母校に現れた。高校を出て東京で働いていた彼女は、応援団長になって張り切っている大條をグラウンドでつかまえて、こう言った。

「大條くんは卒業したらどうするの？」

「いちおう、進学しようと思ってます」

「東京の大学？」

「いや、東京には行ってみたいけど、ウチはそんなにカネがないから、弘前大かな」

「そうなんだ。あのね、ちょっと唐突なんだけど、東京に大條くんにぴったりの会社があるんだ」

「へえ」

「リクルートって言うんだけど、知ってる?」

「いや、全然」

「私、今そこで働いてて、いい人がいたら紹介してくれって言われてるの。一度、見学に来てくれないかな? 私の顔をたてると思ってさ。別に入れって言うんじゃなくて、見学だけでいいの」

交通費は会社が出してくれるというので、夏休みになると大條は東京見物がてら、先輩に言われた会社に行ってみた。銀座にあるG8のガラス張りのピカピカの窓に圧倒された。「アンケートみたいなものだから」と試験を受けさせられ、即「採用」と判定された。

大條が受けた試験の正体は大沢武志らが開発した適性検査「SPI」である。大條は心理学で言うところの「達成動機」、すなわち「高い目標を掲げ、障害を克服してその目標の完遂に努力しようとする気持ち」がずば抜けて高かった。

このとき、リクルートの人事部は、採用にあたって江副からこんなキーワードを与えられていた。

「地方、貧乏、野望」

「地方出身者で家が貧しく、野望に燃える人材を獲得せよ」との指令である。売上高が1000億円を突破し、銀座のど真ん中に派手なビルを構えたこともあって、東京でのリクルートの知名度はかなり上がっていた。江副の「採用狂」は相変わらずで、ひとりにつき600万円、年間にしめて60億円という法外な採用コストをかけて人材をかき集めていた。

学歴やコネではなく、SPIと面接で「優秀な学生」を選ぶのだが、この方法で選んでも東京の有名大学、なかでも東大が多くなる。出身地別で見ると東京だらけだ。

江副は「均質化」を恐れた。東京の裕福な家庭で育った東大卒ばかりを集めたのでは、霞が関と変わらない。時代を切り開くパワーは生まれてこないだろう。「人事の天才」江副は、「東京、金持ち、エリート」に「地方、貧乏、野望」をぶつけて化学反応を起こそうと考えた。

江副は、「大卒に負けるものか」という反骨心を持った地方出身の高卒者や、男子よりはるかに優秀な成績を収めながら就活で差別されて悔し涙を流した女子学生、祖父母の代から差別され「まともには就職できない」と諦めていた在日コリアン（在日韓国・朝鮮人）の若者に機会を与えた。

彼ら、彼女らは、リクルートで水を得た魚のように働き、恵まれた環境で育ったがゆえにハングリーさに欠ける東大卒のお尻に火をつけた。マイノリティーのコンプレックスとエリートのプライドが化学反応を起こし、若者たちが嬉々として徹夜や休日出勤をする前代未聞の戦闘集団が生まれた。

大條が入社した1984年、海の向こうではスティーブ・ジョブズ率いるアップルが伝説のパソコン「マッキントッシュ」を開発した。ジョブズが掲げる「個人のためのコンピューター」の理想はあまりに高く、それを実現するため若いエンジニアたちは徹夜、徹夜の日々を余儀なくされた。ジョブズの癇癪《かんしゃく》に振り回され、限界を超える仕事を求められ続けた。

だが、彼らのTシャツには「週90時間、喜んで！」とプリントされていた。ベンチャーが爆発的に成長するとき、組織の中にはある種の狂気が充満する。リクルートとアップルには同じ時期に、同じ空気が流れていた。

高い戦闘能力を武器に、新たな情報産業を社業とするリクルートは、既存の産業構造に挑みかかる。このとき江副に日本型経営の〝総本山〟経団連から呼び出しがかかった。

首実検

１９８４年。リクルートはこの年を境に激変する。

83年に１０００億円を超えた売り上げは、１９９０年の３０００億円近くまで急角度で上昇していく。84年度の申告所得（税務上の利益）は、１３４億９４００万円で、日本企業の所得ランキングで２１２位まで浮上した。社員数も、85年は１６９８人、翌年に２０００人を超え、91年には４９６４人を数える。電通のような広告代理店でもなければ、朝日新聞のような新聞社、あるいはテレビ局でも出版社でもない、「得体のしれない」会社は、飛躍の時を迎えていた。

この年の東京はよく雪が降った。冬シーズンの降雪日は観測史上最多の29日を記録している。

都内で22センチの積雪があった1月、名門企業「日軽金」の本社ビルを買収して世間の注目を集めたリクルートに、経団連（経済団体連合会、２００２年から日本経済団体連合会）の事務局から電話があった。

「会長の稲山がお目にかかりたいとのことなので、お出でいただきたい」

稲山嘉寛《いなやまよしひろ》は、新日鐵（現・日本製鉄）出身で、経団連の5代目会長である。「財界総理」とも「陰の総理」とも呼ばれた当時の経済界トップの権勢は、いまでは想像もつかないだろう。最初に「財界総理」と呼ばれた石坂泰三（第2代会長。第一生命社長、戦後に東芝社長となり同社を再建）は、政府に頼まれて日本万国博覧会協会の会長に就任した。石坂はあるとき万博予算の少なさに腹を立て、首相の佐藤栄作にねじ込んだ。

「いいですか、総理。これはもともと政府の事業で、こちらはお手伝いするだけ。予算次第でどんな万博にもできる。うまくいったら政府の手柄になるし、失敗したら、恥をかくのはあなたのほうだ」

佐藤が折れて大幅な予算増額が認められ、１９７０年の大阪万博は成功裏に終わる。財界総理は本物の総理より偉かった。

その財界総理が、ベンチャー経営者の自分にいったい何の用なのだろう。理由がわからないまま、江副は経団連会館に行った。江副の『かもめが翔んだ日』によればやりとりはこんな様子だった。

初対面だったが稲山の話のテンポは速かった。

「経団連は製造業だけではなく、情報産業やサービス業もメンバーに入れて、産業構造の変化に対応しなければならない。リクルートはどうか？　との意見が出た。僕は反対だが、一度話を聞いてみようと思い来てもらったんですよ。日本は産業立国。原料を輸入して日本で製造したモノを世界中に輸出することで繁栄してきた。日本でモノをつくらない会社が繁栄するようになると、日本の将来は危ういと思う。僕の意見に反論してくれませんか」

おそらく、リクルートを会員にするかどうかの首実検、面接試験のようなものだったのだろう。

江副は答えた。

「産業にも企業にも栄枯盛衰があります。石炭や紡績などの産業から、新しい産業への産業間の人の移動や、企業間の人の移動が年々増加しています。そのことは、日本経済の活力維持のためにも、失業率を下げる面でも大切だと思っています」

「モノづくりを喜びとしない人が増え、モノをつくらない会社へ優秀な学生が就職していくと、日本の将来は危ういと僕は思っている。どうですか？」

「モノづくりも大切ですが、経済の成熟に伴いサービス業の役割が大きくなると思います」

「ところで、あなたの会社の資金は、最初は誰に出してもらったの？」

「誰の援助も受けておりません。資金がさほど必要な事業ではありませんので」

「最初はどこかに勤めていた？」

「会社勤めの経験はありません」

「ほう、そうですか」

銀行を営む家に生まれた稲山は、一文無しの男がどうやって会社を起こし、なぜ製造業の名門・日軽金の本社ビルを買えたのか見当もつかない。初めて見る奇妙な動物を目の前にしているような稲山の困惑が伝わってくる。

一方の江副は、もってまわったような言い方で、稲山と最後まで会話がかみ合わなかった違和感を書き残している。

〈新聞や経済誌で、稲山さんは「ミスターカルテル」と称されていた。新日鐵の会長で、新日鐵が多額の政治献金をしていることが株主の利益に反すると株主から訴えられていたが、「政治献金は必要」と、訴訟を意に介しておられなかった〉（『かもめ』）

稲山が新日鐵の社長時代、日本の鉄鋼生産能力は1億6000万トンだったが、過当競争と貿易摩擦を避けるため実際の生産を1億トンに抑制していた。稲山が他の鉄鋼メーカーを説得し、通産省（現・経産省）の「行政指導」によって各社の鉄鋼生産量を決める「公販制度」を導入したのだ。「行政指導」という名のカルテルである。

世界の常識で言えば、経営者が示し合わせて生産量を絞り価格を釣り上げるのは独禁法違反に当たる。

だが稲山は「鋼材価格を安定させるためにメーカー同士が話し合ってはなぜいけないのか。自分の造ったものに自分で値段がつけられない。コストを割った価格でなければ認められない。こんなことをしていたら経済はメチャクチャになってしまう」と公言して憚らなかった。
１９８４年当時は、「談合」を唱える稲山が「財界総理」として世間の尊敬を集めていたのだ。

悪意

戦前、官営八幡製鐵所は、いくつかの製鉄所を糾合して１９３４年（昭和９年）に国策会社の「日本製鐵」になったが、敗戦後、ＧＨＱの指令で解体された。稲山が、解体されたうちのひとつ八幡製鐵の社長時代、同根である富士製鐵の社長、永野重雄《ながのしげお》と両社の合併を画策して「新日本製鐵」（住金と合併後、日本製鉄に）を誕生させた。これも明確なプライスリーダーを作り、無謀な増産競争をやめるのが目的である。

つまり、日本の戦後の資本主義は、江副が看破したとおり「社会主義の計画経済」に近いもので、世界標準の資本主義ではなかったのである。これに対して、江副は公権力の市場介入を極力排する新古典派経済学の信奉者だ。

稲山という人物は、東大卒という「学歴」以外、なにからなにまで江副とは真反対の人生を歩んできた。

１９０４年（明治37年）、東京・銀座で小さな銀行を営んでいた稲山家の3代目に生まれた嘉寛は、銀座のど真ん中にある泰明小学校から府立一中（現・日比谷高校）を目指したが及ばず、神田の錦城中学校（現・錦城学園高等学校）に進んだ。仙台二高時代は、親からの仕送りをお座敷遊びに注ぎ込み、学費滞納であわや退学の憂き目を見た。学業はさっぱりだったが、新設のため無試験だった東京帝国大学経済学部商業学科に潜り込む。

大蔵省、鉄道省、日本銀行、三菱銀行、三井銀行の入社試験を受けるが、すべて落ち、親戚のコネをつかってようやく商工省製鉄所（官営八幡製鐵所）の内定を取り付けた。自著『私の鉄鋼昭和史』の中で、稲山は当時の就活をこう振り返っている。

〈当時は不景気の最中で、採る人数は予《あらかじ》め決まっていて、それも重役とか外部関係者の縁故で事前に決まっていたのである〉

政治や経済を動かしていたのは一部の裕福な閨閥で、稲山もその一員だった。戦前のエスタブリッシュメントに属していたおかげで、勉強ができなくても、コネでエリートになれた典型なのかもしれない。

〈赴任した八幡の町では、私は大学での高文（筆者注：高等文官試験。現在の国家公務員総合職試験）を通った、将来を約束されたエリート官僚だったから、若造にもかかわらず大変なもてようだった〉（『私の鉄鋼昭和史』）

これでは江副と話がかみ合うはずもない。

稲山の「面接試験」を終えた江副は、会社に帰ってきた。『住宅情報』のマネージャーをしていた竹原啓二《たけはらけいじ》は江副に話しかけられた。

「竹ちゃん、うちは虚業《きょぎょう》だって」

「そんなこと誰に言われたんですか」

「稲山さん」

リクルート事件の渦中、総務、法務部長として江副を支えることになる竹原は、江副がもっとも心を許していた社員のひとりである。その竹原に、さきほど経団連会館の一室で「モノづくりをしない、きみのやっていることは虚業だね」と言われたと打ち明けた。このことを江副は自伝にもどこにも書き残していない。

「竹ちゃん、虚業と実業ってどこが違うんだろう」

「そうですね。そう言われると、よくわかりませんね」

（稲山さんの言うことなんか気にしなければいいのに）

竹原はそう思ったが、江副は「虚業」という言葉から自分に向けられた「悪意」を嗅ぎ取ったのだろう、窓の外を見ながら「虚業、虚業……」とつぶやいている。

当時の新聞、雑誌を見ると、ある記事はリクルートのことを「出版社」と呼び、別の記事では「教育関連産業」、また別の記事では「広告会社」と書いている。「銀座の一等地に本社を構えた東大卒の若者が社長のベンチャー企業」ではあるものの、いったいなにをやっているのか。得体の知れない会社に戸惑っていたことがよくわかる。

ともあれ、稲山の意地悪な質問に最後まで丁寧に答え続けた江副の印象は悪くなかったらしく、後日、リクルートは経団連への加盟を認められた。一緒に入会したのは江副の友人、飯田亮《いいだまこと》が率いる警備会社の「セコム」だった。

『1984』

1949年に刊行されたジョージ・オーウェルの小説『1984』は「テレスクリーン」という端末で国民が監視されるディストピアを描いた。2020年、世界で最初に新型コロナウイルスに襲われた中国はこのディストピアを実現させ「インターネットによる国民の監視」の威力を見せつけた。

現在のパソコンの原型となるアップルの「マッキントッシュ」が1984年に発売されたことはすでに書いた。このとき、創業者スティーブ・ジョブズは、『1984』の監視者＝ビッグブラザーになぞらえたビッグ・ブルーことIBMに挑み、情報の自由化を高らかに宣言するテレビコマーシャルをつくる。

「アップルコンピューターはマッキントッシュを発売します。小説『1984』のようでない1984年を目にするでしょう」

ジョブズの予言どおり、インターネットとパソコンによって、誰もが自由に情報にアクセスし発信することができるユートピア社会が誕生した。しかしいまやユートピア社会の戸板一枚下には、ディストピア社会が現出している。国家がインターネットの網の目を逆手に取って国民を監視し、権力者が情報操作して意のままに大衆を動かす。アメリカの大統領選やイギリスのブレグジット（EU離脱）をめぐっては洪水のようにフェイクニュースが溢れでて、とんでもない結果になった。この新たな「ビッグブラザー」に、われわれがどう立ち向かえばいいのかというのが喫緊の課題となっている。

ジョージ・オーウェルが近未来小説の舞台にした１９８４年は、20世紀的な世界と21世紀的な世界との分水嶺となった年なのかもしれない。


海の向こうでは、稲山が「虚業」と決めつけた「情報産業」による革命が始まっていた。ジョブズがマックを世に出した１９８４年、アメリカでは、「通信自由化」によってインターネットが黎明期を迎える。

１９８４年1月1日には電話を発明したグラハム・ベルを創業者とする電信電話会社、AT&Tの地域電話部門が「ベビー・ベル」と呼ばれる8つの会社に分離された。情報通信分野で数々の輝かしい功績を挙げてきた「ベル研究所」もAT&Tから分離された。アメリカの通信市場は開放され、長距離部門ではMCI、スプリントといった新規参入企業による競争が始まる。AT&Tは２００５年にベビー・ベルのひとつ、SBCコミュニケーションズに買収された。

独占企業のAT&Tを解体したことで米国の通信コストは劇的に下がり、通信インフラを高速大容量にするブロードバンド化が進んだ。この結果、アメリカでは大量のデータを低コストでやり取りできるインフラが整い、のちに「GAFA」と呼ばれるグーグル、アップル、フェイスブック、アマゾンが育つ土壌が培養された。

AT&Tの解体は「頭脳の解放」にも繋がった。国家予算規模の潤沢な研究予算を持っていた

ＡＴ＆Ｔのベル研は、１９５６年にトランジスタ（半導体）の発明でノーベル物理学賞を受賞したウィリアム・ショックレー、ジョン・バーディーン、ウォルター・ブラッテンを始め、７人のノーベル物理学賞受賞者を輩出した。当然、ベル研は物理学や電子工学を専攻した学生の一番人気だった。

ＯＳ（基本ソフト）の「ＵＮＩＸ（ユニックス）」や、コンピューター言語の「Ｃ言語」もここ、ベル研で生まれた。

だがＡＴ＆Ｔが解体された後、アメリカの若き才能は東海岸を離れ、西海岸のシリコンバレーに向かった。ＵＮＩＸとＣ言語の開発に携わり、長くベル研の顔だったケネス・レイン・トンプソンは２０００年にベル研を去り、２０１５年にはグーグルに移籍した。後ろ盾を失ったベル研は２０１５年、フィンランドのノキアの傘下に入った。

１９８４年のＡＴ＆Ｔ分割がなければ、今も米国のＩＴ産業はＡＴ＆ＴとＩＢＭという東海岸の巨大企業が支配していたかもしれない。だが米政府は「独占は悪」という信念を貫き、ＡＴ＆Ｔを解体し、その跡地にＧＡＦＡが誕生した。そして現在は強大になりすぎたグーグルやフェイスブックを分割せよとの議論が出ている。その意味で１９８４年はインターネット産業の起点と言える。この通信自由化が、江副とリクルートの運命を変える。

電電公社を解体せよ

1984年に大ヒットした映画がジョー・ダンテ監督の『グレムリン』だ。チャイナタウンの骨董品店で買った子猿のような謎の生き物「モグワイ」。最初はおとなしく愛らしいが、飼い主の子供たちが店主に教えられた3つの約束「光に当ててはいけない」「水をかけてはいけない」「夜中に食べ物を与えてはいけない」を破ると、凶暴な「グレムリン」に変身して大増殖。街を混乱に陥れる。

「グレムリン」のモデルは「日本人」だとも言われる。敗戦後おとなしく占領されていた日本が、このころには半導体や自動車を大量に輸出し、米国経済を脅かしていたからだ。

米国は日本に貿易不均衡の解消を求め、その一環として市場開放を要求していた。「輸出ばかりしていないで、もっとアメリカの製品を買え」というのである。日本電信電話公社(電電公社)、日本国有鉄道(国鉄)、日本専売公社の「3公社」は閉鎖的な日本市場の象徴であり、「ただちに民営化せよ」と圧力をかけた。

その数年前から日本では、経団連の名誉会長だった土光敏夫を会長とした第二次臨時行政調査会(いわゆる土光臨調)が「増税なき財政再建」を掲げ、3公社の民営化を答申した。

土光はその質素な暮らしぶりから「メザシの土光さん」と呼ばれて絶大な人気があった。「土光さんが言うなら、民営化が良いのだろう」と国民世論は民営化を支持し、猛反対する国労(国鉄労働組合）などの労働組合が悪者にされた。

１９８２年、中曽根康弘が首相になると、３公社の民営化の動きがいよいよ本格化する。米ロナルド・レーガン大統領と「ロン・ヤスの関係」を築いた中曽根はレーガンの意を汲んで電電公社を民営化して日本の通信機器市場を開放しようとした。

通信市場を開放するには、電電公社と競争する新規参入が必要だ。だが、「新電電」（ＮＣＣ＝ニュー・コモン・キャリア）と呼ばれる参入業者になるためには、それまで通信事業を独占し全国津々浦々に電話網を張りめぐらしている電電公社に対抗して、ヒト、技術、設備に莫大な金を投下しなくてはならない。大企業は勝ち目の薄い戦いに腰を引いた。そんな中、土光臨調の専門委員に名を連ねていたひとりの経営者が動いた。ウシオ電機社長の牛尾治朗である。

１９６０年に28歳の若さで経済同友会に入会し、早くから財界人として活動してきた牛尾は、中曽根に近かった。祖父が姫路商工会議所の会頭を務めた名門牛尾家に生まれた治朗はハロゲンランプや半導体製造装置の露光ランプなど特殊照明機器を扱うウシオ電機を立ち上げた。会社はそれほど大きくならなかったが、父祖の築いた資産を受け継いだ治朗は若いころから「政界のパトロン」として永田町を闊歩していた。

中曽根に「電電公社の競争相手を探してくれ」と頼まれた牛尾は、当時、勢いのあった若手のベンチャー経営者仲間に声をかけた。ひとりはセコム創業者の飯田《いいだ》亮《まこと》、もうひとりが稲盛和夫である。

日本橋の酒問屋の五男に生まれた飯田は湘南中学校（現・湘南高校）で石原慎太郎の同期。石原の出世作『太陽の季節』に出てくる奔放な若者たち、いわゆる「太陽族」のモデルにもなった男である。1962年に日本初の警備会社、日本警備保障（現・セコム）を立ち上げ、1964年の東京オリンピックの警備で一躍名を上げた。

27歳で電子部品などに使う特殊セラミックを作る京セラを立ち上げた稲盛は、のちにこれを1兆円企業に育て上げるが、すでに若きカリスマ経営者として君臨していた。

当時は稲盛が50歳。牛尾がひとつ上、飯田はひとつ下である。創業者にしか分からない苦労を語り合える同世代の3人は、牛尾の呼びかけで通信事業進出の野望を抱き、牛尾が行きつけの赤坂の料亭で「あーでもない、こーでもない」と策を練った。

「京セラに移籍？　気はたしかか？」

稲盛は1983年の8月、自分が副会頭を務める京都商工会議所が主催する「超ＬＳＩ（大規模集積回路）の発展と高度情報化社会の実現」というテーマの講演会を聞きに行った。頼まれて講演することはあっても、他人の講演を聞きに行くことなどめったにない稲盛だが、勝手がわからない通信については貪欲に学ぶ姿勢を見せた。

この日の講師は電電公社近畿電気通信局の技術者。名前を千本倖生《せんもとさちお》といった。千本は独占事業体の電電公社から派遣されてきたにもかかわらず「日本の通信事業は必然的に自由化される」と言い切った。

「高度情報通信システム（ＩＮＳ）が社会や企業を一変させる。私は電電公社の先頭に立ってＩＮＳを普及させます」

まるで自分が電電公社を代表しているような話しぶりである。稲盛は公社の人間らしからぬこの男に興味を持った。

講演が終わると稲盛は控え室で千本を待ち、講演の謝礼を渡したあと「ちょっとお話をしませんか」と喫茶店に誘った。千本は、自分の講演が面白かったから続きが聞きたいのだろうと思い、いそいそとついてきた。

「私の講演、どうでしたか？」

自信満々の千本に稲盛は言った。

「ＩＮＳで通信が自由化する、というお話はたいへん、面白かった。ただ、失礼ながら、保守的な電電公社の中であんなことを言っているあなたは、社内で多少、浮いているのではありませんか」

千本はギクリとした。たしかに電電公社の中で、技術革新を見越して「日本の通信事業だけが独占体制のままでいいのか」と考えているのは課長クラス以下の若手だけ。役員クラスの大半は「自由化で電電公社の体力が落ちれば、日本の通信は国際競争で勝てなくなる」と自由化に反対していた。

稲盛の言うとおり千本は「はぐれ狼」だった。それを見透かされた千本は稲盛に畏れを感じた。

（このオヤジ、とんでもない人だぞ）

稲盛が膝を乗り出して、こう切り出した。

「ところで、千本さん。あなたの言う通信自由化だが、全国津々浦々まで通信網を持っている電電公社に、新規参入の会社が勝つにはどうしたらいいと思われますか」

「それはですね」

気を取り直した千本は、テーブルの上の紙ナプキンを1枚、抜き取り、胸ポケットからペンを出して、1本の線を引き、線の両端に東京、大阪と書いた。

「やるなら長距離です。市内通話は料金が安くて儲からない。電電公社は利幅の大きい長距離の利益で市内通話の赤字を埋めています。そうは言っても、カネのない新規参入者にいきなり全国は無理です。狙うなら通信量が多い東・名・阪。電電公社のドル箱です。ここに光ファイバーを敷設して、法人需要をかっさらう。電電公社が一番やられたくないのは、これです」

「なるほど」

紙ナプキンに引かれた線を見つめながら、腕組みをして千本の話を聞いていた稲盛は何度も頷き、今度は千本の目をまっすぐに見て言った。

「千本さん、ここだけの話だが、私は新規参入を考えている」

「え？」

（電子部品メーカーの京セラが通信を？）

にわかには信じられない話である。

「あなたが言うように、自前の光ファイバーを敷設して、電電公社と競争するのです。通信自由化は100年に一度のチャンス。どうですか、電電公社でくすぶっていないで、こちらに来て思うぞんぶん、腕を振るってみませんか。もちろん、一生のことですから、ここで決めろとは言いません。じっくり考えて、お返事をください」

稲盛は名刺に自宅の電話番号を書いて千本に渡した。

千本は大いに驚いたが、よく考えれば、自分のようなタイプの人間がこのまま電電公社にいても、出世できるとは思えない。稲盛が言うように「100年に一度のチャンス」を捉え、外で暴れたほうがはるかに面白そうだ。

もうひとつ、千本の背中を押したのは、京セラ副社長、森山信吾《もりやましんご》の存在だ。通産省（現・経産省）のエリート官僚で、資源エネルギー庁長官まで務めた森山は1982年、副社長として京セラに移籍した。

森山は通産省時代、機械情報産業局長などを務め「コンピューター政策のボス」と呼ばれた。もちろん千本もその名前を知っていた。森山は、鹿児島の同郷でかねて親交のあった稲盛に口説かれ、京セラに移った。京セラが通信の会社を作るなら、おそらく森山がトップになるだろう。

（森山さんの下でなら、働いてもいい）

千本の予想どおり、森山は1984年に発足した「第二電電」の初代社長に就任、会長の稲盛と二人三脚でロケット・スタートを成功させる。だが「第二電電」が「新語大賞」を受賞した1987年の暮れ、脳内出血で倒れ、帰らぬ人となった。同志を失った稲盛は葬儀で「身を引き裂かれる思い」と慟哭《どうこく》した。

電電公社の仲間に「気はたしかか？」と言われつつ、千本は転職を決意した。顔の広い千本は電電公社や民間の若手にも「一緒にやらないか」と声をかけた。その中に電電公社で無線の技術者として出世コースをひた走っていた小野寺正《おのでらただし》がいた。

「もしもし」の電話ではない通信へ

稲盛、牛尾、飯田の3人は件《くだん》の赤坂の料亭に集まり、資本構成など経営レベルの構想を練っていた。ある日そこに牛尾がある経営者を連れてきた。

「今をときめく若手ナンバーワンだ」

牛尾がそう言って紹介したのが、江副浩正である。

「通信への参入は大いに意義のある仕事だと思います。ぜひ、私も末席に加えてください」

年上の牛尾、稲盛、飯田を前に江副はおとなしくしていたが、牛尾は江副をこのグループの看板にしようと考えていた。ウシオ電機は優良企業だが最終製品を持たない会社なので、知名度が低い。警備会社のセコムも縁の下で社会を支えるタイプの会社だ。稲盛は中小企業経営者に絶大な人気があったが、お茶の間で知られるほどではない。

これに対してリクルートは『住宅情報』や『就職情報』で派手にテレビＣＭを流し、知名度は抜群。「東大が生んだ戦後最大の起業家」と呼ばれる創業者の江副はまだ40代半ばで、ルックスも爽やかだ。

しおらしくしていた江副の腹にも、稲盛を凌ぐ野心があった。

稲盛を通信事業に駆り立てたのは、電電公社が日本の通信市場を独占していることへの義憤である。日本では、電話事業を電電公社が独占していたから、料金がどんなに高くても、サービスに不満があっても、利用者は電電公社を使うしかなかった。このころ、日本の長距離通話料は米国の10倍近かったが、ほかに選択肢はなかった。

高い電話料金を払わされている国民のために、巨大な電電公社に戦いを挑む。それが稲盛の動機だった。


江副はそのはるか先を見ていた。

たしかに自由化で通信市場に競争が生まれれば電話料金は安くなる。だが、ことはそれで終わらない。通信コストの劇的な低下は、新しい産業の勃興を誘発する。今は音声データしか送れないが、将来は文字や画像も送れるようになるだろう。

日本中に張り巡らされた電話線は、いずれコンピューターにつながる。

脳裏を離れない光景があった。

1963年に初めて渡米したとき、プリンストンで見たETS（エデュケーショナル・テスティング・サービス）の自動採点システムだ。ETSが使っていたIBMの光学式マークシート読み取り機「IBM1100」は、人の手を借りず、1時間に1200枚もの答案用紙を採点していた。

以来、江副はコンピューターの虜になり、1966年には「IBM1230」をテスト事業部門に導入した。1968年には小型の汎用コンピューター「IBM1130」を導入している。

これらのコンピューターはおもに大学や企業の研究室で科学計算に使われたマシンで、小型といってもレンタル料は月額150万円、年間に1800万円もかかった。これは当時のリクルートにとって、資本金に匹敵する金額であり、売上高3億円に満たないベンチャー企業としてはあまりに贅沢な投資だ。テストの採点や給与計算の自動化だけが目的なら無謀である。しかし江副は当時、コンピューター導入についてこう語っている。

「経営的にはかなり危険性の高い投資活動です。しかし導入が遅れれば、それだけ別の危険性を大きくします」(『週刊リクルート』1967年8月11日号)

1968年といえば、日本の家庭にようやくカラーテレビが行き渡り始めたころである。スマートフォンはおろか、パソコンすら影も形もなかった。オフィスに大きな電卓が鎮座していた時代に、江副は「コンピューターを使えない企業はいずれ滅ぶ」と見通していた。1979年には、IBMがメーンフレーム(大型汎用コンピューター)の顧客の裾野を広げるために投入した初のエントリーモデル「IBM4331」を、日本で最初に導入する。

情報誌の広告収入とテスト事業が収益の柱だった日本リクルートセンターで、江副はコンピューターをどう使おうとしていたのか。江副は「1130」を導入した1968年の社内報に三つの目的を掲げている。

一　テスト業務の機械化
二　社内業務の機械化
三　電算機による各種サービス業務（会社人事・大学向け）

驚くべきは三である。「電算機による各種サービス」とは、『リクルートブック』（当時は『企業への招待』）など情報誌の事業で、日本リクルートセンターに集まる膨大な「情報」をコンピューターに蓄え、企業や大学に提供するサービスを意味した。

創業から9年目を迎えた日本リクルートセンターは『リクルートブック』の配布で、全国の大学と太いパイプを築いていた。最初は就職部の窓口に置いてもらっていたが、やがてゼミやサークルの名簿を手に入れ、就活生の学部、名前、自宅といった個人データも握るようになった。

一方、『リクルートブック』に求人広告を出してもらう営業の過程で、全国の企業とも太いパイプができた。やがて新卒だけではなく中途採用の求人広告も手がけるようになり「どの会社が、どんな人材を求めているか」についての膨大な情報を持つようになる。

リクルートは、「人材の需要と供給」にまつわる情報のハブ（結節点）、すなわち「日本株式会社の人事部」になった。江副はその膨大な情報をコンピューターに溜め込み、価値あるデータとして企業や大学に提供しようと考えたのである。インターネットはおろか、パソコン通信もなかったこの時代に、江副はコンピューターをただの計算機ではなく、次世代のメディアと捉えていた。

稲盛らと行動をともにしたときの江副の頭の中にあったのは、「もしもし」の電話事業ではなく、コンピューターと通信網を結びつける情報事業だった。1968年に「IBM1130」を導入してから15年。コンピューターを長く使い続けてきた江副にとって、通信自由化とは、情報事業の構想をいよいよ実現するチャンスだった。

「1000億円使わせて欲しい」

通信自由化は新しい産業の揺りかごになる。それに気づいていた男がもうひとりいた。

「君たち、ずいぶん、面白そうな話をしているじゃないか」

1983年のある日、いつものように牛尾、稲盛、飯田、江副が赤坂の料亭で密会しているところに、思わぬ人物が闖入《ちんにゅう》してきた。豊かな白髪を自ら「ロマンス・グレー」と名付けた小柄でダンディな男。ソニー創業者の盛田昭夫である。61歳の盛田は後進に社長を譲って会長になってから6年が経っていたが、まだ老け込んではいない。経営感覚は現役そのものだった。

「僕も、通信には大いに興味があってね。君たちが本気でやるというなら、応援させてもらうよ」

突然の大物の登場に稲盛らは戸惑ったが、「世界のモリタ」に「応援する」と言われて、嫌とは言えない。

「おっ、そこにいるのは江副くんじゃないか」

盛田は末席の江副を見つけ、嬉しそうに声をかけた。牛尾、稲盛、飯田の3人は怪訝《けげん》な顔をした。稲盛らの手前もあり、江副はあえて黙っていたのだが、盛田と江副は『企業への招待』を創刊したころからの仲である。

盛田は「大学生に企業の情報を伝える」という江副の仕事に理解を示し、盛大に求人広告を出してくれた。「メイド・イン・ジャパン」の代名詞となったソニーは戦後一貫して成長を続け、常に人材に飢えていた。財閥系に流れがちな学生を新興のソニーに送るため、江副も懸命に知恵を絞った。

盛田は「情報化社会」の到来を予感していた。トランジスタラジオから始まり、カラーテレビの「トリニトロン」で一世を風靡したソニーはハードウェアの会社だったが、盛田はそれらのハード機器が音楽や映像といったソフトウェアをインプットされて、はじめて価値を持つことを知っていた。ソフトウェアとはすなわちコンテンツ（楽曲や番組）、「情報」である。工業化社会の次に来る情報化社会では、情報を握ったものが勝者となる。

そう考えた盛田は1989年、「アメリカの魂」と言われた映画会社の名門、コロンビアを48億ドルで買収して世界をあっと言わせる。

盛田が加わり、赤坂の会合のメンバーは5人になった。最年長の盛田が代表、牛尾が事務局を引き受け、実務は稲盛、飯田が進めるという構成だ。だが構想が具体化していくにつれ厄介な問題が浮上した。「誰が新会社の看板になるか」である。

「応援する」と言ってグループに入ってきた盛田だが、腹の底では自分が神輿《みこし》になることを望んでいた。若手に「お願いします」と頼まれて重鎮が「しょうがねえなあ」と腰を上げる構図である。なんといっても「世界のモリタ」だ。本気で電電公社と戦うつもりなら、牛尾や稲盛は自分を立てるはずだ。

稲盛もまた、この事業の先頭に立つのは不退転の覚悟を決めた自分だと考えていた。1983年7月、稲盛は京セラ本社の役員会議室に首脳陣を集め、こう語っている。

「京セラには創業以来、積み立てていた手持ち資金が1500億円ある。このうち、1000億円を使わせて欲しい。1000億円を使ってモノにならなかったらギブアップする。そこまでは勝負させてくれ」

創業から二十余年、営々として積み上げてきた資産の大半を注ぎ込む大勝負である。自分が先頭に立たず、誰に任せるというのか。

そして江副にも野心があった。

「世界のモリタ」には及ばずとも、自分もマスコミでは「東大が生んだ戦後最大の起業家」と騒がれる経営者だ。江副にすれば、稲盛たちが躍起になっている「電電公社との戦い」は序章に過ぎない。大事なのは電電公社を倒した後、どんな未来を描くかだ。

グーグルの15年前に立ち上げたオンラインサービス

江副はリクルートで「民営化後」を睨んだ布石を打っていた。1983年10月にサービスを開始したオンラインの中古不動産情報サービス「住宅情報オンラインネットワーク（JON）」だ。1980年5月、建設省（現・国土交通省）は不動産仲介業から「悪徳業者」を締め出す狙いで宅地建物取引業法（第34条）を改正した。不動産売買の仲介契約は書面にし、売買価格や建物、宅地の所在地、種類、構造などの明記を義務付け、この規定に反した特約は無効にすることを定めた。

建設省はこれに合わせ、駅前に店を構えている各不動産事業者が持つ中古住宅の物件情報を全事業者が共有する構想を打ち出した。江副は住宅情報事業部の部長だった幸田《こうだ》昌則《まさのり》を呼んでこう言った。

「この構想で成功するのは、『住宅情報』に中古物件の売り情報を大量に掲載しているリクルートだろう」

「私もそう思います。アメリカにはそんな（物件情報の提供をビジネスにしている）フランチャイズがいくつもあります。私が行って見てきますよ」

渡米した幸田は、「センチュリー21」、「レッドカーペット」といった不動産仲介会社が主要都市にどんどん出店している様子を見て、これはいけると確信を持った。

江副と同じことを考えたのが伊藤忠商事と三井不動産だった。伊藤忠はセンチュリー21と業務提携し、三井不動産は「三井のリハウス」構想を発表した。「伊藤忠や三井不動産と同じビジネス・モデルでやらせてくれ」という現場に対し、江副は「リクルートのホストコンピューターには『住宅情報』の売り物件がすべて蓄えられている。それを活用したオンラインサービスはうまくいく」と、単なる仲介会社になることを許さなかった。

たしかに駅前の不動産仲介店にコンピューターを設置して『住宅情報』の物件データが保存されているホストコンピューターと接続すれば、店から好みの地域、間取り、価格の物件を「検索」できる。

日本リクルートセンターは不動産仲介会社にIBMのパソコン「5550」を500台リースし、JONのサービスを始めた。

これは新しかった。『住宅情報』は紙メディアだったが、JONは、いまの「SUUMO」を先取りしたオンライン・メディアである。コンピューターに希望の地域、間取り、価格帯を入力すると、リクルートのデータベースの中から、条件に合った何件もの物件を瞬時に見つけられる。地図や間取りもプリントアウトできる。

アメリカでグーグルが産声をあげる15年も前に、日本でコンピューターを使った「検索サービス」を始めていたのだ。

ただ、インターネットもブロードバンド（高速大容量通信）もない1983年の時点では、電送速度が遅く、地図と間取りを記した白黒の紙を1枚プリントアウトするのに7分かかった。

伊藤忠の「センチュリー21」や三井不動産の「三井のリハウス」はフランチャイズ間の物件情報のやり取りにファクシミリを使っていたが、こちらのほうがはるかに速かった。ファックス機もあっという間に安くなっていく。ＩＢＭ５５０のリース料は月額10万円と高く、加盟店からは「ファックスのほうがいい」と文句が出た。サービス開始から4年、１９８７年にリクルートはＪＯＮのサービスを停止した。江副の構想にインフラがついてこられなかった。

陸軍参謀・瀬島龍三

話を、「第二電電」に戻そう。

壮大な未来予想図を胸に秘めてはいたものの、遅れてグループに加わった最年少の自分が代表になれると思うほど、江副も世間知らずではなかった。当面、先頭に立つのは盛田でもかまわない。創業メンバーに入っていれば、いずれは自分が先頭に立つときが来る。

新会社のトップは盛田か稲盛か。会社設立のタイミングが近づいたが、どちらも譲る気配がない。困った牛尾は、ある人物に裁定を仰いだ。瀬島龍三である。

瀬島は旧陸軍の作戦参謀だ。１９５６年に抑留されたシベリアから帰還し、１９５８年に伊藤忠商事に入社した。牛尾が会いにいったこのときは相談役である。瀬島は中曽根の知恵袋で土光臨調のご意見番でもあった。

瀬島は、国会議事堂に近い東京ヒルトン（現・ザ・キャピトルホテル東急）の５０６号室と

507号室をつないで事務所代わりに使っていた。

牛尾に頼まれた瀬島は、盛田、稲盛、牛尾の3人をここに呼んだ。3人が応接のソファで待っていると、コネクテッドの隣室から長身痩軀《ちょうしんそうく》の瀬島が現れた。

「このたびは、ご面倒をおかけいたしまして」

慌てて立ち上がろうとする牛尾を瀬島は手で制し、自分も座った。メガネの奥の眼光が鋭い。

「今シーズンの巨人は若手がいい。駒田は4番の器だし、槙原はいずれエースになるね」

読売ジャイアンツの1軍に昇格した駒田徳広は、直前の練習で負傷した中畑清に代わって開幕戦で先発出場し、プロ初打席で満塁本塁打を放った。同じく、1軍デビューした投手の槙原寛己もいきなり12勝を挙げ、外野手の吉村禎章を加え、背番号にちなんで「50番トリオ」と呼ばれた。自分のところに来る人間は、たいていの場合かなり緊張している。瀬島は野球の話で場を和《なご》ますのを常とした。

瀬島はテーブルの上の日本茶で喉を潤し、こう切り出した。

「さて本題。ここはひとつ、稲盛さんにやってもらってはどうだろう。理由は三つ。一つ、電電公社が盛田さんの会社の大口顧客であること。盛田さんがトップに立てば、世間には電電公社に弓を引いたと騒ぎ立てる者もあるだろう。一つ、盛田さんが近々、経団連の会長になること。新電電のようなリスクのある仕事はやらないほうがいい。一つ、稲盛さんが若々しい志を持っていること。僕は、そこに賭けたいと思う。盛田さんには大所高所からのアドバイスをお願いしたい」

瀬島はどんな難しい問題でも、まず結論を述べ、そのあと簡潔に理由を三つ挙げた。陸大を首席で卒業した陸軍作戦参謀の習い性である。総理の中曽根に「国のグランドデザイン」を任された瀬島にこう言われては「世界のモリタ」も逆らえない。人事はこれで決まった。

稲盛の決断

こうして1984年6月、日本初の民間通信事業者である新電電の会社が設立された。新会社の社名は「第二電電」（現・KDDI）。稲盛が会長、京セラ副社長だった元資源エネルギー庁長官の森山信吾が社長、電電公社出身の千本倖生が専務になった。非常勤の取締役は飯田、牛尾、盛田と、三菱商事社長の三村庸平《みむらようへい》である。そこに江副の名前はなかった。

原因は稲盛の一言にある。

「江副くんは、まだ早いんと違うか」

第二電電の株主構成を決める段階で、リクルートを入れることに、突然、難色を示した。

牛尾と飯田は驚いた。一拍遅れたとは言え、江副は初期の段階から赤坂の会合に加わっており、第二電電の創業メンバーと言ってもいい。リクルートの売上高はすでに1000億円を超えており、数億円の出資金に困る規模でもない。なぜ江副を、リクルートを外すのか。

稲盛には、稲盛なりの理由があった。それは江副から漂う「危うさ」だ。自分は「電電公社の理不尽な独占を打ち破り、日本の電話料金を安くする」という「大義」のために立ち上がった。

牛尾や飯田もそれを応援してくれる。だが江副にはそれだけで終わらない「野心」があり、野心を満足させるためなら手段を問わない「危うさ」がある。

稲盛は常々、『資治通鑑』（11世紀、中国・北宋の司馬光が編纂した歴史書）の言葉を引用し、聖人（徳も才もある者）、君子（徳が才に勝る者）、小人（才が徳に勝る者）、愚人（徳も才もない者）の中で「組織を危うくするのは小人だ」と説いていた。正直で愚鈍なタイプを好み、目から鼻に抜けるタイプを遠ざける傾向があった。

江副が腹の底に秘める「情報サービス」への野望まで見抜いた訳ではない。だが「その他大勢」では収まりそうにない才気煥発な江副を、稲盛は「小人」と見た。強過ぎる才気を抑えきれない江副は、第二電電の行く末を危うくするかもしれない。リクルートの出資に難色を示したのは、そのリスクを排除するためだった。

結局、第二電電の大株主は京セラ、ソニー、ウシオ電機、セコム、三菱商事の5社になり、リクルートはサントリー、ワコールとならぶ「若手財界人グループ」としてマイナー出資を許されただけである。

「江副2号」

「稲盛さんが、君のところはまだ早い、と言っている」

牛尾にそう伝えられた日、G8に帰ってきた江副の顔を見て、秘書はギョッとした。爽やかにスキー焼けした浅黒い顔から、すっかり血の気が失せ、焦点の合わない眼球は虚空を彷徨《さまよ》っている。

「江副さん?」

心配した秘書の声にも気づかず、江副は社長室の奥にある小部屋に入った。G8を建てたとき、個人投資家として株売買に集中するために作った秘密の部屋だ。誰が声をかけても返事はなく、夜になって秘書が帰るまで江副は部屋に籠っていた。

ベンチャーの仲間であり同志と思っていた稲盛に拒絶された。

「虚業だね」

この年のはじめ、大手町の経団連ビルで会長の稲山嘉寛からかけられた言葉が蘇る。

(俺に味方はいないのか)

この日を境に江副は変わる。それまで「君はどうしたい?」と聞きながら、若手を含む社員のアイデアややる気を引き出す名手だった江副が、独断専行型になっていく。

情報誌以外の不動産、金融事業は江副の独壇場になり、大沢、池田、森村などの創業メンバーですら、そこで何が起こっているかを知らされない。通信、コンピューターへの投資は常軌を逸したペースになる。

すっかり人が変わった江副を「江副2号」と呼ぶ社員もいた。

第8章　森田の未来、真藤の未来、江副の未来

円城寺次郎の予感

この時代に江副と同じく情報化社会の未来を見据えている会社があった。日本経済新聞だ。日経は１９６７年（昭和42年）３月に「電子計算機部」を新設して新聞事業におけるコンピューターの利用を検討し始める。その年の11月には「データバンク委員会」を立ち上げた。日本経済新聞が同社にとって初の大型コンピューターとなる「ＩＢＭ３６０」を導入したのは１９６８年。リクルートが「ＩＢＭ１１３０」を導入したのと同じ年である。

１９７１年には金融情報サービス会社の「市況情報センター（英文名称ＱＵＩＣＫ）」を設立。１９７４年、日本初のオンライン・リアルタイム証券情報システム「ビデオ－１」を開発した。証券会社のトレーダーの机に専用端末を置き、刻々と変わる株価をリアルタイムで伝えるシステムだ。

1968年に日経の社長になった円城寺次郎《えんじょうじじろう》はこう考えていた。

「コンピューターで新聞を作るようになれば、国の財政から株価、企業の人事まであらゆるデータがコンピューターの中に溜め込まれていく。そのデータを電話線に乗せて遠く離れた場所から、好きなときに、好きな形で引き出せるようにできたら、新しいビジネスが生まれる」

円城寺からコンピューター化の路線を引き継いだのが、森田康《もりたこう》である。戦争が終わり、東京大学経済学部で学業を再開した森田は東京・丸の内の郵船ビルにあるGHQ（連合国軍最高司令官総司令部）の情報部（G2《ジーツー》）のオフィスでアルバイトをしていた。

仕事はその日の新聞各紙の中からGHQの高官が読むべき記事を選んで英訳することだった。高官のほうから「これを訳してくれ」と持ってくるケースもあり、森田の上司の中尉がいつも持ってくるのが「日本経済新聞」だった。「なぜ、いつも日経なのか」と森田が問うと中尉は「ここが一番、公平だから」と答えた。この一言で森田は日経新聞に入社することを決めた。

まだ世間から「株式新聞」と軽んじられていた日経に東大出は珍しく、英語が堪能な森田はどこかスノッブな空気を漂わせている。先輩の記者たちが酔って天下国家を論じているのを、冷めた顔で眺めているこの新人は、優秀だったが傍流を歩んだ。米国特派員にこそなったものの、帰国後は大阪本社経済部長、大阪本社編集局長と東京本社から遠ざけられた。

そんな森田を拾い上げたのが円城寺だ。円城寺は森田の利発さが気に入り、東京に呼び戻して電算機部の部長に任命した。「コンピューターで情報を売る会社」を目指す円城寺が最重要と考えるポストだ。

社交ダンス

円城寺に見出された森田は１９８２年（昭和57年）に社長になり、「総合情報機関」路線に邁進する。

社長就任の３ヵ月後には、子会社のＱＵＩＣＫと、社内のデータバンク局を連携させる狙いで「ネットワーク情報会議」を立ち上げ、日経に時事通信や英ロイターのような「通信社機能」を持たせた。

ＱＵＩＣＫや１９８４年にスタートした記事検索サービスの日経テレコンで、海外に打って出る準備にも着手した。１９８５年には日経テレコンが東京とロサンゼルス、ニューヨーク、ロンドンを結ぶ国際専用回線を確保し、１９８６年にはロンドン—ニューヨーク間にも回線を持った。ＱＵＩＣＫも海外の主要都市においてオンラインで市況情報を届けられる体制を敷きつつあった。

編集局時代、ほとんど東京にいなかった森田は財界に知り合いが少なかったが、例外的に親しい経営者がいた。東大の後輩、江副である。

趣味の社交ダンスを介して知り合ったふたりは、妙に気があった。義理人情より効率や利益を判断の基準に置く合理主義者という点でよく似ていたからかもしれない。エスタブリッシュメントから見て「変わり者」で「よそ者」というところも同じだった。

「これからは世界を見ないと」

社交ダンスのときも、会食のときも、森田は気を許した江副とふたりきりになるとよくそう話した。

森田が語る「オンライン化」と「グローバル化」は、絵空事ではなかった。1985年から1986年にかけて、日経が日米欧でデータをやり取りするための専用回線を敷いたことはすでに書いたが、1987年には東京・江東区の南砂に総工費300億円をかけて巨大なコンピューター・センターも建設している。今日のインターネット社会で不可欠な「データ・センター」のサービスを先取りしていた。

森田が話す「新聞の未来」を「リクルートの未来」に重ねた江副はやがて、「近い将来、紙の情報誌に終わりが来る」と確信するようになった。

勝負手紙

江副と森田のほかにも、情報化社会の未来を見据える男がいた。NTT初代社長の真藤《しんとう》恒《ひさし》だ。造船大手、石川島播磨重工業（現・IHI）の相談役だった真藤は、1981年に電電公社の総裁になった。同じ石播の先輩で、当時、経団連会長だった土光敏夫からの要請だった。不正経理など不祥事続きの電電公社を立て直した真藤は、その後民営化の陣頭指揮を執り、85年4月にNTTが発足すると社長になる。

1985年4月22日、リクルートの広報担当者が青い顔をして江副の部屋に飛び込んできた。

「申し訳ありません。明日、こんな記事が出てしまいます」

記事の内容を聞かされた江副の顔も青くなった。

「止めろ。なんとしても止めろ！」

しかしすでに輪転機は回っており、どうにもならない。翌日の日経産業新聞が1面トップでデカデカと報じた。

〈リクルート、回線また貸し、料金30～50％安く――6月から東京―大阪間〉

1985年4月、電電公社が民間会社NTTとなった通信自由化で「回線のまた貸し業」が可能になった。記事は、制度改正を受け、リクルートがNTTから借りている高速デジタル伝送専用線の余った容量をほかの企業に「また貸し」するという内容である。

リクルート社内の通信網を管理している通信事業課の幹部が、東京―大阪間の大容量回線を小分けにして再販する「回線リセール」の商売を思いつき、馴染みの新聞記者に話してしまったのだ。大きな投資を伴う案件ではなかったので、江副まで情報が上がっていなかった。

「君は、なんてことをしてくれたんだ！」

江副は記者にしゃべった幹部を怒鳴りつけた。「思いついたことは、どんどんやれ」と現場にハッパをかけているのは江副である。幹部にすれば、褒められこそすれ、叱られる覚えはない。幹部は怒られた理由がわからず、大いにふてくされた。

江副の怒りには理由があった。この記事が出る10ヵ月ほど前、江副は真藤に長い手紙を書いていた。江副が口述し筆耕が巻紙に書く「勝負手紙」だ。

〈住宅情報オンラインネットワーク開発および企業内ＩＮＳ構築等に関するご協力のお願いについて〉

やたらと長い表題の手紙はこう続く。

〈本システム（住宅情報オンラインネットワーク）の実現において、貴公社において研究中の地図データベース技術、ニュースメディア技術およびデジタル通信技術の最新の技術を利用させて頂きたいと考えております〉

真藤からはすぐに返事が届いた。

〈御社のご要望に沿って日本電電公社のサービス提供および最新技術のご利用等の協力をさせて頂きます〉

自由化される通信市場で新生ＮＴＴの最大のライバルとなるのは第二電電だ。その主要株主から外された江副は「敵の敵は味方」とばかり、民営化直前の電電公社にすり寄った。

感触は悪くなかった。ただ、トップの真藤が「やれ」と言っても、巨大組織の現場が動き出すまでに時間がかかる。ＮＴＴがリクルートに歩み寄ろうとしていたその矢先に出たのが日経産業新聞の記事である。この通りだと、〈ご協力〉をお願いしていたリクルートがＮＴＴに対して「回線の大安売り」で弓を引くことになる。「舌の根も乾かぬうちに」とＮＴＴが怒り出しては大変だ。

通信事業課の幹部を叱りつけたあと、江副はすぐ秘書に電話させ、真藤のアポを取った。

真藤チルドレン

江副が手紙を書いたときの真藤は電電公社総裁だったが、今は民間企業、日本電信電話株式会社（NTT）の社長である。社長室に通された江副は、直立不動の姿勢で待ち、真藤が現れると両方の手のひらを腿にピタリとつけ、腰を90度に折って頭を下げた。

「このたびは大変、失礼な記事が出てしまい申し訳ありません！ 現場にはキツく言っておきましたので、なにとぞご容赦ください！」

江副の平身低頭ぶりに真藤は驚いた。

「いやいや、頭を上げてください」

「いいえ、こちらからご協力をお願いしておきながら、後ろ足で砂をかけるような真似をいたしまして。すぐに止めさせますので、どうかご容赦を」

江副は頭を上げようとしない。真藤は諭すように言った。

「江副さん、どうもあなたは勘違いをしておられるようだ。リクルートの若い営業力で、うちの回線を売っていただけるというので、われわれは喜んでおるのです。止めるなどと言わず、大いにやってください」

「え？」

江副は顔を上げ、真藤をマジマジと見た。身長は自分と同じ165センチほど。しかし小太りで色白の顔は身体とアンバランスなほど大きく、強烈な押し出しがある。江副の驚きぶりを楽しむように、真藤はタバコに火をつけた。

「江副さん、あなたはうちとの競合を心配しておられるようだが、新電電（ＮＣＣ）の回線を売られるよりはずっといいんです。自由化した通信市場の中でＮＴＴの回線を売ってくれるリクルートさんは、頼もしい味方ですよ。専用線の市場はまだまだ広がる。新電電も攻めてくるでしょう。あなたが言うように、ＮＴＴとリクルートが協力して、パイを大きくしていきましょう」

早くも2本目のタバコに火をつけた真藤はうまそうに一服すると、白い煙を吐きながらガハハ、と笑った。

「では、去年お願いした技術協力も」

「ええ、どんどんやりましょう。ＮＴＴには技術はあるが、商売っ気がない。江副さんのビジネス・センスで、ハッパをかけてやってください」

「あ、ありがとうございます」

江副は、真藤の手を取らんばかりに喜んだ。

「実は私の父が真藤社長と同じ佐賀の出で、社長のことは郷土が生んだ偉人と、かねがね尊敬していた次第です。吹けば飛ぶようなリクルートではございますが、ＮＴＴ様の手足だと思って、存分にお使いいただければ幸いでございます」

深々と頭を下げて社長室を後にしようとする江副を、真藤が呼び止めた。

「江副さん、うちのエースをふたり、紹介しましょう。新生ＮＴＴを背負って立つ人間です。リクルートさんとの新しい仕事は、このふたりがやることになるでしょう」

真藤が紹介したのは式場《しきば》英《たけし》と長谷川《はせがわ》寿彦《ひさひこ》だった。

当時50歳になるかならないかの式場は、お堅い人間が多い電電公社にあって「異能の人」であった。１９５７年に東北大学工学部を卒業して電電公社に入社。技術局調査役、武蔵野電気通信研究所技術協力部長など技術部門の要職を歴任したが、図面を引くよりプレゼンテーションが得意で「講演させたら右に出るものはいない」と言われるほどの口達者。それが災いして技術局から営業局に回された。

「技術屋くずれ」の式場を救ったのが真藤だ。そのプレゼン能力を買って、新商品のＩＮＳ（高度情報通信システム）を企業に売り込む企業通信システムサービス本部長に起用した。

「ＩＮＳの伝道師」になった式場は全国から引っ張り凧《だこ》で、ビジネス誌や専門誌に式場の名前が出ない日はない、というほどメディアの露出も多く、いつしか「マルチメディア営業のスター」と呼ばれるようになった。

長谷川寿彦も式場と同じ「真藤チルドレン」だ。

１９５５年に早大理工学部を卒業して電電公社に入社、一貫してデータ通信畑を歩いた。仕立てのいいスーツを着て、銀座のバーで静かに飲む長谷川には公社の人間らしからぬ洒脱さがあり、男にも女にもよくモテた。

真藤は1985年の民営化と同時に長谷川を最年少の取締役に抜擢し、東京総支社長に引き上げた。1986年には取締役データ通信事業本部長に据えている。データ通信事業本部は、2年後に「NTTデータ」として分離されるが、真藤は長谷川を新会社の社長にするつもりだった。

20世紀最大の海運王

真藤は本気でNTTを世界で闘える会社に変えようとしていた。経営者としての真藤の背骨になったのが、終戦直後に出向したアメリカの大手造船会社「ナショナル・バルク・キャリア（NBC）」での経験だ。NBCが広島の呉にある播磨造船の船渠《せんきょ》（ドック）を借り上げて船の建造を始めたとき、真藤は日本人技術者をまとめる副社長兼技術部長に任ぜられた。

ここで真藤は、敗戦国の労働力を安く使おうとするNBCのオーナー会長、ダニエル・ラドウィックと互角に渡り合う。これでラドウィックに見込まれた真藤は、片っ端から世界各国の船主の注文を取った。船主のひとりにギリシアのアリストテレス・オナシスがいた。恋人だったオペラの女王マリア・カラスを捨てて、米大統領ジョン・F・ケネディの未亡人、ジャクリーン・ケネディと結婚することになる「20世紀最大の海運王」だ。

ある日、真藤が受注をもらうため、自家用ヨットで静養しているオナシスを訪ねると、オナシスは真藤にこう言った。

「このヨットも古くなってきたので、そろそろ新しい船に代えたい。君のところで建造してくれないか」

若い真藤はふてぶてしく言い返した。

「興味ありませんね。私は経済発展に寄与する船を建造することを天職と考えている。金持ちの遊び道具はごめんです」

オナシスは大笑いした。

「わかった、わかった。君にヨットは頼まない。代わりに大型タンカーを発注しよう」

1960年、播磨造船は石川島重工業と合併する。石川島播磨重工業（現・IHI）の誕生である。初代社長の土光敏夫は石川島のタービン技術者で造船は門外漢。土光は真藤を呼んでこう言った。

「あんたが評判の真藤さんかい。合併後の石播の造船部門は、全部あんたに任すから、よろしくな」

土光に可愛がられた真藤は1972年、石播の社長に就任。「ドクター合理化」と呼ばれて手腕を発揮し、1979年、相談役に退いた。その真藤を再び表舞台に引っ張り出したのもやはり、土光である。電電公社不正経理事件の後で「生え抜きの総裁は難しい」と考えた首相の鈴木善幸に「外部から誰か適当な人材を」と相談された土光は「ならば」と真藤を推した。

総裁に就任した真藤は民営化を睨み、官僚的で独占に胡座《あぐら》をかいた公社体質を徹底的に叩き直そうとした。その功績が買われ、民営化したNTTでも初代社長を任された。

新自由主義の経営者

1984年1月30日。下戸で宴会嫌いの真藤が、珍しく都内の料亭に顔を出した。相手は京セラの稲盛和夫と森山信吾だった。乾杯が終わって仲居が席を外すと、稲盛が居住まいを正して言った。

「真藤さん、私どもは新電電をやることに決めました」

「そうか、腹を固めたか」

真藤は嬉しそうに頷いた。

「ついては、いろいろお伺いしたく」

「何でも聞いてください」

電電公社のプロパーは「通信の公益性が失われる」と分割・民営化に反対していたが、「競争のないところに進歩はない」と考える真藤は賛成派で、新電電の登場を待ち望んでいた。

民営化後の電電公社は厳しい競争をどう勝ち抜くのか。真藤は1985年4月に出した自著『NTTを創る』でそのビジョンを語っている。

〈近年の技術開発によって、ディジタル化された電子交換機は、コンピューターと同じような機能を持つようになったため、既存の通信網——光ファイバーにならずとも、今の銅線のまま——であっても、そこを通る通信の内容ががらっと変わってくる。いままで電話だけしか使えな

かったのが、データ通信、画像通信までできるようになる〉

民営化前に電電公社は、キャプテン（文字図形情報ネットワークシステム）の実用化も始めていた。

通信自由化とは日本の通信市場を開放するだけの規制緩和ではない。「公衆電気通信法」でがんじがらめになっていた電電公社は純粋な民間企業のNTTに生まれ変わり、自由な経営ができるようになる。

真藤はネット社会の本質をかなり正確に理解していた。ひとつはそれまでの通信の常識であった「遠近格差」が消えること。現代のネット社会でメッセージをやり取りするとき、地球の裏側の人と、隣の人とで料金が変わることはない。電話の通話料は市内、市外、海外と距離に応じて高くなっていったが、真藤はキャプテンの料金を全国一律の3分＝30円にした。

さらに真藤は、提供される情報が企業単位になっている部分を「キャプテンの弱点」と呼び「利用者が欲しているのは、Aデパートで何を売っているかでなく、靴を買うとしたらどこが安いかだ」と指摘している。グーグルの「検索」につながる発想である。

そして日本よりはるかに大胆な通信自由化でAT＆TとIBMが真っ向からぶつかり合う状況を作り出したアメリカについて、こう予言している。

〈アメリカが先端技術分野で主導権を回復しようということで、電気通信事業の根本的な変革を推進している〉〈日本はいままでの努力の結果、ハード面ではアメリカに十分伍していけるが、これからはアメリカの巻き返しに遭うことは必至で、決して楽観できない〉（同前）

真藤の言葉どおりアメリカはその後、ＧＡＦＡを生み出し、ネットワークとソフトウェアで先端技術分野の主導権を奪還する。

だがＮＴＴの中で真藤のビジョンを理解したのは「技術屋くずれ」の式場英や、データ通信畑を歩んできた長谷川寿彦など「非主流」の人間だけだった。

その点、自分に時代がかった巻紙の手紙を送ってきた江副という男は、「情報産業」の要諦を理解している。真藤は式場や長谷川を江副と組ませることで、ＮＴＴを電話の会社から情報サービスの会社に変えようとした。いつしか江副は真藤の「ＮＴＴ改革」にとって、欠かせないピースになっていたのである。

「あれ（江副）はネオ・フリーダム（新自由主義）の経営者だ。財界にのさばる古い経営者とはものが違う」

真藤は牛尾治朗にこう漏らしている。

「鉄の女」と呼ばれたマーガレット・サッチャー首相や、「レーガノミクス」を掲げたロナルド・レーガン大統領は、市場への国家介入を極力排除し、構造改革や規制緩和などを行う新自由主義的な政策をとった。サッチャーは「英国病」を退治してロンドンのシティに金融の覇権を取り戻し、レーガンはゴルバチョフのソ連を屈服させ、航空業界や通信産業を活性化させる。この世界経済の潮流が、日本にも及んでいたのである。

かつて海運王・オナシスと渡り合った真藤は、江副の中に世界標準の資本主義を見た。

江副は何をそんなに急いでいたのか

1985年4月、青い顔で真藤に謝りに行った江副は、顔を上気させて銀座の本社に戻ってきた。

「おい、すぐに人を集めろ！」

社長室に入った江副は、すぐに人事担当者を呼び、組織作りを始めた。7月には新たな事業部が設立された。情報ネットワーク（I&N）事業部である。江副は「JJ（『住宅情報』のこと）の責任者をやってくれ」と言って大阪から東京に異動させた竹原啓二を呼んだ。

「竹ちゃん、悪いけどJJはやめだ。I&Nをやってくれ」

「I&N？　なんですか、それ？」

「情報ネットワークだよ」

「ああ、例の回線リセール。真藤さんに謝りにいったんじゃなかったんですか」

「それがな、真藤さんときたら、『どんどんやってくれ』というんだ。あのひとはすごい。通信の未来が見えている。ウチとNTTで新しいことを始めるから、一番生きのいい奴らを集めてくれ」

「何人くらいですか」

「200人、いや300人。とにかく集められるだけ集めて早く始めて欲しい」

「そりゃまた豪勢な。ＮＴＴから回線を仕入れて売るだけの仕事でしょ。そんなに人数要りますか？」

「最初はリセールだけど、そうじゃないんだ。必要なユーザーに必要な情報を届ければ、絶対に勝てるんだよ」

「勝てるって、誰にですか？」

「とにかく時間との勝負だ。８月の夏休みは全員キャンセルさせてくれ。もちろん君もだよ。休暇は会社で買い取る。３００人に休みなしで倒れるまでやって欲しいんだ。陣取り合戦なんだよ」

「まあ、江副さんがやれって言うんなら、やりますけどね」

竹原は首をひねりながら社長室を出た。

「時間との勝負」「陣取り合戦」。江副は何をそんなに急いでいたのか。日本でインターネットの爆発的な普及が始まった２００１年の光景を思い出せば分かりやすい。その風景のど真ん中にいたのは、ソフトバンクグループを率いる孫正義である。

「インターネットのモデムを無料でお配りしておりまーす。どうぞ、お試し下さーい」

都心の街頭では、白いジャンパーを着た「ヤフーＢＢ」の販促スタッフが、光ファイバーではなく既存の電話線でブロードバンド（高速大容量通信）ができるＡＤＳＬ（非対称デジタル加入者線）のモデム（受送信装置）を紙袋に入れてタダで配っていた。

このモデムを自宅のパソコンと電話回線の間に挟めば、すぐにブロードバンドでインターネット・サービスを利用できた。月々の料金は大手が5000円のところが3000円。思い切った販促作戦によって、ヤフーBBはあっという間にプロバイダー大手の一角に食い込んだ。

モデムを無料で配り、利用料金を4割下げれば、ヤフーBBの儲けはほとんどないか、もしくは赤字である。この大胆な戦略で孫正義は時間を買った。孫の狙いは、少しでも早く、ひとりでも多く顧客を囲い込むことにあった。最初は赤字でも、まず自社のプラットフォーム（インターネットのサービス基盤）に顧客を囲い込む。そうして後から顧客に広告を見せたり、課金サービスを提供したりして利益を生み出すのである。

ヤフーBBの場合は「Ｙａｈｏｏ！」が日本最大のポータル・サイトになったことで莫大な広告料収入が転がり込んだ。やがてネットオークションの「ヤフオク」、ネットショッピングの「ヤフーショッピング」でも稼げるようになった。ＡＤＳＬのモデムの無料配布で「陣取り合戦」に勝利したことが、最大の勝因である。

江副は1985年の時点で、このときの孫と同じことを考えていた。「もしもし」の電話が文字や映像といったさまざまなデータを双方向でやり取りする「メディア」になる。そのとき、利用者まで届く「ラスト・ワンマイル」を押さえれば、リクルートは情報サービスの〝胴元〟になる。

だが胴元になりたいのはリクルートだけではない。通信市場に参入してくる企業は、誰もが胴元を目指すだろう。だからこの「陣取り合戦」は「時間との戦い」だと江副は見た。

「そんなもん、ありませんよ。自分で考えてください」

　I&N事業部が設立された1985年7月、36歳の男が中途でリクルートに入社した。若佐則雄《わかさのりお》である。鉄道好きの若佐は1972年に東北大学工学部を卒業して鉄道車両メーカーの新潟鐵工所（2001年に会社更生法の適用を申請。鉄道車両事業はIHIに事業譲渡）に入社した。車体の強度設計に始まり、振動制御などを担当した後、南港ポートタウン線（ニュートラム）のAGT（特殊街路）型新交通システムの開発に携わった。

　満員でもガラガラでも、雨の日でも晴れの日でも、自動運転の車両をプラス・マイナス35センチの誤差でピタリとホームに止める制御を実現するために、若佐はいつしか高度なコンピューターの技術を身につけた。試行錯誤を繰り返す挑戦の日々はエンジニアにとって充実したものだった。

　しかし、エンジニアとして結果を出した若佐は管理職に登用された。現場から遠ざかることを余儀なくされた上に「お前は社長派か、専務派か」という派閥抗争に巻き込まれた。

（こんなことをするために、会社に入ったんじゃない）

　鬱々としていた若佐の目に、ある日、新聞の求人広告が飛び込んできた。

「企業人より起業人」

　そのときの若佐の気分にぴったりのフレーズだ。すぐにキャッチコピーの下にある連絡先に電話をし、面接の約束を取り付けた。

約束の日。銀座8丁目のリクルート本社を訪ね、適性テストの「ＳＰＩ」を受けた。若佐がテストの結果を待っていると、人事部長が飛んできた。

「あなたが若佐さんですか」

「はい、若佐です」

「履歴書を拝見したのですが、コンピューターの専門家でいらっしゃいますね」

「いや、専門は車両の設計ですが」

「自動制御のシステムを開発されたとか」

「ええ、制御システムでコンピューターは使います」

「そうですか。弊社は最近、情報ネットワーク事業を立ち上げたばかりでして、コンピューターに詳しい人材を探しています。ぜひ事業の担当役員に会ってください」

若佐は課長代理で採用された。配属はＩ＆Ｎ事業部、担当役員は生嶋誠士郎《いくしませいしろう》である。

早稲田大学文学部卒で産経新聞の記者だった生嶋は、１９６９年にコピーライターとして日本リクルートセンターに入社した。企画制作課長、営業部長、人事教育事業部長などを経て、このときはＩ＆Ｎ事業部の担当役員をしていた。

生嶋が入社したての若佐に言った。

「入社早々で悪いんだけど、１ヵ月以内に全国に30ヵ所ほどアクセスポイントを作ってもらえませんか」

アクセスポイントとは、リクルートが客に販売した高速デジタル伝送専用線をＮＴＴの基幹回線につなぐ中継基地である。これがないと回線リセールは成り立たない。

「わかりました。で、どんな設計仕様ですか」

「そんなもん、ありませんよ。専門家のあなたが自分で考えてください」

ＩＮＳ――いったい、なんの、サービス？

若佐は腰を抜かさんばかりに驚いた。リクルートの役員・社員は、上から下まで通信事業に関してはズブの素人。恐るべきことに、車両を設計していた自分を「通信の専門家」と呼ぶ。

（これは大変なことになった。全部俺がやるわけか）

「悪いけど今年は帰れない」

若佐は実家に電話して、毎年恒例の墓参りを兼ねたお盆の帰省をキャンセルした。次に電話をしたのがＮＴＴだ。

「御社の回線を売るので、アクセスポイントの仕様について、教えて欲しい」

ＮＴＴにこう問い合わせたとき、若佐は（大変だがなんとかなる）と思っていた。通信のプロ集団であるＮＴＴに聞けば（たいていのことは教えてくれる）と高をくくっていたのだ。

だが、若佐はすぐ、自分の甘さを思い知る。「アクセスポイントとはなんですか」とＮＴＴが聞いてきたのだ。最初はふざけているのかと思った。だがしばらくやり取りしているうちに事情が分かった。これまで日本の通信市場を独占してきたNTTは、自社の回線を外部の回線とつないだ経験がないのだ。自社の回線を外部に売るという仕事は、NTTにとっても初体験だった。

一方、「ここが勝負所」と見た江副は、東京の統括営業部長だった藤原和博ら、社内の腕っこきをI&N事業部にかき集め、「攻撃開始!」の指令を出していた。

目標を定めたら一直線のリクルートの営業部隊に「サービス体制が整うまで待つ」という配慮はない。藤原たちは開発チームの事情などおかまいなしに、ガンガン注文を取り始めた。

若佐は連日、NTTや電設会社の技術者宛てに手書きの仕様書を送る。仕様が決まればすぐ工事だ。リクルートのオフィスがあればそこに、なければ適当な広さのオフィスを借りて伝送機器を設置し、アクセスポイントを立ち上げていくのだ。

8月の最後の週、若佐が最初に訪れたのは福岡支社だった。

「若佐さん、お待ちしていました。スペースはこんなもんでいいですか。鹿島(工事を請け負うゼネコン)の人も呼んでありますす。足りないものがあれば、何でも言ってください」

福岡支社長はアクセスポイントにするための空き部屋を用意して待ち構えていた。全国の支社には江副から「アクセスポイントの設置はファースト・プライオリティー(第一優先)で対応せよ」との号令がかかっている。若佐はその足でNTTの福岡支社に向かい、6メガの通信回線を仕入れた。その夜、支社長は魚のうまい地元の居酒屋で若佐を慰労してくれた。

「INSとか、僕らにはよくわかりません。若い連中は『いったい(I)なんの(N)サービス（S）』と呼んでます」

支社長は頭を掻きながら言った。

「『いったいなんのサービス』か。それはいい」

若佐は大笑いした後、真顔になった。

「それにしても今日は、完璧な準備をありがとうございました。おかげで、1日で回線の仕入れまでいけました」

若佐は頭を下げると、支社長のグラスをビールで満たした。

「うちの連中、技術は分かっていなくてもロジ（ロジスティクス＝仕事の手配）は得意ですから。徹夜してでも根性でなんとかします」

「みなさん若いですね」

若佐は前の会社を思い出していた。新しいことを提案するとまず「リスクが大きい」「前例がない」と後ろ向きな反応があり、どの部署にも「俺は聞いていない」とゴネる中間管理職がいた。ところがリクルートでは「いったいなんのサービス」と言いながら、全員がものすごいスピードで未知の領域に向かって疾走する。福岡の居酒屋が出すめっぽう新鮮なイカの刺身を噛み締めながら、若佐は思った。

（ここでなら、思い切り働ける）

次の日、若佐は広島支社にいた。翌日は名古屋、一度、東京に戻って札幌。自社ビルのない仙台ではオフィス探しにも付き合った。福岡支社長の言うとおり、リクルートの若い支社長たちは準備万端を整えて若佐を待ち構えていた。

生嶋に「アクセスポイントを1ヵ月で30ヵ所」と言われたときには、（1日1ヵ所なんて無理に決まっている）と呆れた若佐だったが、各支社の強烈なバックアップで1日に何ヵ所ものアクセスポイントを立ち上げることができ、2週間すると（ひょっとすると30ヵ所いけるかも）と思えてきた。若佐は札幌の帰りに新潟に寄り、古巣での部下に会った。手土産《てみやげ》の北海道産バターを渡した後、若佐はリクルートの回線リセール事業を説明し「一緒にやらないか」と誘った。

「それは面白そうですね」

元部下は若佐の誘いに乗った。

全国のアクセスポイントが整う前から、さみだれ式にサービスが始まった。6メガの回線1本で数百社の企業に専用回線を提供できる。江副が「契約1件につき1万円」の報奨金を出すと、手練《てだ》れの営業マンたちは目の色を変え、求人広告で取引のある会社に行って「電話料金が安くなります」と売りまくった。

押し寄せるクレーム

江副自身もトップ営業で回線を売る。大企業の社長に会うときには、必ず1ダース入りの鉛筆を携えていた。

「我々がＮＴＴから回線を箱で買い、皆様に１本ずつお安く提供するわけです。ＮＴＴの回線ですから通信の品質は折り紙つきです」

分かりやすい「鉛筆営業」の成果で、社内でもっとも多くの報奨金を獲得したのは江副だった。

だがサービス開始と同時に、問題が発生した。売った回線でコンマ数秒の「瞬断」が起きるのだ。「もしもし」の通話なら、少し雑音が入る程度だが、コンピューターとコンピューターを結ぶ高速デジタル回線では、瞬断はコンピューターを止める原因になる。今ならたいていのコンピューターに瞬断をリカバーする機能が付いているが、当時のコンピューターにそんな機能はない。

「専用回線からおたくの回線に変えた途端にコンピューターが止まったぞ」

ひとつの回線で瞬断が起きると、その回線を使っている数百社から一斉にクレームが入る。ＮＴＴの回線が原因でも、顧客の不満は契約しているリクルートに向かう。クレームはリクルートの営業から若佐のところに押し寄せ、それを若佐がＮＴＴに伝える。すると対処法をＮＴＴが若佐に説明、それを若佐が営業に返す。伝言ゲームの繰り返しだ。

あまりに瞬断が多いので、ある日、若佐はＮＴＴに怒鳴り込んだ。

「いったい、どうなってるんですか！」

するとＮＴＴの担当者が困り顔で言う。

「さあ、どうなってるんでしょうね」

のんびりしたものである。

あるときには、瞬断ではなく、東京―大阪の回線が長時間、不通になった。しばらくしてNTTから「山梨県の三国峠《さんごく》で道路工事をしていた油圧ショベルが誤ってNTTの回線を切断してしまった」との報告が入った。納得のいかない若佐は電話でNTTの担当に詰め寄った。

「そもそも、三国峠にケーブルが走ってるなんて聞いていませんよ！」

「それは私も知りませんでした」

「バックアップはないんですか」

「わかりません」

「あのね、回線が1本切れると、数百社のお客さんの仕事が止まってしまうんです。われわれはその数百社に全部、電話して、お詫びして、原因や復旧の見通しを説明しなくちゃいけないんです」

「大変ですね」

「大変ですよ。『ただいま電話が通じにくくなっております』ってテープを流せば済む公衆回線とは訳が違う」

「そうなんですか」

「せめてケーブルの地図をください。あらかじめ、どこを通っているか分かれば早く対処できる」

「あ、それはできません」

「なんで？」

「国家機密なんで」

「国家機密……」

東京─仙台の回線は春になるとしばしば不通になった。原因が特定できず、若佐がカリカリしていると、NTTの担当者がふと漏らした。

「それ、若葉かもしれませんね」

「若葉って？」

東京─仙台の回線は無線の一種であるマイクロ波を使っていた。

「春になると若葉で乱反射して電波が乱れることがあるんです」

若佐は開いた口が塞がらない。

「この季節になれば若葉は毎年しげるでしょう。なんで今まで対策を打っていないんですか」

「さあ」

「……」

ついこの間まで「親方日の丸」の公社だったNTTと、「君はどうしたい？」の江副流で「圧倒的な当事者意識」を植えつけられたリクルートでは、まるでリズムが合わないのである。のんびりした新潟鐵工所から移ってきた若佐だったが、その若佐の目から見てもNTTの鈍重さは目に余る。

「葉っぱでいちいち止まっていたのでは話にならない」

若佐が生嶋に訴えると、生嶋はカウンターパートの式場にそれを伝え、式場が対応した。こういう場面で式場は公社育ちと思えない機敏な反応を見せた。

もちろん通信技術については江副を含め、リクルートは素人集団だ。しかし会社相手の商売にかけては民営化したばかりのNTTよりはるかに慣れている。NTTにとってリクルートは商売の指南役だった。

真藤と森田と江副の「地図」

1985年4月23日の日経産業新聞に「回線また貸し」の記事が出て江副があわてたのには、もうひとつ理由があった。記事が出たのが真藤、森田、江副のコラボレーションが実現した直後のことだったからだ。

日本経済新聞社はリクルートと共同出資で「株式会社マップデータ」を設立した。コンピューター上で地図情報をデータベース化し、情報化社会のインフラストラクチャー（産業社会基盤）にする試みである。そこに地図情報の提供者、および利用者としてNTTと東京ガスが加わった。コンソーシアム（企業連合）は「マップデータ懇話会」と名付けられ、日経取締役の大石脩而《おおいししゅうじ》が社長、リクルートの真石博之が常務に就任。森田、江副、そしてリクルート専務の位田尚隆《いだなおたか》が取締役に名を連ねた。

江副は1969年に、日本IBMの人事部門で社員教育を担当していた位田尚隆を引き抜いた。

このときリクルートと日本ＩＢＭはコンピューターを使った採用試験システムの開発を共同で進めており、日本ＩＢＭ側の担当者が位田だった。

マップデータは航空写真や、航空写真から作成した既成地図を座標読み取り装置でデジタル信号としてコンピューターに蓄え（コンピューター・マッピング）、地図データベースとしての利用を目指す会社である。二次元の地図に地下埋設物や人口、家屋現況といった３Ｄのデータを加えることで、土地利用計画や企業の市場調査への応用を期待していた。

「日経とリクルートが組んで、なぜ地図なんだ」

両社の社内でも、森田と江副の意図を測りかねる声が上がったが、ネット時代を生きているわれわれには馴染み深い。森田と江副は「グーグル・マップ」をやろうとしたのである。グーグルが、「グーグル・マップ」のベータ版（開発段階の試用版）を立ち上げたのが２００５年。住所を入力すると航空写真が出てくるこのサービスが初めての「グーグル体験」だった人は少なくないはずだ。

江副と森田はグーグル・マップが始まる20年前にその可能性を見抜き、コンピューター・マッピングの市場規模を「2～3年後に１０００億円」と弾いていた。

7月10日、東京・丸の内の東京會舘で開かれた「マップデータ懇話会」の発足記念パーティーには、官公庁や産業界から２００人余りが集まった。

最初に挨拶したのは森田である。

「これからは数値や文字の情報に加え、地図などの視覚に訴える情報が一段と役立つようになります。今回の事業は必ずや意義深い事業に発展すると考えております」

江副が続いた。

「日本中の地図がキーボードをたたいて出てくるようになれば、住宅購入のほか防災、レジャーなど幅広い分野で利用価値があると思います」

真藤も来賓代表の立場でスピーチした。

「地図データベースはNTT自身が電話線工事などで広範囲なユーザーになります。需要は大きいので、早く事業化してもらいたいし、NTTも仲間に入れていただきたい」

挨拶が終わると真藤が乾杯の音頭をとった。

実は真藤は江副と森田から「マップデータ」の話を聞いたとき「自分も出資する」と言い出した。しかしNTT社内ではすでに独自の地図情報事業が動き出しており「競合になる」と諌められて、しぶしぶ断念した。

日本経済新聞を「紙の新聞」から「経済に関する世界的な総合情報機関」に変えようとした森田康。NTTを「もしもしの公社」から「データ通信の会社」に変えようとした真藤恒。そしてリクルートを「情報誌の会社」から「情報サービスの会社」に飛躍させようとした江副。

「モノづくり」こそ経済の根幹と信じられていた日本で、この3人は次の時代に経済を動かすのは「モノ」ではなく「情報」だと気づいていた。

第9章　情報の海へ——ALL HANDS ON DECK《総員配置につけ》！

緊急社員総会

1985年（昭和60年）秋、江副は京都で「緊急マネージャー会議」を開いた。宝ヶ池公園に隣接する国立京都国際会館のホールを貸し切った。

このころのリクルートの社員総会は年に1回、入社式を兼ねて春に都内のホテルで開くのが慣例になっており、マネージャーだけとはいえ秋に「全員集合」がかかるのは異例である。

「いったい、なにごとだ」

首をひねりつつも、数百人のマネージャーが国際会館に集まった。

前段はパネル・ディスカッション。中堅幹部が壇上に上がり「リクルートはどんな会社を目指すのか」を熱く語っていたが、入社4年目の高橋理人《たかはしまさと》は会場の後ろのほうで退屈していた。

（はよ、終わらんかな）

こんなところで青臭い議論を聞いているくらいなら、1件でも多くお客さんのところへ行きたい。営業に燃える高橋には1分1秒が惜しい。

壇上では相変わらず「ソニーがお手本か」「いや松下電器だ」と侃々諤々《かんかんがくがく》やっている。

（どーでもいいじゃないか）

しかし次の一言にハッとした。

「リクルートは今まで誰もやったことがないことに挑戦するパイロット・ファームですから、ソニーやホンダがお手本というのんは、おかしいと思う。この会社が成功すれば、みんなが真似をする。日本の会社が変わるんと違いますか」

高橋が顔を上げると、関西弁で熱く語っていたのは関西住宅情報販売部の蔵野孝行《くらのたかゆき》だった。

「リクルートはパイロット・ファーム」という蔵野の言葉に、会場は沸いた。

「そうだ！」

「日本を変えるぞ！」

盛り上がったところで江副の登場である。江副は何を語るのか。社員は固唾《かたず》を飲んで壇上を見つめた。

江副は広い会場を見渡すと、大きく鼻から息を吸い込み、マイクに向かって叫んだ。

「ALL HANDS ON DECK！」

「え？」

何と言ったのか。ほとんどの社員は突然の英語が理解できず、会場は静寂に包まれた。やがて英語の分かる何人かの社員が、ボソボソとまわりに意味を伝え始めた。

「オール・ハンズ・オン・デッキ。海軍用語で、全員、甲板に出ろって意味」

「甲板？」

「総力戦、みたいな感じ」

「なんの戦争？」

「さあ」

「総員配置につけ！」江副が裂帛《れっぱく》の気合を込めて社員全員に放った言葉は、「モノづくり王国」の日本で、「情報サービス」によって産業の頂点を極めようとする宣戦布告だった。「情報」の時価総額が「石油」のそれを上回った今日なら、リアリティをもって受け止められるだろう。1985年にその未来が見えていたのは江副だけだったのかもしれない。

ざわざわした会場の雰囲気をしばらく楽しんだあと、江副が静かに語り始めた。

「リクルートがI&N事業を立ち上げたことは、みなさんもご存知だと思います。文字多重、キャプテン、家庭用ファックス、放送衛星システム。これらが普及したニューメディア時代になると、リクルートの扱っている情報、そしてその情報を掲載している媒体は、ニューメディアに収まるようになります。紙の情報誌だけがリクルートのビジネスではなくなるのです」

（何を言ってるんだ、この人は。その「紙の情報誌」でこの会社は大儲けをしているんじゃないか）

高橋は唖然とした。

高橋が担当する『住宅情報』には、毎号、入りきらないほどの広告が集まった。1983年に始まった『読売住宅案内』との戦いも、常にマンション販売の現場に足を運んで利用者のニーズを吸い上げるきめ細かい誌面作りと圧倒的な情報量で完勝していた。江副が「ALL HANDS ON DECK!」と叫んだ1985年の段階で勝負の帰趨は見えており、1986年には『読売住宅案内』が廃刊に追い込まれる。

『就職情報』も『とらばーゆ』も、1984年に創刊した海外旅行の『エイビーロード』も中古車の『カーセンサー』も、売れに売れていた。1979年12月期に315億6600万円だった売上高は、1984年12月に1186億4100万円と5年で4倍近くに膨張している。このペースで行けば5000億円も夢ではない。

だが江副は放っておいても成長する「情報誌」のビジネスへの情熱を失いつつあった。江副は徹頭徹尾「ゼロ・トゥ・ワン（ゼロから事業を立ち上げる）」の経営者であり、「1をn倍にする（既存事業を何倍にも大きくする）」には興味がないのだ。

狂気の採用

江副が見つけた新たな「ゼロ・トゥ・ワン」は、情報サービスだ。問題は人材だった。リクルートには1700人近い社員がいた。中には東大工学部を出て1981年に入社した柏木《かしわぎ》斉《ひとし》（のちの4代目社長）のような例外もあるが、大半は文系出身でコンピューターや通信には詳しくない。江副は人事部長の冨永兼司《とみながけんじ》に言った。

「冨永くん、東大を採ってください」

「最近は東大もそこそこ採れていますが、もっと増やせってことですか」

「違います。採って欲しいのは法学部や経済学部じゃなくて東大の工学部です」

「工学部？　来ますかね、うちに」

「お金はいくらかかってもかまいません。とにかく東大工学部の学生を集めてください。院卒ならもっといい」

採用担当者から見ると、東大工学部、まして院卒は最難関だ。教授のコネ入社が一番強烈なのが東大工学部だった。冶金《やきん》は新日本製鐵、日本鋼管、電子工学はＮＴＴ、日本電気（ＮＥＣ）。毎年決まった人数を教授がきっちりはめ込んでいく。

江副の命を受けた冨永はこの慣習をひっくり返しにいった。採用シーズンになると冨永は東大赤門前の寿司屋の2階を3ヵ月貸切にした。脈のありそうな工学部の学生をつかまえると、座敷に連れて行く。そこにはリクルートが誇るトップ営業マンが待ち構えている。

「大企業に入っても最初の10年は雑巾掛けだが、この会社なら入ったその年から思う存分、活躍できる」

「これからは間違いなく情報サービスの時代になる。リクルートはその先頭を走る。君たちが歴史を作るんだ」

座敷で寿司をつまみながら、リクルート流の「モチベーション」をたっぷり注入してウブな学生をポーッとさせる。「この学生は落ちそうだ」と感触を得たら、とどめに江副が登場する。

「君たちは生まれてから22年間、先人の知恵、歴史を学んできた。でも23歳からは歴史を作るのです。この会社でなら、それができます。一緒に日本を、いや世界を変えましょう」

アップルの創業者、スティーブ・ジョブズがペプシコーラの事業担当社長だったジョン・スカリーを引き抜いたときの殺し文句「あんたはこのまま一生砂糖水を売り続けたいのか、それとも俺と一緒に世界を変えたいのか」はあまりにも有名だ。そのジョブズが持っていたと言われる「現実歪曲《わいきょく》フィールド」を生み出す力。どんな突拍子もないアイデアでも、周りに実現可能だと思わせる能力を江副もまた持っていた。学生ならイチコロだ。江副の磁場に引き摺り込まれた学生は、たいていが寿司屋の座敷で「完落ち」した。

たまらないのは、大企業に学生を送る約束をしていた教授陣である。リクルートに学生を取られ、メンツを潰された東大教授は、リクルートの採用担当者に噛み付いた。

「国のために国のカネで育てた学生を、君らは横からさらっていくのか!」

新卒だけでは足りない。I&N事業を垂直に立ち上げるには「即戦力」も必要だ。冨永は日本企業から米国の大学に社費留学している社会人を狙った。

景気拡大が続く当時の日本企業では社費留学が大流行していた。表向きの理由は「グローバル化を担う人材の育成」だが、新卒採用が圧倒的な売り手市場で学生を奪い合っていた企業には「うちに入って何年か頑張れば留学できる」と学生にアピールする狙いもあった。時代は少し下るが1989年には三菱商事にいた新浪剛史《にいなみたけし》（サントリー社長）が、1991年には日本興業銀行にいた三木谷浩史《みきたにひろし》（楽天会長）がともにハーバード大に留学してMBA（経営学修士）を取得している。

冨永はハーバード大学、マサチューセッツ工科大学（MIT）、スタンフォード大学、カリフォルニア大学などに担当者を派遣し、一本釣りを開始した。やり方は単純だ。ハーバードやMITのキャンパスで東洋人を見つけたら、「こんにちは～」と日本語で声をかける。中国人や韓国人は反応しないが、異国のキャンパスで日本語を聞いた日本人は必ず「えっ？」と反応する。すかさず「どちらの会社からですか」と話しかけ、飲ませて食わせて距離を縮める。

社費留学組は間違いなくその会社のエリートであり、帰国後には輝かしい出世の道が約束されている。しかし留学で人生観が変わり、日本に帰って5年も10年も下働きをさせられるサラリーマン的な生き方を「耐えられない」と感じる者もいる。狙いはそんな「覚醒組」だ。

ディファレント・ハート・ビート

するととんでもない大物が網にかかった。

伊庭野基明《いばのもとあき》。1974年に慶応大学工学部管理工学科を卒業して日本IBMに入社。システム・エンジニア（SE）として活躍し、札幌では日立、富士通の牙城だった北海道拓殖銀行をひっくり返して「ＩＢＭ５５５０」を導入させた強者《つわもの》だ。その剛腕ぶりが親会社の米ＩＢＭの目にとまり、１９８６年に名門ノースウェスタン大学経営大学院ケロッグスクールに社費留学を許された。伊庭野はここでＭＢＡを取得した。

１９６７年に伊庭野と同じ慶応工学部から日本ＩＢＭに入った北城恪太郎《きたしろかくたろう》も１９７２年にカリフォルニア大学バークレー校でコンピューター工学の修士を取っている。北城が１９９３年に日本ＩＢＭの社長になっていることを考えれば、伊庭野もまた社長コースを走っていたことになる。

伊庭野に声をかけてきたのはリクルートの社員ではなく、リクルートの依頼を受けたヘッドハンターだった。

「こういう会社が、あなたのような人材を欲しがっています」

１９８７年の秋、伊庭野がヘッドハンターに勧められたリクルートに行くと、いきなり江副が出てきた。

「伊庭野さん、あなたにはソフトウェアの輸入をやってもらいたい。もうメーンフレーム（大型汎用コンピューター）を売っている時代ではないでしょう。これからはソフトウェアですよ」

このころはまだ、メーンフレームが世界のコンピューター市場を支配し、ＩＢＭが「ビッグ・ブルー」と畏怖されていた時代である。アップルがパソコンブームの火付け役となる「マッキントッシュ」を発売したのが１９８４年。だがそれは個人が趣味や研究で使う程度の「ホビー・マシン」であり、大企業の情報システムを担うとは考えられていなかった。

だが目の前の江副は「メーンフレームの時代はもう終わりだ」と言い放ち、伊庭野に「ソフトを輸入しろ」と言うのだ。

Different Heartbeat（ディファレント・ハートビート＝心臓の鼓動がふつうの人と違う人）。常人とは全く異なる発想をする宇宙人のような人間を英語では、そう表現することがある。伊庭野は、まさに江副にディファレント・ハートビートを感じた。

「伊庭野さん、いきなりで悪いけど、アメリカに行ってください」

それは想定内のことであり、望むところだった。

「はい。西海岸ですか」

「いや、パソコンをやるなら西ですが、情報サービスは大企業が集まる東海岸でやりたい。ニューヨークでお願いします」

「なるほど。ニューヨークで何をするのですか」

「コンピューター・センターを作ってもらいたい」

「コンピューター・センター？」

「お客さんのデータを預かって情報を処理する拠点です」

「それをニューヨークに？」

「ニューヨークだけではなく、日本とロンドンにも作ります。これを海底ケーブルで結べば、コンピューターを24時間動かし続けることができる。お客さんやわれわれが眠っている間に、コンピューターが働くというわけです」

「……」

まさにディファレント・ハート・ビートである。

(なんてことを考えているんだ、この人は!)

「で、いつまでに」

「半年で立ち上げてもらいたい」

「半年ですか……」

発想も違えば、スピード感も違う。

(これは、とんでもない人と付き合うことになった)

伊庭野は慌ててニューヨークに飛んだ。

天空に巨大な皿を向けるパラボラアンテナ

マンハッタンに着いた伊庭野は江副に教えられたビルに向かった。日本を発つ前、江副は伊庭野に言った。

「伊庭野さん、実はマンハッタンにはリクルートの事務所があるんだよ」

「え、ロサンゼルスは知ってますが、マンハッタンにありましたっけ」

「こんなこともあろうかと、何年か前にね。まあ郵便箱代わりの小さなオフィスだけどね」

マンハッタンのオフィスに着くと、伊庭野はさっそく、イエローページでＩＢＭのニューヨーク営業所を探して電話をかけた。

「コンピューターを1台、買いたいんだけど」

「What?」

「IBMのコンピューターを買いたい」

「Who are you?」

「日本のリクルートという会社のイバノだ」

「連絡先を教えてくれ。明日、こちらから連絡する」

翌日、伊庭野が電話を待っていると、マンハッタンのオフィスに、とびきりの美女を連れた白人の男が現れた。男はマンハッタン地区の営業部長、美女は営業課長だった。

「ミスター・イバノ、昨日は失礼した。どんなコンピューターをお望みか。いかようにも対応させてもらう」

白人の営業部長はにこやかに手を差し伸べた。リクルートのことを一晩で調べ、高額なコンピューターを何台も購入している日本IBMの上得意だと知ったのだ。

「ここに置くのですか?」

美女の営業課長が狭いオフィスを見渡して首をひねった。メーンフレームが置けるようなオフィスではない。

「いや、ここは事務所で、ここことは別にコンピューター・センターを作るつもりでいる」

コンピューター・センターと聞いて、営業部長の顔色が変わった。

「それはすごい。で、予算は?」

「とりあえず、600万ドル(約9億円)」

「イッツ・ゴージャス!」

営業課長が口笛を鳴らした。彼女にすれば、大きな青い鳥が自分からカゴに飛び込んできたようなものである。「これから上得意になる」と踏んだIBMのコンピは、安く買えるメーンフレーム「3090(通称=シエラ)」の新古機を探してくれた。

問題はそのコンピューターを置く場所である。マンハッタンの家賃は高すぎて、大きなコンピューターを置ける広いオフィスは借りられない。お客のデータを預かるのだから、セキュリティも万全である必要がある。

伊庭野は条件を満たす物件を探し続け、ようやくその場所にたどり着いた。マンハッタンから南西に約18キロ。スタテン島の「ニューヨーク・テレポート」だ。

「高度な情報通信基地」を意味する「テレポート」は今でこそ世界各地に存在するが、世界初のテレポートは、ここニューヨーク・テレポートである。1983年に建設が始まり、伊庭野が訪れた時は第一期工事の最中だった。

高度な通信インフラを求める巨大金融機関は、超過密で家賃が高いマンハッタンを逃げ出そうとしていた。そして「ニューヨーク再生」のシンボルとして開発されたのがスタテン島のテレポートだ。事業主体はニューヨーク市、ニューヨーク・ニュージャージー港湾局、証券会社のメリルリンチなどが出資する「テレポートコミュニケーションズ社」。第三セクター方式で運営するこの会社にニューヨーク市が140ヘクタールの土地を提供し、約35万人が住むベッドタウンを世界最先端の情報通信基地に生まれ変わらせようとしていた。

「うん、ここだ」

天空に巨大な皿を向ける衛星通信用の9基のパラボラアンテナを見上げながら、伊庭野は呟いた。

江副の殺し文句

伊庭野に言ったとおり、年が明け4月になると江副はロンドンにも駐在員を派遣し、コンピューター・センター開設の準備に取り掛かった。日米欧の三極体制を本気で作るつもりだ。

江副は銀座の「G7」(旧日軽金ビル)をコンピューター・ビルに改造し、IBMや富士通のメーンフレームをずらりと並べていた。地中にコンクリートの箱を埋め込む潜函工法で建てられた旧日軽金ビルは地下4階まであり、コンピューター障害の原因になる瞬時電圧低下を防ぐための定圧装置まで備えていた。

しかしそこはすぐ手狭になり、新たなコンピューター・センターを作ることになった。リクルートは川崎市が打ち出した川崎駅西口地区の再開発計画「かわさきテクノピア構想」に手を挙げ、明治製糖の工場跡地である第一街区に地下3階、地上20階建て、延べ床面積4万7000平方メートルのインテリジェント・ビルを建てることにした。こうして1988年3月、「リクルート川崎テクノピアビル」が竣工する。

全フロアを自社で使い、3階から14階にIBM、国産を取り混ぜたメーンフレーム10台と、さらに富士通のスーパーコンピューター2台を設置した。15階から20階はOA（オフィス・オートメーション）のためのインテリジェント・フロアとし、コンピューターの運用管理部門を置いた。

日米欧に設置したコンピューター・センターを使って江副が始めたのが「リモート・コンピューティング・サービス（RCS）」である。当時は「コンピューターの時間貸し」と訳され、社内外から〝冴えない事業〟と見られていたが、今で言う「クラウド・コンピューティング」にほかならない。

最初の顧客は日本の都市銀行だ。都銀をはじめとする日本の銀行は金融自由化に伴うサービスの多様化に対応するため、1行あたり1000億円弱という巨費を投じて「第三次オンライン・システム」を開発している最中だった。巨大システムを構築するにはバックアップを含め何十台ものメーンフレームが必要だが、バックアップに使うメーンフレームは開発が終われば不要になる。リクルートのRCSは「システムの開発中だけメーンフレームを使いたい」という都銀のニーズにピッタリだった。

「リクルートのRCSは24時間止まりません。日米欧、三極でコンピューター・センターを運用します」

江副の殺し文句に顧客はコロリと参り、RCSの客はどんどん増えていく。江副は1987年の新聞インタビューでこう語っている。

「グローバル戦略の決め手はいかに安く高機能のコンピューター・ネットワークをつくるかにかかっている。大企業なら自社の力で構築できるが中堅中小企業はそうもいかない。わが社は悩める企業のお手伝いをできると確信している」

光ファイバーを地球一周させ、川崎のインテリジェント・ビルを、ニューヨーク（スタテン島）、ロンドンのテレポートと結べば、24時間眠らないコンピューター網が出来上がる。そのコンピューター網を顧客企業に時間貸しする。序章で触れたとおり、アマゾンウェブサービス（ＡＷＳ）顔負けのクラウド・システムが姿を現し始めた。ＲＣＳ企画室長の藤波達雄《ふじなみたつお》は、「クレイのスーパーコンピューター用に開発された約５００本のソフトウェアを集めてソフトライブラリーをつくり、ＲＣＳで顧客に利用してもらう」（『日経産業新聞』１９８７年４月30日付）と語っている。ＡＷＳそのものだ。

スーパーコンピューター

１９８５年の９月のある朝、南麻布の自宅から銀座に向かう江副の車の電話が鳴った。ＮＴＴの営業部長、式場英からだった。

「朝早くにすみません。たしかこの前のお話では、御社はクレイ社のスーパーコンピューターもお買いになるということでしたね」

「ええ、米国製のも使ってみようと思いまして」

「それ、うちから買ってもらうことにできませんか」

「え、御社から？」

「ちょっと事情がありましてね」

事情とは、日米貿易摩擦のことだった。当時、日米貿易は日本の圧倒的な輸出超過になっていた。自動車、テレビ、半導体。あらゆる「メイド・イン・ジャパン」が米国市場を席巻していたが、「メイド・イン・USA」は自動車を筆頭に日本で一向に売れない。安くて品質の良い国産があるのに、高くて壊れやすい米国製品をわざわざ買う理由はなかったが、米国は「我が国の製品が売れないのは日本に参入障壁があるからだ」とねじ込んできた。

NTTも槍玉に挙げられた。NTTは通信機器のほとんどをNEC、富士通、日立製作所といったいわゆる「電電ファミリー」から調達していた。「保護貿易の象徴」にされたNTTは、米国製品の調達目標を課せられたが、これがなかなか達成できない。

「姿勢だけでも見せよう」というので社長の真藤が渡米し、現地で調達セミナーを開くことになったが、NTT社内で一部の役員が「社長を手ぶらで行かせたら、向こうで袋叩きに遭う」と騒ぎ出した。

別のルートからもリクルートに圧力がかかった。首相の中曽根康弘だ。江副は中曽根が主宰する山王経済研究会に熱心に通っていた。そのルートからもこんな打診があった。

「日米経済摩擦のおり、米国製のスーパーコンピューターを買ってくれるのはありがたい。まずNTTが買い、それをリクルートに引き渡す形にしてもらえれば、なお良い」

真藤が渡米する前にNTTに点数を稼がせろ、というのである。

事情を察した江副は、クレイのスーパーコンピューター「XMP216」と「XMP18」をNTTから買うことにした。多少、手間がかかるがそれで中曽根と真藤に恩が売れるなら、お安い御用だ。

リクルートが購入したクレイの1号機はNTTの横浜西局に、2号機も同じくNTTの堂島局に設置された。リクルートは高速回線を介してこの2台を使った。

1台10億円を下らないスーパーコンピューターを「2台購入する」と発表したことで、真藤の訪米は成功裏に終わった。真藤が帰国すると、NTT常務の山口開生《やまぐちはるお》から江副に電話があった。

「真藤が直接、お礼を申し上げたいと言っております」

お礼を言われるほうの江副がNTT本社に出向くのもおかしな話だが、NTT社長というのは、そのくらい偉かった。しかし真藤自身は権威に胡坐《あぐら》をかくタイプの男ではない。

「江副さん、今回は助かった。ありがとう。それにしても安くない買い物だと思うが、大丈夫かね」

急成長中とはいえ、巨大企業のNTTから見れば、リクルートなどまだまだベンチャー。真藤はリクルートの懐《ふところ》具合を心配していた。江副はいたずらっぽく笑った。

「ご心配には及びません。今年はコンピューターに70億円ほど使いましたが、ウチがその費用を何の経費として処理したと思われますか?」

「設備投資じゃないのかい」

「いいえ、採用経費です」

「採用？」

「はい。最高の情報サービス会社を目指している我が社は、理系の優秀な人材が喉から手が出るほど欲しい。クレイのスーパーコンピューターを2台も持っている会社はそうそうありませんから、これでコンピューター好きの学生が採用できます。それを考えれば安いものです」

「クレイのスーパーコンピューターは客寄せパンダですか。江副さん、あんたにゃ敵《かな》わん」

真藤は愉快そうに笑った。

もちろん、客寄せだけが狙いではない。江副は米航空宇宙産業大手のボーイングが自社の空力シミュレーションのために買ったスーパーコンピューターを、空き時間に他社にレンタルしていることを知っていた。RCSで元は取れ、真藤と中曽根に恩を売りおまけに理系の学生が寄ってくる。江副の大好きな一石三鳥だった。

元NASAほかトップ・エンジニア19人を

米国に駐在していた伊庭野は帰国するたびに江副に呼び出された。江副は伊庭野が持ち帰る米国の最新情報を心待ちにしていた。

伊庭野が話している間、江副の眼球はグリグリと動く。江副のCPU（中央演算処理装置）がフル回転している証拠だ。話を聞き終わるか、終わらないかのうちに、江副のCPUは解を導き出す。

「OK、じゃあこうしよう！」

伊庭野が新しい情報を入力すると、江副のCPUは瞬時にそれを解析し、口から速射砲のように新しいアイデアを吐き出す。聞き漏らすまいと懸命にメモを取る伊庭野を見て江副が笑った。

「伊庭野さん、メモなんか取ってると頭が悪くなるよ。ケネディは毎朝、30分で主要な新聞を全部読み中身を覚えていたそうだ。頭は使わないと」

伊庭野は、はたと思い当たった。

（そういえば、この会社の人はみんなメモを取らないなあ）

江副がメモを禁じていたわけではない。当時、猛烈な細胞分裂を繰り返して急成長するリクルートで、社員は毎日、未知の出来事に出くわしていた。こういう場合、昨日までの経験はあまり役に立たない。彼らには、過去の出来事を書き留める「メモ」など必要なかった。

何か思いついたら、とにかくやってみる。ダメなら別の方法を考える。その繰り返しだ。

伊庭野は軽自動車の車体にF1のエンジンを積んで爆走する車を想像した。

（江副さんに誤ったデータを与えてはいけない。どんなに些細な情報でも、誤ったデータを入力したら、この会社はとんでもない所へ吹っ飛んでいってしまう）

江副は情報サービス事業をものにするため、海外にも人材を求めた。

代表格は元NASA（米航空宇宙局）のエンジニアで米海軍大学院大学助教授のメンデス・ラ

ウル。１９８７年４月、「スーパーコンピューターの権威」と言われたこの男をリクルートに迎え入れ、「スーパーコンピュータ研究所」の所長に据えた。「ＲＣＳ技術開発室次長」には、アルゼンチンでコンピューター開発の国家プロジェクトを主導したホセ・ブリセニョを迎えた。

いわゆるスター研究者だったラウルとブリセニョを看板に、マサチューセッツ工科大学（ＭＩＴ）、カリフォルニア大学・バークレー校、同ロサンゼルス校、ウェストバージニア大、プリンストン大、テキサス大から合計19人のコンピューター技術者を採用した。世界の大企業が、スーパーコンピューターを扱える人材を奪い合っていた時代に、江副はクレイのスーパーコンピューターを撒き餌にトップ・エリートをかっさらった。

ラウルは米国の政府系の研究機関、ＮＳＦ（国立科学財団）との提携や、ニューヨーク市立大が母体の情報ネットワーク「ＢＩＴＮＥＴ」との連携にも動いた。

現在、東京・中野に本社を構える「インターナショナルシステムリサーチ」社代表取締役のラウルは、自社サイトでリクルート時代のことをこう振り返っている。

〈当時、日本はスパコンの普及に力を入れていた時期で、東京大学などが導入し研究を進めていたのです。そんな日本の動きに刺激されたアメリカ政府は、アメリカ全土の大学にもスパコンの設置を進め、さらにコンピューター同士をつないでより高い性能を発揮させるため、「ＡＲＰＡＮＥＴ」（国防総省のコンピューターネットワーク）を民間に開放し始めました。これがインターネットの始まりです。（中略）

情報出版会社のリクルートは当時、紙メディアを商品としていました。翌88年に取締役に就任した私は取締役会で「すぐにネットの時代が来る。早く準備すべきだ」と提言しました。（中略）しかし、1988年に発覚した「リクルート事件」により、スパコンの時間貸しビジネスは頓挫し、私は1993年にリクルートを去ることになりました〉

リクルート事件がなければ、ネット時代の世界を牽引するグーグルのようなベンチャー企業は日本から生まれていたかもしれない。

ラウルが入社した同年同月、リクルートは国際オンライン決済システムを持つ英ファイテル社に12％資本参加した。あのジェフ・ベゾスが新卒で入社した会社だ。ファイテルの「イクイネット」は同社のホストコンピューターを介して顧客を結び、2国間にまたがる証券取引データを一元的に処理するサービス。「ペイパル」や「アリペイ」よりはるかに早く生まれた「オンライン決済」の草分けで、米国のソロモン・ブラザーズやメリルリンチなど米欧の金融機関約30社が導入し、全世界の国際間決済の約10％を処理していた。リクルートは出資と同時に、日本の金融機関に対するイクイネットの独占販売権も取得した。

オンライン決済の重要性が広く認識されるのは1998年にピーター・ティールやイーロン・マスクが「ペイパル」を立ち上げてからだ。それより10年以上早く、江副はその将来性を見抜いていたことになる。

利権破壊ビジネス

日本の経済界を代表する経団連会長の稲山嘉寛は江副に向かい、リクルートのビジネスは「虚業だ」と言い放った。この時点で、日本の良識ある経営者たちは質量のない情報を動かして価値を創造する情報サービスをインチキと見下していた。

1980年に発刊された世界的なベストセラー『第三の波』の中で著者のアルビン・トフラーは、1万年前に始まった農耕社会を「第一の波」、産業革命後の工業化社会を「第二の波」、次に訪れる情報化社会を「第三の波」と定義した。冒頭でトフラーはこう語っている。

〈産業主義を存続させようとする人とそれを押し除けようとする人の間に大闘争があることを認めてはじめて、現代世界を理解するカギを手に入れることができる〉

アメリカでは家電大手のRCAやゼニス・エレクトロニクスが衰退し、名門鉄鋼メーカーが二束三文でハゲタカファンドに買い叩かれた。自動車のビッグ・スリーも衰退した。恐竜のごとき巨大製造業は、インターネット革命を経てGAFAに主役の座を奪われた。

アップル創業者のスティーブ・ジョブズやグーグル創業者のセルゲイ・ブリンとラリー・ペイジ、フェイスブック創業者のマーク・ザッカーバーグ、アマゾン創業者のジェフ・ベゾスが、新たな時代のヒーローになった。

だが、日本では「第二の波」が「第三の波」を押し戻した。「産業主義を存続させようとする人」

が岩盤のように立ちはだかり、変化を拒んだのだ。振り返れば、これが日本経済の長き敗北の始まりだった。

今も日本ではトフラーが１９８０年に「衰退する」と予言した産業主義の象徴、日立製作所の中西宏明が経団連会長の座にある（２０２０年11月時点）。だが老いた産業主義にもはや栄光はなく、経団連加盟企業は、後ろ向きのリストラを繰り返しながら政府の庇護で延命している。日本はゾンビ企業の天国になった。

産業主義と戦う江副の姿を見ていた伊庭野は言う。

「江副さんがやろうとしていたのは情報利権の破壊でした」

『リクルートブック』は、優秀な学生を教授のコネで囲い込んで独占していた大企業の利権を破壊した。『住宅情報』は、新聞社が独占していた不動産広告の利権と、新聞やテレビの限られた広告枠を押さえ込む電通など広告代理店の利権を打ち砕いた。

利権を破壊されたエスタブリッシュメントの中には、リクルート、そして江副に対する怨念が澱《おり》のように溜まっていった。

エスタブリッシュメントが情報利権を謳歌していた昭和の終わり。その利権を破壊し始めた江副浩正は、地動説を唱えたガリレオ・ガリレイのように異端審問にかけられることになる。

第３部

１９８９

昭和の終焉・平成の夜明け

新社屋に使うハーフミラーのガラスを探すため訪れたロンドンのホテルにて。

第10章　変容

発炎筒事件

「ガチャン！」

1987年（昭和62年）1月24日の午前零時過ぎ、東京都港区南麻布にある江副邸の玄関のガラスが割られ、2本の発煙筒が投げ込まれた。3階では大学受験を控えた長女が勉強をしていた。20～30分後に帰宅した碧が勝手口から入りすぐ階段を登った。2階は乳白色になってバルサンを焚いたような強い臭気だ。何が起こったのか見当がつかない。急いで階段を降りて正面玄関に行くとガラス戸が粉々に散乱している。絨毯が、焼け爛《ただ》れ異様な臭気だ。あまりの変容に啞然とし、状況を理解しがたい。碧はすぐにリクルートに電話をした。江副は安比《あっぴ》に行っているとのことだった。電話を切るなり、どこで聞きつけたのか、マスコミが来た。それから数分後に警察。近所の人たちが離れたところから心配そうに見守っている。

それからしばらくは警察、マスコミ、リクルートの関係者たちが1日に延べ50〜60人も出入りして騒然とする日々だった。地元の麻布署は、事件の前、社長室に「求人雑誌のくせに求人広告の掲載を断るとはけしからん」という電話がかかってきていた経緯から何者かによる器物損壊事件とみて捜査をしていた。もはや食事したりお風呂に入ったりと日常の平穏な生活はない。

碧は江副とふたりになったときに懇願した。

「もう私たちは気力も体力も限界です。しばらくの間、この状態が収まるまで緊急避難的に娘と一緒に安全な場所に、避難させてください」

江副は血相を変えた。

「そんな恥ずかしいことはできん。許さん。世間がなんと思うか」

「いいえ、そんなことはありません。こんな不安で危険なときなのだから、父親として子供や家族を守って安心させてほしいのです」

碧がそう言い終わるか終わらないかのうちに江副は碧を殴った。

「大変だったら、いつでも逃げてきなさい」

もともと下戸だった江副は簡単に酒に飲まれた。酔って帰った江副は碧に絡む。原因のひとつはリクルートの株だ。

創業期、「社員皆経営者主義」を掲げた江副は全社員に株を持たせ、退社するときには会社が株を買い取ることにしていた。しかし当時のリクルートには金がない。江副は株を買い取るために碧が父親から相続した金を使った。社員が辞めるたびに碧名義の株が増え、一時は碧が筆頭株主になっていた。そして会社が大きくなり創業メンバーや幹部社員の間にさまざまな不協和音が生まれると、江副は碧名義のリクルート株を無断で幹部社員に配った。自分への忠誠心を「買った」のだ。

リクルート創業のころから碧は江副に求められるたびに、少なくない額の金を用立てた。経団連会長の稲山に起業を支援したスポンサーを聞かれたとき、江副は「いない」と答えたが、実は碧こそが初期のリクルートのスポンサーだった。その事実は江副の泣き所となりコンプレックスとなっていた。

酔うとそのコンプレックスが暴力になって顔を出した。

「お前の実家なんて、ただの中小企業だ」

「リクルートでは５０００人の従業員が俺の言うことを聞くのに、お前はどうして俺に逆らうんだ！」

事業の成功で肥大化したエゴと、強いコンプレックスが江副の中でせめぎ合い、人格を壊していく。酒の量が増え南麻布の家で暴れた。

「うおーっ！」

ある晩、したたかに酔って帰った江副は、碧との些細な口論をきっかけに、ゴルフクラブを摑んで家具や壁に殴りかかった。身の危険を感じた碧は裸足のまま外に飛び出す。冬のアスファルトは立っていられないほど冷たい。2軒先の家の庭に逃げ込んだ。

（土って温かいんだ）

木の下にしゃがむと、涙がポロポロと頬を伝った。年配の女性が家から出てきて言った。

「お入りなさい」

家の主人はある大物政治家の母だった。

碧が泥だらけの素足で家に入るのをためらっていると、家の主人はバケツにお湯を張ってくれた。お湯で足を温めている碧に、女性は砂糖たっぷりの紅茶を飲ませた。その間、彼女は何も言わない。

紅茶を飲み終わり、お礼を言って出て行こうとする碧の背中に向かって、女性が言った。

「大変だったら、いつでも逃げてきなさい」

それからしばらく後、碧は江副に連れられて都内のホテルで開かれたパーティーに出席した。家の中は荒れていても外では仲のいい夫婦を演じなくてはならない。会場でばったりあのとき逃げこんだ家の主人に出会った。

「あーら、江副さん」

碧を見つけた彼女は、つかつかと近づいてくる。江副の奇行のことを言われるのではないかと身を縮める碧の横で、彼女は朗らかに言った。

「今度また、うちの息子が選挙に出ますのよ。どうぞ、応援してやってくださいな」

満面の笑みである。

「もちろん、尊敬する先生のことは応援させていただきますよ」

江副も爽やかな笑みで応えた。

（政治家の母親とは、こういうものなのか）

碧は心の中で呟いた。

虎の背中に乗って

このころ、私人としては破綻していた江副は、経営者としてはまさに絶頂期にあった。リクルートのグループ売上高は1985年に1300億円を超え、なお成長の勢いは衰えない。江副はマンション・デベロッパーの環境開発で土地を買い漁り、同じく子会社であるノンバンクのファーストファイナンスでローン事業を拡大するために銀行からの借り入れを大幅に増やし、不動産事業を拡大した。

「土地は絶対に値上がりする」

江副はそう信じた。

なにしろ日米など先進5ヵ国で為替レートへの協調介入を決めた「プラザ合意」以降、株価も地価も右肩上がりに上昇し、資産価値は膨らみつづけている。日本は前代未聞のバブル景気に突入していた。江副は、マンション用地から中古マンションに至るまでどんな物件でも「買えるものは買え」と指示を飛ばした。

その中には、利用価値がほとんどない斜面（法地《のりち》）や公道に接していない土地も含まれた。環境開発では、用地の仕入額が人事査定の基準だったため、不動産の素人である若い社員があたりかまわず買いまくったのだ。

江副の関心は、コンピューターと不動産にあり、本業である情報誌事業への興味はすっかり薄れていた。

ある日の取締役会。池田友之は江副が隣に座った途端に顔をしかめた。

（酒臭い）

池田は依然、リクルートの取締役だが、1977年に中途採用事業部を独立させた別会社、就職情報センター（ＳＪＣ）の社長がメインの仕事である。新橋にある就職情報ビルに常駐しており、リクルートの本社には月に2、3回しか顔を出さない。間隔が空く分、他の役員より、江副の変化を感じた。

担当役員が各情報誌の出版部数や広告収入を報告し、状況分析と問題の打開策を説明する。それに対して担当外の役員が「それは違う」「こうしたほうがいい」とツッコミを入れ、侃々諤々《かんかんがくがく》の議論をするのがリクルートの取締役会である。

だがある日を境に、江副はそうした議論に加わらなくなった。1億円、2億円のコスト削減や利益拡大に目の色を変える役員を、小馬鹿にするような素振りさえ見せる。

「そんなことより、昨日、官房長官に会ったんだけど、土地取引の規制はね……」

「文部省の幹部とゴルフしたときにさ……」

「中曽根（康弘）さんが勉強会で言うには……」

口を開けば政治家や高級官僚の話ばかり。

取締役会議長の大沢武志が本題に話を戻すと「いいんじゃない、それで」と言ったきり、つまらなそうに黙ってしまう。

江副に見えている情報社会の未来に、紙の情報誌は存在しない。合理主義者の江副にとって、滅びゆく事業の話をするのは時間の無駄以外の何物でもない。ゼロから新しい事業を立ち上げ、それがヒットした瞬間に無上の喜びを感じる江副にすれば、『リクルートブック』『住宅情報』の後に創刊された情報誌はどれも、それらのコピーに過ぎなかった。

『とらばーゆ』『ベルーフ』『カーセンサー』『エイビーロード』。リクルートが次々と創刊する情報誌は、その個性的なテレビCMの効果もあって社会現象を巻き起こしたが、江副から見れば、『リクルートブック』で編み出した勝ちパターンの繰り返しで、刺激が足りない。しかも紙の情報誌はどんなに急いでも売上高を100億円にするのに10年はかかる。「1兆円企業」を目指す江副にとっては、まだるっこしい事業だった。

一方、土地バブルの真っ只中、1000億円で買った土地が次の年には2000億円になる。江副はそのダイナミズムに酔った。

環境開発は年間のマンション供給戸数を1000戸から2000戸、3000戸へと増やしていき、やがて三井不動産を抜いて、大京観光（現・大京）に次ぐマンション供給第2位に浮上した。1985年3月には株式上場を見据え、「環境開発」は「リクルートコスモス」に社名を変えた。勢いに乗った江副は、目標を年間5000戸に引き上げた。

リクルートコスモスが新たに土地を仕入れると、銀行はその土地を担保に低金利で新規融資をしてくれる。その資金を使ってリクルートコスモスはまた新たな土地を仕入れる。この繰り返しでリクルートコスモスの借入金は雪だるま式に膨らんでいった。

破竹の快進撃に見えるが、実はリクルートコスモスは「成長の罠」にはまっていた。銀行が低金利でカネを貸してくれるのは、リクルートコスモスが企業として成長を続けているからだ。金利を低く据え置いてもらうためには、1000戸、2000戸、3000戸とマンション供給を増やし続ける必要がある。供給の伸びが止まれば、銀行はリクルートコスモスの成長が止まったと見て金利を引き上げるだろう。

もちろん無限に供給を増やし続けることなどできるはずがない。借入金が1兆円にもなると金利が1ポイント上がっただけで100億円の負担増になり、リクルートコスモスの期間益など簡単に吹っ飛んでしまう。江副は虎の背中に乗っていた。早く降りなければ虎の穴に連れて行かれるが、降りればその場で喰われてしまう。

安倍晋太郎、三塚博、加藤六月、竹下登

供給戸数で2位に躍り出たリクルートコスモスだが、売上や利益率は三井不動産、三菱地所、住友不動産などの老舗《しにせ》にかなわない。1戸あたりの単価が安かったからだ。鉄道の新線開通に伴

うニュータウン開発や払い下げ国有地の再開発といった大規模プロジェクトはことごとく三井不動産や三菱地所にさらわれた。

一等地の情報戦で財閥系にかなわないリクルートコスモスは「駅からバスで数十分の日当たりの悪い斜面」といった条件の良くない土地を開発し、都銀が相手にしない低所得層にはグループのノンバンク「ファーストファイナンス」でローンを組む。「どだい持ち家など無理」と諦めていた人々の夢をかなえた。顧客には感謝されたが、ハイリスク・ローリターンであることは否めない。

志布志、安比で開発利権を学んだ江副は、純度の高い不動産情報を得るため政治に近づいた。親友、牛尾治朗の推薦で経済同友会の幹事や日本経営者団体連盟（日経連、後に経団連と統合）の政策委員になり、そこで知り合った先輩の財界人に連れられて政治家のパーティーや講演会にせっせと足を運ぶ。当時のリクルートは年間100億円近い最終利益を出していたが、江副は非課税扱いになる利益の1％、すなわち1億円を政治献金にあてた。

政治家の間で「リクルートは気前のいい会社」と評判がたつのに、それほどの時間はかからなかった。中でも付き合いが長かったのが安倍晋三元首相の父、安倍晋太郎《あべしんたろう》だ。

江副が最初に安倍に会ったのは1974年。親友で新倉計量器社長の新倉基成《にいくらもとなり》の誘いで、安倍が農林水産大臣に就任したお祝いの会に出席した。安倍は自分の前で熱っぽく理想論を語る江副を気に入り、以後、折に触れて江副を会食に誘った。

その安倍に三塚博《みつづかひろし》、加藤六月《かとうむつき》、竹下登を紹介され、竹下主宰の勉強会「木鶏会《もっけいかい》」にも入会した。

東京・紀尾井町の料亭「ふくでん」を常設会場とする中曽根康弘主宰の「山王経済研究会」、ホテルニューオータニの「山茶花荘」で開かれる宮澤喜一を囲む会にもこまめに顔を出した。

江副は知り合った政治家や官僚によく贈り物をした。社長室の担当者がお中元に高級洋酒を贈ろうとすると、江副は「君たちはまるで分かっていない」と諭した。

「そんなものは僕の家にも届くんだよ。このレベルの人たちのところには、もっと高い洋酒が届くが、誰からもらったかなんて覚えちゃいない」

江副の贈り物は安比高原で採れたトウモロコシだった。そしてトウモロコシが届く2週間前に丁寧な手紙を送った。

〈安比の菜園で育てておりますトウモロコシが、今年もよく実りました。ご賞味いただきたく、勝手ながら何本かお贈りさせていただきます。お手数をおかけしますが冷蔵庫を空けておいていただけますでしょうか。もとより私の趣味でお贈りさせていただくものですから、礼状などはご不要に願います〉

秋には同じく安比のサツマイモを贈った。バブルの絶頂期、飽食の日々を送るエスタブリッシュメントに、この贈り物はウケた。戦前、戦中にひもじい思いをした世代には懐かしく、しかも丹精を込めて育てたトウモロコシとサツマイモはべらぼうに美味かった。

「江副さん、あのトウモロコシ、家で茹でたら美味かったよ。家内も大喜びだ」

「いえいえ、粗末なものを差し上げまして。お恥ずかしい限りです」

江副は政治家、官僚だけでなく、記者クラブにも安比のサツマイモを贈った。当時、NHKの記者として文部省の記者クラブに詰めていた池上彰《いけがみあきら》は、テーブルの上にうずたかく積まれたサツマイモを見て「これはもらってもいいんだろうか」と迷ったが「ほかの記者がもらっていくので、私ももらった」と打ち明けている。

トウモロコシやサツマイモなら、間違っても「賄賂《わいろ》」とは言われない。その気安さも江副の計算に入っている。

中曽根康弘のスポンサー

このころ、社長室がある銀座G8の10階にひとりの女性がよく姿を現した。

太田英子《おおたえいこ》。山王クラブ、山親クラブ、山和クラブなど中曽根康弘が主宰する勉強会の会計を取り仕切る「中曽根の金庫番」と呼ばれた女性秘書である。

「また、集金のおばちゃんが来てるぜ」

リクルートの社員はG8で太田を見かけると、眉をひそめた。けっして的外れな噂話ではない。このころ、江副は中曽根にとって最大のスポンサーのひとりだった。

ロッキード事件で失脚したとはいえ、田中角栄率いる田中派は依然として自民党最大派閥であり、自民党の資金源である大企業には田中派の息がかかっていた。1982年、田中の支持を取り付けて念願の首相になった中曽根は、当初は「田中曽根内閣」と言われるほど田中の金と派閥の力に依存していた。だがその後、中曽根は徐々に田中と距離をとり自らの金脈を作るようになる。「風見鶏」などと揶揄された少数派閥ゆえ、大企業とのコネクションはない。中曽根は創業者が経営している中堅企業を懸命に取り込んだ。

中曽根の金脈を支えた山王経済研究会は1966年（昭和41年）に持田製薬社長の持田信夫《もちだのぶお》、パイオニア社長の松本誠也《まつもとせいや》、長崎屋会長の岩田孝八《いわたこうはち》といった中堅企業オーナーたちを中心に企業会員20社たらずで発足した。

江副が山王経済研究会に加わったのは1983年。そのころの中核メンバーは明電工相談役の中瀬古功《なかせこいさお》、角栄建設社長の角田式美《かどたしきみ》、ミサワホーム社長の三澤千代治《みさわちよじ》。

高校進学が許されず夜学に通って電気技術を学んだ中瀬古は、自ら創業した明電工で1980年に節電システム「セーブ・ド・ウー・システム」を開発。「電気代が安くなる」と評判を呼び、全国のスーパーや工場、公共施設などに続々と導入された。明電工の成功で資産家になった中瀬古は株式投資グループ「六韜会《りくとうかい》」を組織し、兜町《かぶとちょう》（東京証券市場）に君臨する「誠備グループ」「投資ジャーナル」に次ぐ「第三の仕手集団」にのし上がった。

東京都渋谷区に本社を置く角栄建設（のちのエルカクエイ）は角田式美が1955年に設立した建設会社で、千葉の志津団地、埼玉の霞ヶ関団地など団地開発を得意とし、その後、マンション開発にも進出した。

明電工や角栄建設は大企業ではないが、オーナーの中瀬古や角田は大企業の社長よりはるかに自由にカネを動かせた。江副も同じだ。中曽根は、こうしたオーナー経営者と頻繁に「勉強会」を開き、彼らに経営論を語らせては熱心にメモを取った。首相時代には彼らを官邸に招いた。

オーナー経営者たちは甚《いた》く感激し、惜しみなく中曽根に献金した。

1982年に中曽根政権が誕生すると、それまで約70社だった山王経済研究会の会員は一気に120社に跳ね上がる。この数が一堂に会したのでは「懇親」にならない。そこで、野村證券会長の田淵節也《たぶちせつや》、三井不動産会長の坪井東《つぼいはじめ》を中心に大企業の経営者を集めた「山親クラブ」、鉄鋼や商社が多い「山和クラブ」などが分派したが、中曽根が資金源としてもっとも頼りにしていたのは、中瀬古らオーナー経営者が集まる「山王クラブ」だった。

片手は500万円、1本は1000万円

1986年6月、東京・紀尾井町の料亭「ふくでん」に山王クラブの主要メンバーが集められた。

会合を呼びかけたのは、中曽根と20年来の付き合いがある松久《まつきゅう》社長の神谷一雄《かみやかずお》。岐阜県出身の神谷は千葉県松戸市で総合卸売市場を開設し、電子機器の製造から墓地の開発、墓石の販売まで手がけたやり手だ。神谷は1985年の1年間だけで朝日新聞の「首相動静」に12回も名前が登場する。中曽根の相談相手兼パトロンである。

座敷の隅には首相秘書官の上和田義彦《かみわだよしひこ》と太田英子が控えている。

少し遅れて中曽根が到着した。

中曽根の表情にはいつになく悲壮感が漂っていた。解散総選挙を決めた直後だったからだ。長く田中の傀儡《かいらい》と言われた中曽根だったが、1983年10月に田中がロッキード事件の一審判決で実刑判決を受けると、田中に議員辞職を勧告し、「田中氏の政治的影響をいっさい排除する」声明を出した。同年12月の総選挙で自民党は過半数割れの惨敗を喫したが、中曽根は新自由クラブとの統一会派結成でなんとか政権を維持した。

田中は1985年2月に脳梗塞で倒れる。翌86年の夏、「勝負所」と見た中曽根は総理・総裁の任期再延長を狙って解散総選挙に打って出る。憲政史上2度目の衆参同日選挙。世に言う「死んだふり解散」である。それはロッキード事件後も「闇将軍」として自民党を牛耳ってきた田中に代わって、自分が政治の実権を握ろうという、中曽根一世一代の大勝負だった。

「ふくでん」で開かれた山王クラブの集まりは、7月の衆参同日選挙に向けた、中曽根にもっとも近しい支持者による決起集会だった。

頼みとする支援者30人を前にした中曽根は、同日選に持ち込んだ経緯と、それにかける信念を熱く語った。支援者たちが神妙に頷く。

中曽根のあいさつのあとは、山王クラブの慣例に従って全員が1分間のスピーチをする。口々に中曽根の英断を称え、支援を誓った。

スピーチが終わって座が砕けると、神谷がメンバーに酒を注いで回る。「特別会費」の相談である。

「ここが勝負所ですから、片手はお願いしますよ」

「おたくは業績好調につき1本で……」

片手は500万円、1本は1000万円を意味する。

神谷が酒を注ぎに来ると、江副はさりげなく言った。

「うちは5本でお願いします」

神谷は少し驚いた表情を見せたが、すぐに平静さを取り戻し「ありがとうございます」と頭を下げた。

こうした政治献金は100万円以下に分割して領収書が切られ、届け出をあいまいにする。江副も献金の痕跡はいっさい残さなかった。

衆参同日選挙は両院とも自民党の圧勝。単独で戦後最多の300議席（追加公認5人、解党した新自由クラブからの合流5人）を確保した中曽根は盤石の政権を手に入れた。江副の「献身」に、中曽根は「名誉」で報いる。

地価高騰の対策を審議する土地臨時調整委員会（土地臨調）の委員に江副を任命したのだ。これは、江副が三井不動産会長の坪井東、三菱鉱業セメント（現・三菱マテリアル）会長で日経連会長の大槻文平《おおつきぶんぺい》ら、財界の重鎮と肩を並べたことを意味する。

重鎮たちより一回り以上、年下の江副は「地価高騰は土地の供給不足が原因だから、国鉄清算事業団が保有する汐留、品川、梅田の土地を売却すべき」と持論を展開した。しかし世慣れた財界人と高級官僚は「ご意見は承りました」で済ませ、一向に動こうとしない。本気で地価を下げる気はないとみた江副は会社に戻って号令をかけた。

「買って買って買いまくれ！　土地は間違いなく高騰する」

トウモロコシ、サツマイモ、そして未公開株

中曽根は1985年9月に立ち上げた文部大臣の諮問機関、教育課程審議会の委員にも江副を任命した。1984年に発足した臨時教育審議会（臨教審。会長は岡本道雄京大名誉教授、日本興業銀行の中山素平が会長代理）が掲げた「個性重視の原則」の答申を踏まえ、情報化社会における幼稚園、小・中・高校の教育課程を見直す審議会である。

会長はノーベル化学賞受賞者の福井謙一。作家の佐藤愛子や秩父セメント（現・秩父太平洋セメント）会長の諸井虔《もろいけん》も委員になっていた。中曽根は江副を大学審議会の委員にも任命した。東大教育学部卒で教育に一家言ある江副には嬉しい抜擢だった。

江副は臨教審と同時に発足した政府税制調査会（小倉武一会長）の特別委員にも任命された。東大教授の公文俊平《くもんしゅんぺい》、元官僚で作家の堺屋《さかいや》太一《たいち》、野村総合研究所社長の中川幸次《なかがわゆきつぐ》、日立造船社長の永田《ながた》敬生《たかお》らに比べると、ここでも江副は断トツに若かった。

中曽根の手引きで「日本の中枢」に入り込んだ江副は、トウモロコシやサツマイモの他に、新たなエスタブリッシュメントへのプレゼントを考えた。のちに、「賄賂」とみなされたリクルートコスモスの未公開株である。

しかし困ったことがひとつあった。リクルートコスモスの上場を考え始めた１９８４年12月、江副は安定株主を確保するため、大学時代の友人でドゥ・ベスト社長の菅原茂世、ウシオ電機の牛尾、セコムの飯田、化粧品会社ノエビア創業者の大倉昊《おおくらひろし》、自民党の森喜朗、川崎テクノピアの開発に協力してくれた川崎市助役の小松秀熙《こまつひでき》など、政財界の知人にリクルートコスモス株を配ってしまっていたのだ。

店頭市場（現・ジャスダック）でリクルートコスモス株を公開する予定が固まった１９８６年の初め、江副はもっと多くの要人に株を配りたくなった。だが、上場間近になった今はルール上、創業者である自分が持つ株は譲渡できない。

仕方がないので、気心の知れた菅原ら友人に頭を下げて一部を買い戻した。そして、それを政治家とその秘書を含む83人に配ったのである。後にリクルート事件で問題となったコスモスの未公開株の中でも「還流株」と呼ばれるもので、これが江副の命取りとなる。

日本の株式市場はバブルに沸いており、日経平均株価が１９８９年12月29日の３万８９１５円に向かって一直線に値上がりしていた時期である。未公開株が上場後に値上がりするのは間違いなかったが、江副は安比のトウモロコシ、サツマイモと同じ感覚で未公開株を配った。

中曽根が総選挙の軍資金を集めた「ふくでん」でのエピソードからも分かるように、現金で献金をするとき、江副は用心深くその痕跡を消している。しかし未公開株は社内で公然と譲渡リストを作り、あっけらかんと配った。株は上がることもあれば下がることもある。「配った」と言ってもタダで贈ったわけではなく、相手に金を払わせている。手元に金がない相手にはファーストファイナンスで低利融資したが、いずれにせよ「贈った」のではなく「買ってもらった」のだ。

バブル真っ只中の未公開株は上場後に値上がりする可能性は高い。相手に損をさせる心配はなかったが、理論上は値が下がるかもしれない。現金を渡すのとはわけが違う。

実際には公募価格3000円のリクルートコスモス株は、上場初日に5270円の初値をつけた。その日に売れば一株あたり2270円の儲けである。しかし、それは「たまたまそうなった」のであり、2270円の現金を渡したのとは意味が違う。江副はそう考えたし、当時の日本では未公開株を配ることが賄賂に当たる、という解釈は一般的ではなかった。

著書『正義の罠』でリクルート事件冤罪《えんざい》説を唱えたジャーナリストの田原総一朗は、メディアがリクルートから未公開株を受け取った人々の名前を競って書き立てた1988年の夏、リクルートコスモス上場の主幹事を務めた大和証券会長の千野宜時《ちのよしとき》に尋ねている。

「未公開株を政治家に譲渡するのは、何か問題があるのか」

千野はこう答えた。

「企業がはじめて、店頭や東証二部などに上場するときに、つきあいのある人、知人、社会的に信用のある人々に公開前の株を持ってもらうのは当たり前のことで、どの企業もがやっている証券業界の常識ですよ」

江副の友人でリクルートコスモス株を受け取っていた秩父セメント会長で日経連副会長だった

諸井虔は田原にこう答えた。

「あのころ、新しく株を公開するというのが多く、その場合、自分の周囲の社会的信用のある人たちにあらかじめ株を持ってもらうというのが常識のようになっていた。僕もあちこちから頼まれていた。その株が結果として値上がりする。株というのは下がって損をすることもあるのだからね。江副くんから頼まれて持った、それだけのことです」

江副は、子供がお菓子を友達に配るかのように、無邪気に未公開株をバラ撒いた。

諸井が言うように、当時はぽっと出のベンチャー企業が上場したり、すでに上場している大企業が子会社を上場したりして、多くの企業が株式市場から競って資金を吸い上げていた。

江副の著書『リクルート事件・江副浩正の真実』によれば、千野会長のみならず、土井定包《どいさだかね》社長も「問題ない」と言っていたという。だが、同じ大和証券でも、リクルートコスモスの上場実務を行った現場からは、江副が菅原などから買い戻した株、いわゆる「還流株」には問題が多いという指摘もある。

「日証協のルール上は、特別利害関係人ではない政治家や経済人がコスモス株を譲渡されても違反ではない。しかしルールが意図する意味合いから考えれば、やってはダメに決まっている。未公開株が譲渡されたのは、店頭公開（上場）のわずか一ヵ月前。（中略）コスモスの場合は5270円の値がつくことが確実なのに、3000円というはるかに安い値段で公開直前に譲渡するのは相手が誰であろうと不公正だからだ」（中川一徳『二重らせん　欲望と喧噪のメディア』講談社）

違法でなければなにをやってもいい——まさに江副の真骨頂だったのかもしれない。

空売り

1985年4月1日、リクルートは東京都・世田谷区にある昭和女子大人見記念講堂を借りて、会社設立25周年記念社員総会を開いた。約500人の新入社員を含め、2000人の席がほぼ埋まっている。壇上に上がった江副は自信満々の様子で言った。

「一昨日、確定しました決算で申告所得（筆者注：税務上の利益）は162億3000万円となりました。偶然でしょうか、朝日新聞が163億3000万円、そして電通が161億3000万円と、1億円刻みで並んでおり、ついに電通をリクルートが利益の面で抜きました！」

一呼吸入れて江副が続ける。

「私は電通に対して大変な憧れを持っており、『いつの日か電通を抜く会社になろう』と思って頑張ってきました。しかし、本当に申告所得で抜く日が来るとは……」

新入社員や若手は感無量の表情を浮かべる江副をキョトンとした顔で見つめている。自分たちは情報誌の会社で、広告代理店の電通がライバルだと思っていなかった。

だが江副には電通への強い対抗意識があった。大学新聞広告社を立ち上げた1960年からずっと、江副の仮想敵は「マス広告の支配者」電通だったのだ。

G7（旧日軽金ビル）がある銀座7丁目には、1967年まで電通の本社だった電通銀座ビルがある。そのことからG7の前を走る外堀通りはタクシー運転手や銀座のホステスに「電通通り」と呼ばれていた。

電通をライバル視していた江副は近しい人間にこう漏らしている。

「銀座8丁目にG8、7丁目にG7。これから銀座1丁目までに8つの自社ビルを建てて、『電通通り』を『リクルート通り』に変えてしまいたい」

実際、江副は銀座6丁目にあるリッカー会館（リッカー本社ビル、現・ダヴィンチ銀座）を買おうとした。

ミシンメーカーの名門リッカーは1984年8月、史上6番目となる約820億円の負債を抱えて倒産した。その3ヵ月前、リッカーのメインバンクから江副のところに「リッカーを買収してくれないか」と救済の要請がきた。経営状態を調べた江副は「自分たちでは助けられない」と断った。

3ヵ月後「京セラがリッカーと業務提携して救済に乗り出す」という新聞報道が出てリッカー株が急騰した。リッカーの内情を知る江副は「京セラは断る」と読み、空売《からう》りでリッカー株を売り浴びせた。

江副の読みどおり京セラは二の足を踏み、リッカーは倒産する。8月になると江副は紙くず同然の値段になったリッカー株を買い戻し、約3億5000万円の利益をあげた。リクルートとは関係なく、江副個人の取引である。

江副は、兜町では「仕手筋」と認識されていた。上場会社のネガティブ情報を仕入れて「空売り」を仕掛ける投資手法を得意としていたのだ。今回は売り浴びせたうえで、倒産したリッカーの本社ビルを買い取るつもりだった。

大好きな一石二鳥の取引になるはずだったが、思わぬところで上手《じょうず》の手から水が漏れた。リッカー株を空売りするとき、江副は碧の名義を使った。当時の所得税法では、年間50回かつ20万株以上、または同一銘柄20万株以上を売買して利益を得た際には、雑所得として申告しなければならない。だが、江副に名義を使われていることを知らない碧は当然、所得を申告しておらず、国税局から修正申告を求められたのだ。

突然、国税に「1億8000万円を修正申告せよ」と言われた碧は、腰をぬかさんばかりに驚いた。この一件をきっかけに江副の「空売り」が世間に知れた。

ライバルは堤義明と五島昇

電通を抜き、朝日新聞を射程距離に捉えた江副は有頂天になっていた。かつて大手新聞社の本社が集まっていた「電通通り」は「日本のマスメディアの聖地」。そこが「リクルート通り」と呼ばれるようになれば、世間は誰が新たなメディアの支配者であるか、自ずと知ることになるだろう。

もはや朝日新聞と電通は射程に捉えた。江副が次なるライバルと対抗意識を燃やしたのが西武グループと東急グループだった。三菱地所、三井不動産、住友不動産の財閥系3社を猛追していたのが西武の堤義明《つつみよしあき》と東急の五島昇《ごとうのぼる》。江副はこのふたりにも勝ちたかった。

堤と五島は財閥ではないが、父祖から資本を引き継いだ2世である。義明の父、堤康次郎《やすじろう》は戦時中「防空壕の中で土地を買った」と言われる伝説の創業者。昇の父、五島慶太《けいた》は、関東の鉄道会社を次々に買収し「強盗慶太」と呼ばれた東急グループの事実上の創業者である。

彼らは先代から引き継いだ資産を生かし、日本における都市開発、リゾート開発でまばゆいばかりの活躍を見せていた。義明の西武（プリンス）は志賀高原、苗場、雫石を手がけ、昇は八方尾根や白馬を開発していた。

叩き上げの江副は、銀の匙をくわえて生まれてきた彼らにどうしても負けたくない。その思いを込めて1985年にオープンさせたのが「ホテル安比グランド」だった。ゲレンデの麓に姿を現した地上8階、地下1階、延べ床面積約1万9000平方メートルのホテルは、「白い雪景色に一番映える」という亀倉雄策の発案でレモンイエローに塗り上げられた。1階にはレストラン、売店、2階には大宴会場もあり、総工費に60億円をかけた。

〝悪だくみ〟

日本一のリゾートを目指すなら、雪のない季節にも人を集めなくてはならない。江副は安比にゴルフ場を作った。ただのゴルフ場ではつまらない。

「安比を日本一のゴルフ場にしてください」

江副がアドバイスを求め役員として迎え入れたのが、当時、売り出し中のゴルフ・プロデューサー、戸張捷《とばりしょう》だ。

日本橋で麻糸の問屋をしていた父親が我孫子《あびこ》ゴルフ倶楽部の創設メンバーだった戸張は、高校生のときから名門・我孫子ゴルフ倶楽部で大人に混じってプレーしていた洒落者だ。慶応ボーイの戸張は、江副に芦屋育ちの甲南高校の同級生たちを思い出させた。あのころ同級生と映画館や喫茶店に行く金もなかった自分が、今や慶応ボーイを召し抱え、スキー場やゴルフ場を作っている。思えば遠くに来たものである。

そんな江副の感傷を見透かすかのように、戸張が言った。

「江副さん、安比で女子プロのトーナメントをやりましょうよ」

低音を響かせる戸張の声が、江副の耳に心地よく響いた。新設のゴルフ場に箔を付けるには、トーナメントを開催するのが手っ取り早い。

「それはいい。お世話になった人たちをプロアマに招待すれば、きっと喜んでくれるよ」

こうして1984年8月、リクルートがスポンサーの女子プロトーナメント「リクルートとらばーゆカップゴルフトーナメント」が華々しく開催された。新設ホヤホヤの安比高原ゴルフ場はまだ芝が根付いていなかったので1984年と1985年は竜ヶ森《りゅうがもり》ゴルフクラブで開催し、1986年から満を持して安比高原ゴルフクラブでの開催に切り替えた。1987年からは「安比高原レディース」に大会名を変えた。

江副の取り巻きのひとりになった戸張が連れてきたのが、フジサンケイグループの若き総帥《そうすい》、鹿内春雄である。

フジサンケイグループ会議初代議長として君臨した鹿内信隆《のぶたか》の長男で、1985年に40歳の若さでフジテレビ、産経新聞社、ニッポン放送の会長になった春雄は、『オレたちひょうきん族』『笑っていいとも!』を生み出してフジテレビで「軽《かる》チャー路線」を確立した。NHKの人気アナウンサー、頼近美津子《よりちかみつこ》を妻にした春雄も戸張と同じように、江副好みのスノッブな雰囲気を漂わせていた。

1987年のある日、江副と戸張と鹿内、そしてフジテレビ出身でリクルート取締役の真石博之、4人の男がホテル安比グランド地下のバーで、楽しげにグラスを傾けていた。鹿内がボソッと言った。

「産経新聞の経営陣の話では、毎日新聞の経営はそうとう厳しいらしいですね」

1977年に経営危機を迎えた毎日新聞は、新旧分離で不採算部門を切り離し、メインバンクの三和銀行（現・三菱UFJ銀行）、東京放送（現・TBSホールディングス）、従業員持株会などから40億円の出資を得て危機を乗り越えた。1985年には債務返済が一段落したが、そのころ、発行部数は340万部に落ち込み、読売（1000万部）、朝日（800万部）に大きく水を開けられていた。

「それで？」

江副は、鹿内に続きを促した。

「そうは言っても全国紙の一角ですからね。メインバンクの三和も簡単には潰せないですよ。再建に向けたスポンサーを探してるって話ですよ」

「へえ、スポンサーをねえ」

江副は満更でもない様子で言った。鹿内の顔が急に真剣になった。

「われわれでやりませんか」

「……」

「リクルートとウチで毎日を」

「買収するの？　いくらかかる？」

「売上高が1000億円ちょっとの会社ですから、そのくらいあれば」

「意外と安いんだねえ」

（この人たち、なんて話をしているんだ）

同席していた江副の側近は、まるでクルーザーか別荘でも買うように「毎日新聞を買おうか」

と〝悪友〟たちと悪だくみをする江副を見ながら、言いようのない不安に駆られた。

さだまさしをヘリで

鹿内のほかに、安比によく来たのが江副の友人で化粧品大手、ノエビアの創業社長の大倉昊《おおくらひろし》だ。江副は東大の同級生、菅原茂世の紹介で大倉と知り合った。華やかな業界に身を置く大倉は洒脱な男で、江副は大いに感化された。

このころ江副は、毎年年末になると大倉、戸張など気のおけない仲間を安比に呼び「年越しパーティー」を開くことを常としていた。江副はそこに歌手のさだまさしを呼んだ。さだの熱烈なファンだった江副は、大晦日の仕事が終わったさだを、自分のジェットヘリに乗せて安比に連れてきた。

江副はさだの代表曲のひとつ『案山子《かかし》』が大のお気に入りで、さだが到着すると「あれやってよ」とせがんだ。カラオケで歌うのが嫌いなさだは「勘弁してください」と逃げ回る。すると江副は「しょうがないなあ。じゃあ僕が代わりに」とマイクを握り、本人の前で歌い出す。

田舎で年老いた両親と暮らす兄が、都会に出た弟を思いやる歌詞を、江副は少々怪しい音程で、情感たっぷりに歌い上げる。江副に兄はいないのだが、なぜかこの歌詞を好んだ。

「戸張は自作の「江副さんの歌」を歌って場を盛り上げた。江副に気に入られた戸張は、リクルートの常務に昇格していた。

「江副さんは、自分の後の社長に戸張さんを据えるつもりではないか」

社内でそう噂されるほどの寵愛ぶりだった。

そんな「やりたい放題」の江副をある晩、ＮＥＣ社長の関本忠弘《せきもとただひろ》が会食に誘った。関本が指定した店は銀座の東京吉兆本店だった。

通信機器メーカーのＮＥＣにとってＮＴＴはいちばん大事な顧客である。そのＮＴＴ社長の真藤恒が高く評価する江副とは、どんな人物なのか。関本には興味があった。

のちに経団連副会長になる関本は公共投資で高速道路ではなく高速通信網を整備すべきだ、という「新社会資本」を唱えていた。当時もっとも勢いのある経営者のひとりである。

会食は和やかに始まった。懐石料理の前菜となる八寸の盆が下げられ、仲居が次の皿を運んでくると、江副が何気なく言った。

「あ、僕がこれ嫌いなのは知ってるだろ。いつものやつに変えてください。女将さんに聞けばわかるよ」

関本はムッとしたが、江副は気づかない。仲居が別の料理を持ってくると「おー、これこれ」と美味しそうに平らげた。

翌朝、ＮＥＣの人事部長がリクルートのＮＥＣ担当営業部長を呼んでこう言った。

「江副さんは吉兆の常連だと思うが、今回はこちらが招待した席なので、料理に文句をつけるのはいささか礼を失している。ちょっと傲慢になってはいないかとうちの関本が危惧していました。老婆心ながらお伝えしておきます」

ジェットヘリで全国を飛び回り、G8地下の「パッシーナ」や安比グランドのバーで夜な夜な密談を巡らす。江副は急激にバランス感覚を失っていった。

安比グランドのバーで鹿内と飲んでいたその日も、江副は水割りを何杯か飲むと眠気を催し、早々に部屋に退散した。

バーには鹿内と真石が残った。しばらくして鹿内が真石の耳元で囁いた。

「朝日が動いている」

「えっ?」

真石は何のことだかさっぱり見当がつかない。

「昔の仲間だった誼《よしみ》で教えてやる。うちの取材網に引っかかった話だよ。朝日新聞が江副さんの身辺を調べ回っている。何かあるかもしれんぞ。気をつけろ」

「気をつけろと言っても、江副さんが何をしたと……」

「それは俺にもわからん。だが、お前、そろそろ江副さんから離れたほうがいいかもしれんぞ」

第11章　情報が人間を熱くする

朝日も読売も

　１９８６年（昭和61年）、日本新聞協会からリクルートの情報誌事業についての講演依頼があり、江副はそれを引き受ける。情報誌のことを噛んで含めるように丁寧に話した後の懇親会で、数人の出席者からこんなことを言われた、と自伝『かもめが翔んだ日』に記している。

「リクルートは次々と新しい情報誌を作って、新聞広告の顧客を奪っている。ほどほどにしてほしい。新聞社はどこも、リクルートを苦々しく思っているよ」

　自分たちに入ってくるはずの利益を横取りしているリクルートとはいったいどんな会社なのか。百聞は一見に如かず、社長を呼びつけて話を聞いてみようということだったのだろうか。朝日新聞社からも「うちの関連会社の社長たちは収益への関心が低いので」、講演してほしいとの依頼が来た。

江副は、「企業は、事業を通じて社会に貢献することと、収益を上げ税金を納めることの同時的実現が求められる」と持論をぶった。

講演の後、数人の関連会社の社長が寄ってきて江副に言った。

「あなたの話はそのとおりなんだがね。僕らは新聞記者を長年やってきて、人に頭を下げることを教わらなかった。頭を下げられればいいけど」

リクルートは頭を下げて利益を稼いでいるわけではない。知恵を絞り、汗を流して利益を上げている。他の企業もみなそうですよ――江副はそう言い返したかったが、言える雰囲気ではなかった。江副は自分とリクルートに対する「新聞人」の敵意を初めて肌で感じた。

懇親会が終わると、江副は朝日新聞が用意した車を固辞し、築地から銀座のG8まで歩いて帰った。自分は世間に認められるどころか、妬まれ、疎まれているのではないか。江副の胸に一抹の不安が湧いた。

そういえば住宅情報誌戦争真っ最中の読売新聞も、やけにリクルートに厳しかった。読売新聞1985年11月10日の社会面にこんな記事が載った。

〈知らぬ間に〝売却密約〟地　豊島区の一等地　底地買いの実態〉

記事では「朝日通商」という名前の実態のない不動産ブローカーが、新目白通りに面した豊島区の一等地で「底地権」を買い集め、まとまった区画にして3倍の値段で不動産会社に転売した手法を告発している。「底地権」とは借地権を除いた土地の所有権である。底地権を買い集め、居住者を立ち退かせてビルやマンションを建てる「底地買い」は、のちに「地上げ」と呼ばれることになる。リクルートの名前はどこにも出てこないが、実は朝日通商はリクルートのダミー会社だった。

記事にリクルートの名前が出てくるのは、1ヵ月後の12月12日付に出た続報だ。

〈底地買いに流れたリクルート資金　専門業者へ86億円　新宿・日本橋の買収　法定二倍の手数料〉

リクルートの資金で「地上げ」をしていた専門業者は「有南開発」といい、その社長、宮本寛友は前の記事に登場する「朝日通商」の社長でもあった。つまり「地上げの黒幕はリクルート」というわけだ。読売のキャンペーンは続く。12月19日付は、

〈リクルートグループ　巨額資金の底地買い　宅建法違反で事情聴取へ　〝都心の暗躍〟初のメス〉

年が明けても、1月27日付で、

〈「リクルートコスモス」聴聞へ　底地買い巨額グループ資金　上限の2倍、12%の手数料　投下資金は300億〉と畳み掛けた。翌28日付で〈底地買い　早急に歯止めを　放置すれば都市再開発の障害に〉という解説記事を掲載、「地価高騰を引き起こしたのはリクルートだ」と論陣を張る。

「大胆な借金経営」

同じころ、江副が師と仰ぐ森田康が率いる日経グループの週刊誌『日経ビジネス』も、リクルートに批判的な記事を書いている。

その記事は日経ビジネス1985年10月14日号に掲載された。

〈ケーススタディ　リクルート　『寿命』に挑む大胆な借金経営〉

筆者は編集委員の森一夫である。

森が書いた特集は、リクルートの経営をこう分析した。

「リクルートグループの総資産が1年で1・65倍に膨れ上がっている。資産の大半は不動産で、資金は銀行借り入れによるものである」

森は銀行からの借り入れで土地を買いまくるリクルートコスモスの実態を指摘し、「大胆な借金経営」と警鐘を鳴らした。

日経ビジネスは少し前に「企業の寿命は30年」という特集で大ヒットを飛ばしている。1960年に生まれたリクルートは、あと5年で30周年。

「リクルートは寿命を乗り越えられるだろうか」と森は記事を結んでいる。

記事が出ると専務の大沢武志が編集部にすっ飛んできた。

「この記事のせいで、当社の信用はがた落ちだ」

大沢は机の上に置いた森の記事のコピーを指差し「信用毀損で訴える」とまくし立てた。銀縁眼鏡をかけた小柄な森は顔色一つ変えず、涼しい顔で言った。

「取材した銀行はみな、たくさん借りてもらって、ありがたいと喜んでいましたよ」

だが大沢の剣幕は収まらない。なにしろ大沢自身もちょっとしたパニック状態に陥っていた。リクルートコスモスがここまで暴走しているとは、森の記事を読むまで大沢も知らなかったのだ。

リクルートでは大沢が適性テスト、池田友之が営業、森村稔が制作を所轄していたが、今で言うところのCFO（最高財務責任者）がいなかった。あえていえば江副がCEO（最高経営責任者）とCFOを兼ねており、リクルートコスモスとファーストファイナンスは江副の〝金城湯池〟になっている。リクルートがグループとしてどれだけの土地を買い、どれだけの借金をしているか、江副以外のリクルート取締役は誰も知らない。その危うさを森に突かれ、大沢をはじめとするリクルート幹部は狼狽した。

結局、日経ビジネスが翌週の号で、リクルートコスモスの銀行団の持ち株比率の誤りと、誤解を招く恐れがあるという理由で「営業で『数字』を作っている」という表現を削除する小さな訂正を出して一件落着となった。当時、日経ビジネス編集長だった河村有弘《かわむらゆうこう》はこの件を日経社長の森田に報告した。すると森田は言った。

「私と江副さんとは友人だが、それとこれとは関係ない」

「とらばーゆ」させた「愛人」

「江副は危うい」。そんな世の中の気分を敏感にすくい取ったのが週刊誌だ。

1985年10月の半ば、広報部の山田滋《やまだしげる》が押っ取り刀で社長室に飛び込んできた。

「江副さん、今月のはじめ、沖縄に行きましたか？」

「え、なんで？」

「ヨットに乗りましたか？」

「えっ、なんでだよ」

「写真週刊誌にやられたみたいなんです」

「ええっ！」

江副の顔がみるみる青ざめていく。

「まずいよ山ちゃん。それはダメだ。止めてくれ、なんとしてでも止めてくれ！」

「てことは、行ったんですね、沖縄。女性同伴で」

「いや、それはいろいろあって。行ったのは行った。でも違うんだ。だから止めてくれって言ってるんだ」

「何が違うのかわからないけど、とりあえずやってみます」

山田は大急ぎで新宿区矢来町の新潮社に向かった。目指すは『フォーカス』編集部だ。写真週刊誌の草分け『フォーカス』は当時、発行部数200万部を誇り、向かうところ敵なしの最強スキャンダル・メディアだった。「フォーカスされる」が流行語にもなっている。そんな雑誌に女性問題をすっぱ抜かれたら、ダメージは計り知れない。

新聞、雑誌や写真のネガがうずたかく積まれたデスクの向こうに『フォーカス』編集長の後藤《ごとう》章夫《あきお》が座っていた。

「わざわざ、お越しいただいて恐縮ですが、なんせうちのコレは、江副さんが嫌いでね」

後藤はそういって親指を立てた。コレとは、新潮社の「天皇」と呼ばれた、週刊新潮やフォーカスを統括する重役の斎藤十一《さいとうじゅういち》である。『フォーカス』を創刊するとき「写真ばかりの週刊誌なんて売れるんですか」と訝《いぶか》る若手に斎藤はこう言った。

「君たち人殺しの顔を見たくないのか?」

そんな男が頂点に君臨する『フォーカス』編集部に慌てて駆けつけた広報マンが「載せないでくれ」とお願いしたところで、聞き入れられるはずもない。記事は10月25日号に3ページでデカデカと載った。

〈女連れ「新財界人」たちの沖縄行——リクルート、ノエビア両社長の素晴しい休日〉

ノエビアが所有する外洋クルーザー「ノエビア丸」の船上で爽やかに微笑む江副と大倉。その手前にはサングラスをかけた美女。沖縄でスキューバダイビングを楽しむ新財界人と美女たちという構図だ。記事にはこの旅行が「お弁当を持参」とある。「お弁当」とは愛人のことだ。次のページには、銀座のバー「姫」で江副に見初められ、江副がリクルートのアルバイトに「とらばーゆ」させた「愛人」と江副が那覇のホテルで車に乗り込む写真が掲載されている。

10月25日号が発売されると、リクルート社内は男性社員と女性社員で受け止め方が違った。

「へえ、美人じゃん」

「江副さんもやるもんだね」

と比較的、寛大に受け止めたのが男性社員。一方、全社の半分以上を占める女性社員は、

「江副さんって、そんな人だったんだ」

「幻滅しちゃう」

と容赦ない。

女性陣には、愛人を社内のアルバイトとして雇っていたことがとくに不評で、「爽やか江副さん」のイメージは音を立てて崩れた。

「山ちゃん、僕はどうしたらいい」

「女性活用」を看板のひとつにしてきた江副は大いにうろたえた。

「出ちゃったものはしょうがないですよ。知らん顔していれば、そのうちみんな忘れます」

山田はそうアドバイスしたのだが、江副は「そんな訳にはいかない」と言って聞かない。

江副は山田たちの反対を押し切り、女性社員を集めた釈明と謝罪の会を開いた。銀座のバーで知り合った女性をアルバイトとして雇い、沖縄で一緒にヨットに乗ったことまでは認めたが「愛人ではない」と説明した。

しかし女性社員は「ふーん」と江副に冷たい眼差しを向けた。

この年の10月には暴露本も出た。フリーライターの矢杉実が書いた『リクルート残酷物語』（エール出版）である。

〈情報産業日本一を狙う〝日本株式会社人事部〟の内幕〉

〈進学・就職・転職に関与し、人の一生を左右しかねないリクルート商法の危険性〉

表紙に書かれた副題が当時の日本社会のリクルートに対する猜疑心を、うまくすくい取っていた。矢杉はこの本の中で１９８０年に朝日新聞が書いたリクルートの不正告発記事を紹介している。80年10月４日付の社会面トップ記事。

〈就職情報会社・日本リクルートセンター　とんだ〝内職〟学生名簿、企業に売る　一人分22円で20万人分〉

求人用として入手した20万人近くの学生名簿を、教育機器販売会社など47社に販売したという内容だ。ちなみに２０１９年には就活サイト「リクナビ」が学生の了解を取らずに「内定辞退率」を算出して企業に試験販売していたことが発覚。政府から指導を受けた。一線を超えてしまう体質は今も変わらないのかもしれない。

続けて10月11日の夕刊は、

〈こんどは〝青田買い〟モニター名目でめぼしい会社訪問前に大半内定〉

リクルートが就職動向調査と称して接触した学生に、就職協定の解禁前から自社の内定を出していたという記事である。

論語と算盤

経済学者のヨーゼフ・シュンペーターは「経済成長を生み出すのはアントレプレナー（起業家）によるイノベーションである」と説いた。イノベーションは日本語で「革新」と訳されることが多いが、シュンペーターはそれを「創造的破壊」と定義している。

江副はシュンペーターのいうイノベーター（創造的破壊者）であり、その破壊力は凄まじかった。

江副が打ち立てた情報誌のビジネス・モデルは、これまで朝日、読売、電通に富をもたらしてきたマスメディアの秩序を「破壊」した。江副は恨まれ、敵を作った。

一方で江副は、違法でなければ、既存の道徳律や慣習からはみ出ることを厭《いと》わない。「空売り」「底地買い」「学生名簿の売却」「青田買い」「未公開株の譲渡」……。江副にとってビジネスとは資本主義のルールに則った「ゲーム」であり、知恵を絞って強敵を出し抜き打ちのめしたときに、無常の喜びを感じるのだ。

だが日本には手段を選ばず勝つことを良しとしない儒教的な文化がある。江戸時代末期、幕臣の福沢諭吉が幕府に頼まれて西欧の経済書を翻訳した時、「competition（コンペティション）」という言葉を「競争」と訳した。これに対し幕府の役人は「争うというのは、穏やかでない」と難色を示した。

市場の原理に委ねる「弱肉強食」ではなく、「和」を尊ぶ「共存共栄」。そんな江戸時代の倫理観は、1916年（大正5年）に、「日本の近代資本主義の父」渋沢栄一が書いた、『論語と算《そろ》盤《ばん》』に受け継がれた。

昭和初期には日本にも世界標準の資本主義の萌芽が見られたが、1934年（昭和9年）の「帝人事件」で少壮実業家（現代でいうところの起業家）が一斉に検挙され（のちに全員無罪判決）、自由な資本主義の風土は根付かなかった。そのまま日本は日中戦争に突入し、国が企業活動を統制する戦時体制に入った。

戦後も、政府が重要産業を決める「傾斜生産」や金融行政の「護送船団方式」など戦時体制のような政府主導の計画経済が脈々と受け継がれた。

米欧流の「Winner takes all（勝者総取り）」は「暴利」と嫌われ、利益を出した企業に雇用は生まれるのに、経営者は「利益より雇用」と真顔で言う。官の規制の下で民が従順に働く計画経済は、今に至るまで続いている。

だが、一度もサラリーマンを経験していない江副は、日本的な資本主義の風土を知らない。知っているのは「成果をあげる責任あるマネジメントこそ全体主義に代わるものであり、われわれを全体主義から守る唯一の手立てである」というピーター・ドラッカーの教えだけだ。

今でも元ライブドア社長の堀江貴文や「ZOZO」のスタートトゥデイを創業した前澤友作など、起業家はバッシングの対象になることがある。江副は「叩かれる起業家」の先駆けだった。

プラットフォーマーの戒め

もうひとつ、江副が見落としていたことがある。

収穫逓増《ていぞう》の法則が働く情報産業で成功を収めたリクルートは、誰よりも多くのデータが集まる「プラットフォーマー」になっていた。チャレンジャーだと思っていた自分たちが、いつの間にか、既得権益を握っていたのだ。

消費者や市場がどう動いているかのデータをリアルタイムで手に入れ、将来どう動くかを予測できるプラットフォーマーは、他の者が知り得ない情報に好きなだけアクセスできる「究極のインサイダー」だ。市場を「神の見えざる手」と呼んだアダム・スミス風に言えば、「神の視座」を持つ圧倒的な強者である。

強者が傍若無人に振る舞えば「悪の帝国」と呼ばれる。ITの世界で言えば80年代のIBMや90年代のマイクロソフトがそうだった。「悪の帝国」はユーザーや社会からバッシングを受ける。

グーグルでは創業から間もない2000年、社員たちを集めて、会社の理念を短い言葉で表現する「ミッション・ステートメント」を考えた。「ユーザー第一主義」「人の嫌がることをしない」「遅刻しない」……思いつくままさまざまな言葉を並べていると、ひとりの社員が呟いた。

「これって全部、『Don't be evil（ドント・ビー・イーブル＝邪悪になるな）』ってことじゃないか」

駆け出しのベンチャーだった彼らは、やがて自分たちが持つであろう「恐るべき力」に気づいていた。悪意をもってその力を使えば、世界を支配できる。だが、それは滅びの道でもある。恐るべき力を持つ若者たちを社会が「邪悪」と認識すれば、彼らは抹殺される。

セルゲイ・ブリンとラリー・ペイジは「Don't be evil」をグーグルの「社訓」に掲げ、自らを戒めた。

われわれが検索をするときに開くグーグルのポータル（玄関）サイトには、毎日、世界中から約40億人の人々が訪れる。40億人の目に触れるサイトの広告価値は天文学的だが、グーグルはそこに絶対に広告を載せない。自分たちの検索エンジンが弾き出す検索結果が、特定のスポンサーに影響されていないことを示すための「やせ我慢」だ。

江副にはプラットフォーマーの自覚がなかった。情報誌で大量のデータが集まる場を作り上げたのは自分の功績であり、それを利用して儲けることが悪いとは露《つゆ》ほども思っていなかった。先述したように、『住宅情報』に集まる他社の物件情報は、広告主の競争相手であるリクルートコスモスに筒抜けだった。それを「ずるい」と思わない無神経さで、江副は墓穴を掘ることになる。

もっとも1980年代半ばの日本にはまだ「インサイダー取引は悪」という明確な線引きがなかった。インサイダー取引が日本で社会的な問題になったのは1987年9月の「タテホ・ショック」が最初である。

特殊なマグネシウムなどを生産する化学メーカーのタテホ化学工業が債券先物取引の失敗で巨額の損失を計上する直前、同社の幹部や取引銀行がタテホ株を売却し、損失を免れていた。この事件をきっかけに証券取引法の条文が改正されたのは1988年のことである（施行は89年4月。証取法は、2006年に金融商品取引法に改名して改正される）。

リクルートがただの弱小企業だったなら、「空売り」も「底地買い」も「学生名簿の売却」も「未公開株の譲渡」も、世間は若気の至りと見逃してくれたかもしれない。しかしリクルートは日本の求人情報の大半を一手に握るプラットフォーマーであり、高次元のモラルが求められる立場だった。そこに考えが及ばなかった江副は知らず知らずのうちにダークサイドへと堕ちていく。

ならず者

NTTから仕入れた回線のリセール事業を本格化した江副は、亀倉雄策に頼んで社内向けのキャンペーン・ポスターを作った。

1987年のある日、宣伝部長の山田滋が亀倉のオフィスに行くと、すでに何種類かのポスターが出来上がっていた。四季折々の美しい自然をあしらった背景の真ん中には白地に黒の大きな文字でこう書かれていた。

「情報が人間を熱くする」

山田は試作のポスターを見た途端、全身に鳥肌が立った。

（これだ！　俺たちの仕事は、まさにこれだ！）

山田がサンプルを持って帰ると、江副も大いに興奮した。
「素晴らしいコピーだ。で、亀倉先生にはいくらお支払いしたんだ」
「50万円です」
「えーっ！　リクルートはもう駆け出しのベンチャーじゃないんだぞ」
山田は経理部で250万円の小切手を受け取り、亀倉のオフィスにすっ飛んで行った。
社内キャンペーンがあまりに好評だったので、江副は「情報が人間を熱くする」のコピーをそのままリクルートの企業広告にも使うことにした。
1988年、江副の命を受けた広報部長の坂本健《さかもとけん》は、このキャッチフレーズを使ったキャンペーンを展開する。6月に放映が始まったテレビCMには「ケネディ編」と「NASA編」があった。
ケネディ編はこんな具合だ。
ケネディ大統領が米国民に向かって演説する映像に、ナレーションが被せられる。
〈その人には磁力があるのかもしれない
そこに存在するだけで人々は惹かれ、酔う
その人は柔らかい磁石なんだ
惹きつける力　切り開くエネルギー
人と人の間にネットワーキング〉

そして群衆に囲まれたケネディをバックに大きな文字が浮かび上がる。
「情報が人間を熱くする。」

NASA編の映像は、アポロ11号の打ち上げ風景だ。
〈いつも人々はテクノロジーという武器と
想像力という勇気で出発していく
見えないものを見たい
聞こえないものを聞きたい
知らないことを知りたい
思い果てしなく
人と人との間にネットワーキング〉
そして「情報が人間を熱くする。」の文字。
最後に、
〈リクルート、ホット!〉
のナレーションが入って40秒のコマーシャルが終わる。
バックに流れるのは、アメリカのロックバンド「イーグルス」のヒット曲『Desperado（ならず者）』。

なあ、デスペラード、お前は誰かに愛されたほうがいいんだよ。まだ間に合うからさ。

坂本はこの曲を選ぶとき「それほど深くは考えなかった」と言うが、その歌詞は、後の江副の人生を考えると実に意味深だ。

1973年に発表されたこの曲は、同名のアルバムに収録されており、アルバムのジャケットにはギャングの格好をしたボーカルのドン・ヘンリーら4人のメンバーの写真があしらわれている。

おそらくはこの趣向をパロディしたものだと思われる有名な写真がある。2007年に米『フォーチュン』誌に掲載された「ペイパル・マフィア」の写真だ。インターネット決済サービスの草分け「ペイパル」の創業メンバーがギャングに扮して写っている。一人ひとりが伝説の男たちだ。フェイスブックを育て、日本でも著書『ゼロ・トゥ・ワン』がベストセラーになったピーター・ティール。世界最大の口コミサイト「Yelp」創業者のマックス・レブチン。ユーチューブ創業者のひとり、ジョード・カリム。ペイパルを売却した後、それぞれの場所でインターネットの歴史を作った彼らは、畏敬の念を込めて「ペイパル・マフィア」と呼ばれる。写真には写っていないが電気自動車（EV）の「テスラ」とロケットの「スペースX」の創業者イーロン・マスクもペイパル・マフィアの一員だ。

彼らはまさに既存の秩序をぶち壊す「ならず者」だ。礼儀知らずで、高慢で、恐れを知らない。

「Stay hungry. Stay foolish!（ハングリーであれ。愚か者であれ！）」

米IT産業史上、もっとも有名なならず者、スティーブ・ジョブズが、がん闘病中の2005

年、スタンフォード大学で行ったこの演説はあまりにも有名だ。ジョブズは学生時代に麻薬のLSDをキメて、裸足でインドを彷徨《さまよ》った。アップルを創業してからも傍若無人に振る舞い、関係が近かった者の多くは「二度と一緒に働きたくない」と言う。だがiPhoneを世に残し56歳で死んだジョブズは「伝説」になった。

開拓の国アメリカの根底には、ならず者への畏敬がある。従順なサラリーマンからはイノベーションが生まれないことを知っているからだ。

リクルートの社員にも「ならず者」の矜持《きょうじ》があった。江副はその親分だった。しかしわれわれ日本人はならず者が嫌いだ。

晩年までならず者の江副とプライベートな付き合いがあった東正任は言う。

「江副さんは、寂しがり屋だった」

未公開株をバラ撒いたならず者は、愛されることにあまりにも不器用だったのかもしれない。

吉兆で安倍晋太郎を待たせたまま

1987年の春、土曜の昼下がり。都内某所の駐車場で主人を待っていたトヨタ「センチュリー」の自動車電話が鳴った。江副のセンチュリーにはアンテナが3本立っていた。携帯電話がまだ普及していない時代の話である。政治家や先輩財界人から電話があったとき、話し中では失礼なので、自分の車に3台の電話を設置していた。

「はい、リクルート江副の電話でございます」

江副の秘書、鶴宏明《つるひろあき》が助手席で受話器を取った。江副が別の電話に出ていたり、車内にいなかったりする場合、鶴は「もしもし」と言わず、必ず「江副の電話でございます」と言って電話に出た。江副と違う声がいきなり「もしもし」と言えば、相手は番号を間違えたと思い電話を切ってしまうかもしれないからだ。

「ああ、鶴さん?」

受話器の向こうから聞き覚えのある声がした。早坂茂三《はやさかしげぞう》。このときは政治評論家をしていたが、かつて田中角栄の秘書を23年間務めた男だ。自民党の幹部とは派閥を問わず太いパイプを持っている。

「早坂先生。いつもお世話になっております」

「お世話になっておりますじゃないよ。こっちはさっきから、待ってるんだ」

「はい?」

「だから、江副さんとの約束で安倍(晋太郎)先生と吉兆にいるんだよ。もう30分近く待ってるんだが、何かあったのかい?」

「へ?」

「へ、じゃないよ。江副さんに代わって」

「江副は今、車を離れておりまして」

平身低頭の鶴は「とにかく江副に連絡します」と言って電話を切り、すぐに江副に電話した。

「江副さん、今日のお昼。安倍先生と約束していませんか」

「ん？　それは明日だろ」

受話器越しに江副がペラペラと手帳をめくる音が聞こえる。

「あっ！　今日だった」

「ええっ！　どうするんですか」

「今から行っても間に合わないよ。鶴くん、その車使っていいから、君が行ってきて」

「そんなあ。安倍先生になんて言えばいいんですか」

「それは自分で考えろよ」

センチュリーで東京吉兆に急行した鶴は、部屋に入るなり土下座した。

「私がスケジュールを1日、間違えておりました。申し訳ありません！」

吉兆の女将がうまくとりなしてくれたので、安倍の機嫌はそれほど悪くなかったが、早坂はムッと押し黙っていた。


それにしても江副のスケジュールは殺人的だ。リクルート本体は急成長を続け、リクルートコスモスは年間2000戸を超えるマンションを分譲している。安比の開発も続いており、「紙の次」を見据えた情報通信事業も拡大の一途をたどっている。

かたわらで江副は政治家や官僚とのつき合いで永田町、霞が関を飛び回る。週末を含めて夜も昼も会食の予定がびっしりで、夜の会席は〝2階建て〟が当たり前。それでもふたつ目の会食を済ませた江副は深夜にG8に戻り、「クールダウン」と称して地下のクラブ「パッシーナ」で何曲か歌う。

金曜日の真夜中に羽田のヘリポートを飛び立ち、空が白み始める前に安比に着いてリフトの稼働を待たずにスノーモービルで斜面を登る。一般客が来る前に何本か滑った江副は、午後にはもうヘリの中。どこへ行くにもついて回る鶴は「江副のかばん持ち」ではなく「トイレットペーパー持ち」と呼ばれた。

「柳のような人」あるいは「宇宙人」

そのころ、テレビをつければ、俳優の時任三郎が三共製薬の栄養ドリンク『リゲイン』のCMで「24時間戦えますか」と叫んでいた。江副の側にいた鶴は「この人は1日22時間くらい働いてるんじゃないか」と思った。

安倍との昼食をすっぽかしたことで、江副も少し反省したようだ。

自分のスケジュールから何を間引けばいいのか――リクルートの未来を切り開く情報通信事業とリゾート開発、それに財界活動と政府の委員。どれも外せない。他人に任せられそうな仕事といえば、創業期からある情報誌事業。つまりリクルートの本業だ。

1987年の秋、江副は「社長を退任して会長になる」と言い出した。

51歳の江副に引退する気は毛頭ない。だが情報誌事業なら任せられる人材がリクルートには大勢いる。本業は新社長に任せ、自分は情報通信、不動産、政財界の活動に集中しようと考えた。

それまで会長になることは経営者として「上がり」を意味し、代表権を手放すのが常識だった。しかし、やれ財テクだ、やれメセナ（社会貢献事業）だと、本業以外の仕事が忙しくなったバブル景気の時代、経済界では会長も代表権を持つ「代表取締役会長」が流行になりつつあった。江副もその流行に倣った。

後任選びについて江副はこう言った。

「リクルートらしく取締役の投票で決めよう」

民主的なスタイルを好む江副らしいが、もちろんスタイルだけの話である。江副は投票前にあちこちで自分の意中の人物を匂わせ、取締役たちに忖度《そんたく》を促した。

江副の意中の人は、日本ＩＢＭから引き抜いた位田尚隆である。

「柳のような人」あるいは「宇宙人」と呼ばれた位田は、どこかつかみどころのない男だった。自分の意見はあまり言わず、まわりの話にじっと耳を傾ける。話がA案かB案かというところまで煮詰まると、静かに断を下した。そんなとき、位田はこう言うのだ。

「優秀なリクルートの社員が必死に考えて決めたことだから、本当はA案でもB案でもどっちでもいい。それを最後に決めて、責任を背負うのが僕の仕事だ」

江副はそんな位田の芯の強さを評価していたが、原則的には自分のやり方に異を唱えない位田を「使いやすい男」とも考えていた。

社内には創業メンバーの池田友之を推す声もあった。

「江副さんは社員の話を聞くふりをするだけだけど、トモさんは本気で聞いてくれる」

西郷隆盛のような鷹揚さを持つ池田には求心力がある。

江副は周到に池田を遠ざけた。リクルートコスモス株の店頭公開を検討し始めた1985年夏のことだ。江副は池田に言った。

「コスモスを店頭公開しようと思っているんだけど、上場すると今のように僕が代表取締役を兼務するわけにはいかなくなる。トモさんが社長をやってくれないかな」

江副が言うと、池田は即座に断った。

「無理ですよ。不動産事業なんてやったこともない」

「実務はシゲちゃん（重田里志）がやるからさ。トモさんはドーンと構えてくれていればいいんだよ。うちで上場企業の社長が務まるのはトモさんくらいのものだ」

「持ち上げたってやりませんよ。そもそも私は上場企業の社長なんて柄じゃない」

「そうかあ、ダメかあ。それじゃあ、外から連れてくるしかないなあ」

「外って、外部の人ってことですか」

江副は恨めしそうに池田を見て言った。

「だってトモさんは、引き受けてくれないんだろ。シゲちゃんじゃ若すぎるし。しばらく外部の人にやってもらわないと」

「そんなのダメですよ。リクルートグループの初めての上場会社の社長が外部の人なんて。リクルートには人材がいません、と世間に向かって言っているようなものだ」

「でもトモさんはやってくれないんだろ」

「しょうがないなあ」

こうして池田は1985年7月末、リクルートの取締役を退任してリクルートコスモスの取締役になり、8月の株主総会後に社長に就任した。江副の後継者候補は位田に絞られた。

江副が位田を選んだのは「寝首をかかれない」ことだけが理由ではなかった。江副はもっと積極的に位田を評価していたところもある。江副が「紙の情報誌はなくなる」と言っても、紙で育った取締役たちのほとんどは「また江副さんの予言ですか」と笑って取り合わない。だが位田だけは「そうかもしれませんねえ」と真剣に聞いてくれた。いつしか位田は江副のいちばんのお気に入りになり、RCS（コンピューターの時間貸しサービス）やVAN（付加価値通信網）事業を担当するようになった。位田への禅譲は「紙なき時代」を見据えてのことでもあった。

第12章　世紀のスクープ

宴会場に桜の木を植えた

１９８７年（昭和62年）も年の瀬が近づいていた。いつものようにスノーモービルでゲレンデを登る早朝スキーを楽しんだ江副は、広報室の山田滋を連れて安比のヘリポートから飛び立とうとしていた。離陸直前、江副はヘリに設置した電話で本社に連絡を入れた。

「ああ、私だけど。今日は（社長を決める）投票の日だったよね」

「うん、うん。そうか、やっぱり位田君か」

そう言うと江副は受話器を置いた。

「いやあ、位田君は人望があるねえ」

江副があからさまに位田を推していたのを知っている山田は「そうですねえ」と生返事をした。

山田たち、現場の部長、課長クラスは位田の人となりをほとんど知らない。会長になったところで実質的なリーダーは江副である。経営の中身が大きく変わることはない。

（それにしてもなんでトモさんじゃなくて位田さんなのかな）

腑に落ちない山田は本心が顔に出ないよう気をつけた。


年が明けて1988年の1月4日。リクルートは「位田が社長に、江副が会長に就任する」と発表した。6日の取締役会で正式決定し、実際の就任は14日である。

「以前から江副社長が会長になりたいと言っていたので心構えはできていた」

記者会見で淡々と話す位田に比べ、江副は高揚していた。

「私と二人三脚を組んでやってくれるのはこの人しかいない」

江副が万感を込めて語っても位田はニコリともせず、仕事の話をした。

「これからはコンピューター、通信事業に大きな比重をかけていかねば……」

世間が自分を江副の傀儡《かいらい》と見るのは百も承知だ。それでも日本IBM出身の自分にしかできない仕事がある。位田はあからさまに「この人だれ？」という視線を投げかけてくる記者たちに、そう言い返してやりたかったのだろう。終始、仏頂面の社長就任会見だった。


位田の社長就任から3ヵ月が経過した4月、自分の社長就任パーティーを経験していない江副は、位田と自分のために盛大なパーティーを開くことにした。

会場となった東京虎ノ門・ホテルオークラの大宴会場に招かれた客は3000人。誰もがホールに足を踏み込むなり、度肝を抜かれた。会場の真ん中に設《しつら》えた本物の桜の木が華麗に花びらを散らしている。竹を使った装飾も独創的だった。総合プロデュースは、草月流三代目家元で映画監督としても知られた芸術家の勅使河原宏《てしがわらひろし》。ちょっとやそっとの演出では驚かない政官財の要人も、これには目を丸くした。

パーティーを切り盛りしたのは、その年の1月にI&N事業部から異動して総務部長になった竹原啓二だ。総務部長を言い渡された竹原が「総務って何をするところですか」と聞くと、社内レクリエーションに力を入れている江副は「そりゃあ君、運動会を盛り上げるんだよ」と真顔で言った。しかし総務部長になったとたんに社長交代が決まったので、総務部長としての初仕事は社長就任パーティーの下準備になった。

東京の次は大阪。場所は中之島のロイヤルホテル（現・リーガロイヤルホテル）だ。東京と同じ派手な桜の演出に招待客は息を飲んだが、主賓が立つ金屏風の前を通るとき、だれもが「おやっ」という顔をした。新社長の位田がひとりでポツンと立っていたからだ。

竹原は会場の裏にある控え室で電話にかじりついていた。

「もうお客さんは来ちゃってるんだよ」

「だったら、ヘリを使えばいいだろ」

「だから、動けないって、どういう意味だよ。江副さんはそっちにいるんだろ」

いつもは温厚な竹原が殺気立っている。受話器の向こうにいる鶴の説明は「すみません」「分かりません」ばかりで要領を得ない。

「とにかく時間を稼いでおくから、一刻も早く来てくれ。江副さんのいないパーティーなんて、成り立たないぞ」

会場に戻った竹原は、深呼吸をひとつしてからマイクを持った。

「えーみなさま、大変お待たせしておりまして、誠に申し訳ありません。江副が飛行機に乗り遅れまして、次の便で参るとのことでございます。もうしばらくお待ちください」

会場がどよめき、それが収まると、あちこちでヒソヒソ話が始まった。あの几帳面な江副が、この晴れ舞台で遅刻をするとは。リクルートのスタッフも訳が分からず、狼狽するばかりである。会場には関西財界のお歴々がずらりと顔を揃えていた。来場客のお目当ては時の人の江副だ。金屏風を背に佇む位田が痛々しい。

結局、この日、江副はロイヤルホテルに現れなかった。東京を離れるわけにはいかない訳があったのだ。

川崎の人間機関車

「朝日が動いている」

フジサンケイグループの総帥、鹿内春雄にそう教えられたリクルートは、産経新聞出身でRCS事業担当と広報担当を兼務していた生嶋誠士郎らが中心となって朝日新聞と検察の動きを探った。

その結果、横浜地検と神奈川県警が、川崎市助役（助役はいまの副市長職のこと）の小松秀熙《ひでき》とリクルートの関係を内偵していることが分かった。3月に竣工した「リクルート川崎テクノピアビル」の建設をめぐり、リクルートが小松に賄賂《わいろ》を贈り、便宜を図ってもらったと疑われているらしい。

川崎のテクノピアビルの建設に当たり、リクルートが、当時、企画調整局長だった小松にあれこれ相談に乗ってもらったのは事実だ。江副は川崎テクノピアビルを米ニューヨーク、スタテン島と同じ「テレポート」にしようとしていた。大量のコンピューターを設置し、大容量の高速回線で結ぶ情報通信ネットワークの要にするのだ。

計画では20階建てビルの3階から14階までは「コンピューター室」。人が働くオフィスではなく、コンピューターを置くためのスペースだ。コンピューターのためのビル。そんなものは当時の日本にはない。前例のないものを作ろうとするとさまざまな規制の壁が立ちはだかった。

やり手の行政マンで「川崎の人間機関車」とあだ名される小松は、川崎駅前の再開発で一流企業を誘致することに強い意欲を見せており、江副の「テレポート構想」にも理解を示した。もともと川崎テクノピアビルの敷地には容積率の制限で14階までのビルしか建てられなかったが、小松の尽力で「特定街区」に指定され、20階建てが可能になった。

だからといってリクルートも、公務員である小松に現ナマを渡すような不用心なことはしていない。藪から棒に「贈収賄」と言われても、なんのことだか分からない。

ただ、リクルートの社員数もすでに3000人を超えている。江副ら幹部の知らないところで、ウラで金銭の授受や度を越した饗応《きょうおう》があったのかもしれない。川崎テクノピアアビルのプロジェクトに関わった人間が集まり、小松との関係を洗い出した。それでも贈賄にあたる行為は見つからなかった。

江副がお願いして上場前のリクルートコスモス株を持ってもらった経緯はある。大きな金額だったので、購入資金はファーストファイナンスで融資した。つまり小松は、借りたとはいえ、自分の金でリクルートコスモス株を買ったのである。賄賂を贈ったという自覚は江副にもスタッフにもまったくない。

だが横浜地検と神奈川県警がリクルートを内偵しているというのは本当らしい。いったい、どこをどう攻めてくるのか。会社はどう対応すべきか。位田が大阪のロイヤルホテルの金屏風の前でひとり、ぽつねんと立ち尽くしていたころ、江副は極秘裏に何人かの社員と対策を練っていた。

5月7日、リクルートのI&N事業部がフロアを借りていた東京・丸の内の日本鋼管ビルに朝日新聞横浜支局の若い記者がふたり現れた。応対したのは生嶋誠士郎。ふたりの記者はリクルートが川崎テクノピアビルの建設にいたった経緯を根掘り葉掘り聞いてきた。新聞記者上がりの生嶋は、ふたりの質問にのらりくらり答えながら、相手の関心がどこにあるかを探った。記者たちが帰ると、生嶋は江副に報告した。

「朝日はやっぱり川崎の件で、ウチと小松さんの関係を探ってますね」

「小松さんにお世話になったのは事実だけど、事件になるようなことは何もしていないよ。コスモスの株は小松さんに買ってもらったんだから」

江副は困惑の表情を浮かべた。

つぶれた汚職事件

実は、そのころ朝日新聞の横浜支局は手詰まりになっていた。ずっと追いかけてきたリクルートと小松の案件について神奈川県警と横浜地検が「事件化は難しい」と判断し、捜査を打ち切ってしまったのだ。

川崎駅西口再開発でリクルートに便宜を図った小松は、江副の斡旋でリクルートコスモスの未公開株を買い、公開直後に売り抜けて1億円を超える売却益を得ていた。それは事実である。

しかし未公開株の譲渡自体は違法ではない。なぜなら株価は変動する。購入後に値段が下がって損することもあるのだから、小松は「自己責任で株を売買しただけだ」と主張できる。

しかも大和証券会長の千野が田原総一朗の取材で証言しているように、未公開株の譲渡自体は、商慣習として「証券界の常識」だった。

神奈川県警と横浜地検は内偵を進めたが、最終的には「コスモスの未公開株を賄賂と認定するのは難しい」との判断に傾いた。小松がリクルートから未公開株を譲渡された時期が１９８４年であり、贈賄の時効（3年）にかかるという問題もあった。

新聞が犯罪を取材する場合、重要な情報源となるのが警察と検察である。社会部の記者は日頃から刑事や検事の職場や自宅に押しかけ、ネタを拾う。自前の情報網で仕入れたネタを持ち込む記者もいるが、その場合も当局が動くのを待ってから記事にする。警察や検察が犯人を逮捕したり強制捜査に乗り出す前に書くと、犯人の逃亡や証拠の隠滅を誘発し捜査を妨害する恐れがあるからだ。

警察や検察には日々、間違いなく事件化するもの、しそうなもの、お蔵入りしそうなものなどさまざまなネタが転がっている。記者は馴染みの刑事や検事に「あの件はいつごろ事件になりそうか」「あれはもうやらないのか」と探りを入れる。そろそろとなれば予定稿を書いてXデーに備える。

何ヵ月もかけて刑事や検事を追いかけてきたネタも、当局が捜査を打ち切れば、それまでだ。新聞が「事件にならないネタ」を書くことはない。

だが朝日は、川崎市助役の汚職容疑の捜査が打ち切られた後も、独自の取材を続けた。

このときの横浜支局の様子は、朝日新聞が1988年10月に出した『追跡リクルート疑惑　スクープ取材に燃えた121日』（朝日新聞横浜支局　朝日新聞社）に詳しく書かれている。

5月18日、この事件取材を統括する朝日新聞横浜支局のデスク、山本博《やまもとひろし》は、専従チームの記者たちに語りかけた。

「捜査はつぶれたようだ。だが、リクルートと助役は、どうみても灰色だ。株にからむ（政治家や役人の）疑惑は、これまで何度もうわさにはのぼっていた。今度の事件は、それが初めて明らかになるチャンスでもある。ここで放り出してしまえば、すべてはヤミからヤミで葬られてしまうだろう。いままで以上に、万全の取材で独自にウラをとってみよう。そうすれば朝日新聞の責任で報道できるはずだ。ダメでもともとだからな」

朝日は、取材体制を犯罪報道から、記者の足と頭だけが頼りの調査報道に切り替えたのである。

山本は、1942年（昭和17年）生まれの当時46歳。「おっかないデスク」として名を馳せ通称は「バクさん」。早稲田大学第一商学部を卒業後、『北海道新聞』を経て1970年に『朝日新聞』に入社。早大在学時には、新左翼の活動家や、ジャーナリスト、ルポライターを数多く輩出した早大新聞会に属していた。のちに米国調査報道協会賞を受賞することになるリクルート事件報道のみならず、役人や公社公団の不正経理を追及した「公費天国キャンペーン」「建設談合事件」「KDD事件」など調査報道畑で活躍し、2013年7月、心不全で亡くなる。70歳だった。

当局に頼らずに権力側や体制側の隠された不正や疑惑を追及する調査報道は、国民の知る権利を保障する報道機関の重要な務めだ。そう考える山本は、6月13日の深夜、「記事化」を決断する。

「やはり記事にするのは無理なのでは」と心配する記者に向かって、山本はこう言っている。

「社会規範に照らして、リクルートと小松助役の行為は明らかに疑問がある。十分なインタビューもある。心配する必要はない」

号砲

こうして世紀のスクープが、6月18日付朝日新聞の朝刊社会面トップに掲載された。

〈「リクルート」川崎市誘致時　助役が関連株取得　公開で売却益1億円　資金も子会社の融資　用地払い下げ　市長名で要請〉

「リクルート」「誘致時」「助役」「1億円」。見出しの単語を拾っていくといかにも「贈収賄事件」に見える。だが記事のどこにも「贈収賄」の文字はない。当たり前だ。捜査当局が「贈収賄は成立しない」と言っているのだから「贈収賄」と書けば誤報である。

では、助役が1億円の売却益を得たことの何が問題なのか。記事の指摘はこうだ。

〈株に絡んだ政治家の資金づくりが問題になっているが、今回、革新自治体の最高幹部が手を染めていたことが明るみに出たことで、波紋を広げそうだ〉

記事は捜査当局の判断より、新聞社の考え方を優先するものだ。だから「問題になっている」「波紋を広げそうだ」という言葉で「正しいかどうかはあなたたちが決めてくれ」と読者に判断を委ねたのである。

「法に触れさえしなければなにをやってもいい」と考えるリクルートの江副を、「警察も検察も動かず、たとえ法に触れなくても、おかしいものはおかしい」と追及する朝日の山本たち。捜査当局は、朝日新聞の「リクルート報道」をどう受け止めたか。

東京地検特捜部で検事として「リクルート事件」を担当することになる佐渡賢一《さどけんいち》（のちに証券取引等監視委員会委員長）は、2017年、朝日新聞のインターネット新聞「アサヒ・ジュディシャリィ」で、元朝日新聞記者・村山治のインタビューに、こう語っている。

〈ロッキード事件で元首相の田中角栄を受託収賄罪で摘発し「捜査の神様」といわれ、後にリクルート事件の捜査を東京地検検事正として指揮することになる吉永祐介《よしながゆうすけ》（当時、最高検公判部長）でさえ、当初は、親しい記者に「あんなの事件にならないんじゃないか」と言っていた〉

その理由を佐渡はこう説明している。

〈公職にある人への譲渡で利益を提供した事実があれば、何らかの見返りを期待した贈収賄の構図が浮かぶ。刑法の贈収賄罪に問う場合には、未公開株譲渡時点の犯意、すなわち譲渡した側に「賄賂を贈る」との認識があったことの証明が必要となる。（中略）さらに、リクルート側は、社業の就職情報誌に限らず、あらゆる分野の有力者に未公開株をばらまいており、リクルート側が何のために利益を提供したのか焦点が定まらない印象があった〉

つまり佐渡の言によれば、江副やリクルートに「犯意」はなかったということになる。だが、朝日の横浜支局員たちが書いた〝スクープ記事〟は、江副と江副から株をもらった政治家、官僚、財界人に対する国民の怒りに火をつける。マスメディアが競い合うように報じる「戦後最大の疑獄追及」の号砲が鳴った。

「リクルート汚染」

『追跡リクルート疑惑』に、横浜支局が送った原稿を読んだ東京本社の社会部長、伊藤直が朝日の専用線で山本に電話をかけてくる場面がある。

「おいっ、こんなうまい、ぬれ手でアワみたいな話あるのかねえ」

このとき、伊藤が発した「ぬれ手でアワ」は、当時の日本人の心境をうまく言い表している。NTTが民営化されその株が売りに出されると、主婦や年金生活者が先を争ってNTT株を買ったように、「1億総財テク」に踊ったバブルの時代。土地や株が値上がりし、大儲けした人の話を聞いて「自分も金持ちになれるかも」と高揚した日本人は、一方で自分よりいい思いをしている人に嫉妬した。

元手なしで株を譲り受け、上場して高い株価がついたところで売却、手元に1億円超が残った。助役という立場にいただけで転がり込んできた大金なのだから、伊藤が言ったとおりこんなうまい話はないだろう。

6月18日の朝日朝刊の特ダネを、全紙が夕刊で後追いする。そして報道は過熱していった。朝日新聞は、充満した大衆の怒りに火をつけていく。

「株に群がる政治家の腐臭」「倫理観のマヒした知的エリート」「職業上のモラルに反する」――初報から1週間後の6月24日にでた続報。

〈急騰のリクルート関連株　森元文相も売却益〉

自民党の若手ホープ、森喜朗の名前を出し、6月30日には、

〈渡辺美・加藤六両氏も　塚本・加藤紘両氏も　公開翌日、一斉に売却　本人・家族や秘書の名義〉

自民党政調会長の渡辺美智雄、前農水相の加藤六月《かとうむつき》、元防衛庁長官の加藤紘一《かとうこういち》、民社党委員長の塚本三郎と与野党を問わず政界の実力者に「リクルート汚染」が広がっていることを印象づけた。

〈この疑惑は見過ごせない〉という見出しの7月3日付の社説は朝日新聞のスタンスを如実に示している。

〈永田町には、随分うまい話が転がっているものだ。顔見知りの会社の幹部がやってきて、関連会社の未公開株を持たないかという。購入資金がなければ融資の面倒までみてくれる。二年後に株が店頭登録されると、株価は四倍、五倍。名前とハンコを貸すだけで、何千万円というもうけが転がり込む仕掛けだ。（中略）大蔵省によれば「非公開株をだれに譲渡するかは会社側の自由。結果的に特定の人をもうけさせることになっても規制はできない」というが、仮に法に触れないとしても、リクルート社による計算された利益供与である疑いがきわめて強い〉

「もうこのビルに戻ってくることはないな」

7月6日には前首相の中曽根康弘、幹事長の安倍晋太郎、蔵相の宮澤喜一も秘書名義でコスモス未公開株を購入していたことが報じられたが、リクルート社内はそれほど動揺しなかった。

そのころ総務部長の竹原は、東京地検特捜部に命じられた「譲渡リスト」の取りまとめに奔走していた。江副とリクルートは100人に譲渡を打診し、そのうち76人が譲渡を受けた。地検は「いつ、誰に、いくらで、何株譲渡したのか」を詳細に知りたがった。未公開株の譲渡が犯罪だとは思っていない竹原たちは、言われるまま懸命にリストを作った。特捜部の検事とのやり取りの中で、竹原たちは楽観的な感触を得ていた。

「マスコミの手前、一応調べるが、事件化は難しい」

そんなニュアンスを伝えてくる検事もいた。法治国家の日本では、違法でなければ立件はできない。朝日新聞に触発され、新聞やテレビは「ぬれ手でアワ」と批判を繰り返すが、逮捕、起訴がなければ事態はやがて沈静化するだろう。

しかし事態はここから思わぬ方向へ向かう。

7月のはじめ、朝日新聞社の記者が日経新聞に「おたくの森田社長がコスモス未公開株を購入していないか」と確認を求めてきた。森田康は江副にとって「紙なき世界」を目指す同志である。

江副が森田にリクルートコスモス株を持って欲しいと思うのは自然だが、森田はそれを受けてはいけない立場にいた。日経には内規があったのだ。

森田自身が言うところの「経済を中心とした総合情報機関」である日経には、記者が取材したさまざまな機密情報が入ってくる。それらの情報の中には、株式市場に大きな影響を及ぼすものもある。

たとえば、上場企業が膨大な在庫を抱えていることが分かれば、それを新聞で報じた直後に株価は暴落する。製薬会社が画期的な新薬の開発に成功したことをつかめば、記事が出た日にその会社の株価は高騰する。読者より早く機密情報を知る立場にいる記者が株を売買すれば、簡単に大儲けすることができる。だから日経は内規によって記者や編集者に株取引を禁じていた。

1988年に公布された証券取引法改正でインサイダー（内部者）取引の規制対象が明確に定められてからは、一段と内規が厳格化した。その矢先に、トップの森田がコスモス株の売買で巨額の利益を得ていたことが発覚した。日経の信頼性に関わる由々しき問題だ。

実はこのとき、森田は喉頭がんで入院していた。その森田の病室に、副社長の新井明《あらいあきら》、専務の鶴田卓彦《つるたたくひこ》、常務の棗田常義《なつめたつねよし》の3人が押しかけて問いただすと、森田は江副から株を買い、それを売って利益を得ていたことを認め、辞任を申し出た。大手町の日経本社に戻った3人はすぐに緊急取締役会を開き、森田の辞任を承認し、新井が代表取締役社長、鶴田が副社長に就任することを決めた。

森田の辞任はその日のうちに江副にも伝わった。朝日新聞が最初の記事を書いてから3週間近くが過ぎていたが、このとき初めて、江副は事の重大さに我を失った。

秘書の鶴は、これほど狼狽する江副を見るのは初めてだった。森田に詫びの電話を入れ、少し気持ちが落ち着くと江副は言った。

「私も辞めなければ」

午後5時から8時まで開いた役員会では、生嶋ら多くの役員が「ここで辞めたら罪を認めることになる」と辞任に反対した。しかし江副は「森田さんに申し訳が立たない」の一点張り。その晩、江副は鶴を社長室に残して奥の小部屋に籠り、何時間もかけて社員宛ての原稿を書いた。書き終わってG8を出るとき、時計の針は午前3時30分を回っていた。車がG8の地下駐車場を出るとき、鶴は江副のつぶやきを聞いた。

「もうこのビルに戻ることはないかもしれないな」

反故にされた密約

7月7日の朝日新聞朝刊はリクルート事件関連の記事で埋め尽くされた。1面横見出しのトップは、
〈江副リクルート会長辞任　関連株譲渡で引責　政界などに波及し決断〉
その下に、
〈日経社長も辞任　株売買、道義的責任とる〉

その横には、
〈竹下首相元秘書も売買〉
さらに社会面にはトップ扱いで、
〈誤算〝すき間産業〟の旗手　リクルート江副会長辞任　政界工作、次々明るみ　株〝錬金〟を助長し批判〉
〈「うさん臭さ」否定せず　江副流経営　半数はバイト活用　借金バネに緊張感作る〉
という経済面の記事と、
〈記者に「株」は厳禁なのに　日経新聞　社長の不祥事に衝撃〉
という日経社長辞任の解説記事が社会面に載り、さらに、
「批判素直に受ける」（安倍晋太郎自民党幹事長）、「首相は知らぬはず」（竹下登の元秘書、青木伊平）という一問一答形式の談話記事が第2社会面に掲載された。

メディアの世界で要職にある人物のスキャンダルを報じて辞任に追い込むことを「首を取る」と言う。朝日新聞は江副と森田の首を取った。メディアとしては大勝利である。

それでもまだ検察の首脳や現場は、捜査に乗り気でなかった。仮に「値上がり確実な未公開株の譲渡が事実上の賄賂」だったとしても、贈収賄を成立させるためには、絶対に立証しなければならないことがあった。請託＝その見返りに何をしてもらったか（あるいは、何をして欲しかったか）という贈賄側の意図と、受託＝収賄側が職務権限を使って贈賄側に便宜を図った事実を突

き止めなくてはならない。しかし佐渡が指摘しているように、江副はあまりにも広範囲に未公開株をバラ撒いており、特定の意図が見えてこない。未公開株を買った人々が職務権限を使って江副やリクルートのために動いた形跡も見つからなかった。

7月7日、江副の側近で、当時はリクルートコスモス社長室長だった松原弘のところに、朝日新聞が2ヵ月前に創刊したニュース週刊誌『AERA（アエラ）』の編集長、富岡隆夫《とみおかたかお》から取材の依頼があった。富岡は『AERA』創刊にあたり、朝日新聞専務の中江利忠《なかえとしただ》（のちに社長）とともに江副にアドバイスを請いに来たことがある。富岡は松原にこう言った。

『AERA』の単独インタビューに応じてくれたら、朝日としては（リクルート事件の報道を）撃ち方やめにする」（『リクルート事件・江副浩正の真実』）

江副の首を取ったのだから、朝日新聞としてはもう十分である。江副の言い分も掲載し、事件の全体を総括することで「一連の報道を終わりにしたい」というのだ。

リクルート社内には「疑惑報道の口火を切った朝日の単独インタビューなど受けるべきではない」と反対する声もあった。だがメディアに追い回されることに辟易《へきえき》していた江副は、面識のある中江に電話をかけ「本当に、『AERA』限りにしていただけますね」と念を押した。中江は「了解しています」と答え、江副はインタビューの申し出を受けた。

インタビューは7月23日の午後、リクルートのオフィスがある大手町の日本鋼管ビルの応接室で始まった。取材には富岡、『AERA』副編集長の田岡俊次のほか、朝日新聞横浜支局記者の鈴木啓一、同社会部次長の落合博実、遊軍記者数名、カメラマン4人の大所帯で乗り込んできた。

「『AERA限り』のはずだ。話が違う」

広報担当役員の生嶋は抗議したが、カメラマンはおかまいなしにフラッシュを焚き、強引に取材が始まった。30分のはずのインタビューは2時間近くに及んだ。

翌朝、朝日新聞は1面トップでこのインタビューを報じた。

〈リクルート関連株で江副氏語る　『政治家への譲渡』否定せず〉

「AERA限り」の約束は反故にされた。この日、各紙の1面は海上自衛隊の潜水艦「なだしお」が遊漁船と衝突して大勢の死者を出した事故をトップに掲載していたが、朝日はそれを押しのけて江副インタビューをトップに持ってきた。


1988年8月10日、午後7時20分ごろ、南麻布の江副の自宅で、近所の人が「ドーン」という音を聞いた。すでに碧と娘は青山のマンションに引っ越しており、江副は「過剰なストレスからくる心身障害」で半蔵門病院に入院していた。

翌日、共同通信と時事通信に「赤報隊」を名乗る者から犯行を示唆する声明文が届いた。

〈わが隊は　反日朝日をたすけるものを許さない〉

〈これからも赤い朝日に金を出すなら　リクルートを処刑する。ほかの企業も同じである〉

〈反日朝日や毎日に広告をだす企業があれば処罰する〉

「赤報隊」は1987年5月3日の夜、朝日新聞の阪神支局を襲撃し、小尻知博《こじりともひろ》記者を殺害、犬飼兵衛《いぬかいひょうえ》記者に重傷を負わせている。警察庁指定広域116号事件である。赤報隊は朝日新聞名古屋本社の社員寮に銃弾を打ち込み、朝日新聞静岡支局にピース缶爆弾を仕掛け、江副邸を襲撃する直前には群馬県にある中曽根康弘事務所と、島根県の竹下登の実家に脅迫状を送りつけている。

まもなく昭和が終わろうとするころ、江副の周辺は騒然とした空気に包まれていた。

天使のいない国で

江副は有能な部下には囲まれていたが、親身になって大所高所からアドバイスし、ときに倫理に悖《もと》るふるまいを諌めてくれる年長者がいなかった。

それはベンチャー企業を囲む日本の社会システムの大きな弱点である。米国には「エンジェル」と呼ばれるベンチャー投資家がいる。名前こそ「天使」と可愛らしいが、みな百戦錬磨の投資家である。

エンジェルは起業家を鍛える。毎月、レポートを提出させ、若い会社を成長に導く。会社が次のステージに進むときには、創業期を支えた「自分より優秀なメンバー」をクビにして、もっと経験を積んだ別の人を雇え、と助言する。自らも起業家で、3度のレイオフ（一時解雇）と会社売却を経験したベン・ホロウィッツは自著『ハード・シングス』の中でこう語っている。

〈ラウドクラウド（ホロウィッツが起業した会社）を始めたとき、私は自分の知る限り最高の人たちを雇った。私が尊敬し、信頼し、好きだった人たちだ。私と同じように、彼らの多くは経験豊富ではなかったが、昼夜なく働いて新しい仕事を学び、会社に最大の貢献をしてくれた。それでもなお、誰か別の人を雇わなくてはならない日がやってくる〉

若い起業家に、こういう非情さを教えるのもエンジェルの仕事である。だが日本には、資本主義のルールと社会の厳しさを起業家に体験させる本物のエンジェルがいない。まして、東大を卒業してすぐ起業し、一度も人の下で働いたことのない江副の周りには、世の中のルールを教えてくれる大人がいなかった。

江副のまわりにいるのは、巨万の富にあやかろうとする政治家と江副を褒めそやす人ばかりだった。リクルート事件の渦中、52歳の江副は漂流していた。戦争が終わり、ふたりの母親を失い、栄養失調になるほど飢えていた小学校5年生のときのように。

ポケベル

朝日新聞の「川崎市助役報道」から2ヵ月半、総務部長の竹原啓二はほとんど家に帰らず会社に泊まり込んで対応した。だが9月に入ると報道も下火になり、リクルート社内も少しずつ日常を取り戻していた。

そんな金曜日の夜、竹原は久しぶりに会社を離れ、赤坂プリンスホテル40階のバー「トップ・オブ・アカサカ」でグラスを傾けた。I&N事業部の仲間たちが竹原を慰労する会だった。

「いやー竹さん、今年の夏は大変でしたね」

「本当に。こんなことになるとは思わなかったよ」

「それにしても、なんだったんですかねえ、この騒ぎは」

「世間の目が厳しくなってきた、ってことだろうなあ。なんにしても、これでやっと、まともに仕事ができるよ」

未公開株の譲渡については、これまで規制がなかったため、大蔵省が株取引の新たなルールを検討することになり、竹原は「これで一件落着」と胸をなでおろした。


東京を一望する「トップ・オブ・アカサカ」の夜景は、見るものにこのメトロポリスを独り占めにしたような征服感を与える。思えばリクルートも大きくなったものである。

1976年、岡山大学の経済学部を卒業した竹原が入社したときのリクルートは、700人ほどの会社だった。体育会卓球部のキャプテンで都銀や大手電機メーカーから内定をもらっていた竹原は、「交通費実費支給」と赤い文字で書かれた就職案内のハガキに釣られ、大阪見物のつもりでリクルートの面接を受けた。

「リクルートはこれからどんどん成長するよ。だって俺たちが新しいビジネスを作っていくから」

面接官があまりに堂々と「経営方針」を語るので、竹原が「先輩は入社何年目ですか」と聞くと、男はしれっと言った。

「ん、俺？　まだ入って半年だけど」

（何だ、いっこ上か。どうして新入社員がこんなに偉そうなんだ？）

次に会った「ＪＪ準備室」の部長も「これからは、俺たちがリクルートを支える」と言い切った。会う人、会う人が皆「俺が、俺が」とまるで社長のようだ。入社するつもりなどなかった竹原は、出てくる社員たちの勢いに押されて役員面接まで進んでしまった。

初めて会った江副は竹原に得意の口説き文句を使ってこう言った。

「竹原くん、22歳までは歴史を学ぶ立場だけど、23歳からは歴史を作る立場になるんだよ。うちに来たら、自分の仕事は自分で作りなさい」

入社半年の新入社員と部長と社長が、同じことを言っている。「会社に言われたことを一生懸命やる」のが仕事だと思っていた竹原は、ガツンと頭を殴られたような衝撃を受けた。竹原は両親の反対を押し切り、都銀や電機大手の内定を蹴飛ばしてリクルートに入社した。

江副が言った「自分の仕事は自分で作れ」の精神は、リクルート用語にすると「圧倒的な当事者意識」または「社員皆経営者主義」となる。

入社と同時にこの精神を叩き込まれた竹原は、江副が推奨する外酒《そとざけ》・外飯《そとめし》でずいぶん金を使った。いくら使っても、結果が伴っていればお咎《とが》めなし。高級料亭での接待など日常茶飯事である。藤原和博らエース級の営業マンは、勝手に江副のジェットヘリを使って客をゴルフに連れて行った。

（少しばかり、やり過ぎていたかもしれない。今回の騒動はいいきっかけだ。リクルートもそろそろ大人の会社になったほうがいい）

赤坂の夜景を見下ろしながら、竹原はそんなことを考えた。日付は変わり時計の針は午前1時を指している。

（そろそろおひらきにするか）

そう思った時、腰のポケベルがブルブルと震えた。

（何だ、こんな時間に）

公衆電話からポケベルに表示された番号を押すと、経営企画室部長の小野敏廣《おのとしひろ》が出た。

「こんな時間に悪いんだけど、社に戻れるか」

沈着冷静な小野が珍しく慌てている。

「いいですよ。仲間と飲んでるだけですから」

銀座8丁目の行き先を告げると、タクシーの運転手は無愛想にメーターを倒した。赤坂から銀座は目と鼻の先だ。バブル景気で慢性的にタクシーが不足していたこのころ、近距離を頼むときには客のほうが恐縮した。

竹原が駆けつけると、小野が言った。

「ウチの若い奴らが記者連中と飲んでいたんだが、日テレがウチ絡みで何か摑んだらしい。週明けのオンエアだと言っている」

「なんでしょう？」

「それがわからないから困ってるんだ」

（ひょっとして、彼か？）

竹原の頭にひとりの男の顔が浮かんだ。

ロッキード事件の追及で名を馳せた「国会の爆弾男」、社会民主連合の楢崎弥之助。8月に入ってから何度かリクルートに接触してきている。そのたびに竹原が相手をした。

「国政調査権に基づいて話が聞きたい」

楢崎はそう言って物々しく乗り込んできたが、実際に聞いてきたのはRCS（コンピューターの時間貸しサービス）の仕組みだった。肩透かしを食らった竹原は、出来るだけ平易な言葉でRCSを説明したが、楢崎はとんと分からない様子である。やがて理解することを諦めた楢崎は、こう言い残して帰っていった。

「私と話していたことがバレたらあなたも困るでしょう。次から電話では『ナラ』と名乗ります。『ナラ』と名乗ったら私ですから」

『ナラ』ではすぐにバレてしまいそうだが、楢崎は大真面目だ。

（変わった人だなあ）

そのときはそう思っただけだったが、今にして思えば、何か企んでいたのかもしれない。

小野とあれこれ話しているうちに明け方近くになり、すっかり酔いも醒めてしまった。週末も小野とふたりで情報収集にあたったが、たいした成果はなく、不安を抱えたまま月曜日を迎えた。

隠し撮り

9月5日の午後3時30分、楢崎は国会内で記者会見を開き「爆弾男」の面目躍如を果たす。「私はリクルートから贈賄工作を受けており、その事実を告発する用意がある。証拠は夕方のニュースでお目にかける」

楢崎はそう言い残して会見場を去った。国会は蜂の巣をつついたような騒ぎである。再びG8の上空をヘリコプターが飛び始めた。

テレビ局の中継車に取り囲まれたG8の中で、竹原はテレビにかじりついていた。午後6時、日本テレビの看板報道番組、徳光和夫の『ニュースプラス1』が始まった。

「日本テレビがリクルートコスモス社による政界工作の、決定的瞬間の取材に成功しました！」

徳光が興奮気味にまくし立てると、画面はスタジオの中継からビデオに切り替わった。映っているのは楢崎。そして楢崎に向かってスーツ姿の男がペコペコと頭を下げている。ガタンと音を立て、竹原が椅子から立ち上がった。

「松原さん……」

白い紙袋を抱えたスーツ姿の男は紛れもなくリクルートコスモス社長室長の松原弘だった。紙袋は銀座7丁目の老舗《しにせ》洋菓子店「ウエスト」のクッキーだ。松原は一生懸命、それを楢崎に渡そうとしている。

その映像は9月2日に楢崎の議員宿舎で隠し撮りされたものだった。取材した日テレ記者の手記を元に再現してみよう。

松原は8月30日にも楢崎の元を訪れていた。午後6時、松原は宿舎に現れ、ふたりは台所で向かい合った。しばらく雑談した後、松原が切り出した。

「政治活動には非常におカネがかかるわけでございますので、一生できる限りのご奉公をさせていただきたいと存じます」

一生とは大げさだが、贈賄の申し出に違いない。

「ほかの政治家と一緒にされちゃ困る」

楢崎は松原を追い返した。

松原が帰った後、楢崎は日テレの記者を呼び出し、松原が自分に「献金」しようとしたことを打ち明けた。楢崎が何度、受け取りを拒んでも諦めず、松原は博多の自宅にまで押しかけてくるという。

「俺もなめられたもんだ」

国会でリクルート問題を解明しようとしている自分を、リクルートはカネで黙らせようとしているのだ、と楢崎は記者の前で憤慨して見せた。

「メチャクチャな会社だよ。奴らの贈賄を立証してやろう、君、協力してくれないか」

記者は会社に戻って上司と相談し、隠し撮りを決行する。松原が再び楢崎を訪ねることになっていた9月2日、日テレのクルーは小型カメラを議員宿舎の和室のテレビの下のラックに仕込み、マイクは食卓のガラスケースの脇に置いて布で覆った。カメラマンと音声ディレクターがベランダで待機した。

午前11時、何も知らない松原が隠しカメラが待ち構える議員宿舎に現れた。

「些少で恐縮ですが、先生の勤続25周年のお祝いの志として、お受け取りいただきたいと思いお持ちしました」

松原はウエストのクッキーの下から分厚い封筒を取り出した。

「なんですかこれは、えらい大きいやないか、わぁすげーやー」

封筒の中から現金の札束が5つむき出しになる。その一部始終がカメラにくっきりと録画された。

リクルートコスモスの本社では社長の池田友之が徳光の『ニュースプラス1』を食い入るように見ていた。松原が楢崎に現金を渡そうとするシーンが映し出されると、池田は唸るように言った。

「江副の野郎……」

松原は江副の側近中の側近である。池田がリクルートコスモスの社長に就任するにあたり、用心深い江副はお目付役として松原を池田の下につけた。

池田は楢崎の爆弾発言の直後に、社長命令で会社のカネの動きを凍結させた。その上で過去数ヵ月のカネの出入りを入念に調べた。リクルートコスモスから500万円のカネが出た痕跡はなかった。だとすれば、あの札束はリクルート本体から出ている。もとより池田が松原に贈賄を命じるはずもない。使途不明のカネを500万円も動かせるのは江副しかいない。池田は松原が、江副の指示で動いたと思った。

検察VS.リクルート社員

「こいつは……」

楢崎の爆弾発言を職場のテレビで見ていた東京地検特捜部の検事たちは一斉に色めき立った。このときの様子を佐渡はこう述懐している。

「リクルート側のオウンゴールだった」

こうして一度はつぶれたはずの捜査が、蘇った。今度は横浜地検ではなく泣く子も黙る東京地検特捜部だ。

隠し撮りされた松原の贈賄シーンは、一部から「おとり捜査」の批判の声が上がったものの、政治家に現金を渡そうとするその映像は、あまりにインパクトが大きかった。松原は10月20日に逮捕、11月10日に起訴され、松原が控訴しなかったので1989年3月には懲役1年6月、執行猶予4年の有罪判決が確定した。

捜査チームにいた宗像紀夫《むなかたのりお》は松原逮捕を「端緒」と考えていた。宗像は東京地検検事正の吉永祐介に「この事件は伸びる」と進言。吉永は宗像を担当副部長に据え、リクルートへの本格捜査を再開した。

特捜部は総務部長の竹原が裏ガネ工作に絡んでいると睨み、執拗に取り調べた。霞が関の中央合同庁舎にある特捜部での聴取は週2回から3回のペース。竹原の担当になったのは若い検事だ。

「まず、会社の組織図を見せてください」

「組織図ですか。いちおう、確認してみますが、たぶん、ないと思いますよ」

「そんなはずはない。リクルートほどの大企業なら組織図くらいあるだろう」

「いや、見たことないです」

「じゃあ、職務権限表は」

「なんですか、それ?」

「君は、俺をバカにしているのか!」

「いや、いや確認します。確認しますから電話借りてもいいですか」

検事は電話機に向かって顎をしゃくり「かけろ」と合図した。

「うん、そう、会社の組織図と職務権限表がいるらしいんだけど。そんなの、あったっけ。うん、そうだよなあ。俺も見たことないもんなあ」

受話器を置いてから、竹原は言った。

「やっぱりありません」

検事が激昂した。

「お前、ありませんでしたで済むと思っているのか!」

たえず新規事業が立ち上がり、激しい細胞分裂を繰り返す育ち盛りのリクルートでは、収益責任と人事権を持つ「現場の経営者」であるチームリーダーが頻繁に新しいプロジェクトを立ち上げ、必要な人員を採用したり他のチームから引き抜いたりする。仕事の中身も担当者も3ヵ月に一度のペースでコロコロ変わるので、組織図や職務権限表を作りたくても作れないのだ。あるのは電話の内線表くらいのものだ。

だが役所文化に染まった検事に、ベンチャーの内部事情を分かれと言うほうが無理である。

「君たち一人ひとりが経営者だ」

江副にそう教えられたリクルートの社員と、「検事総長を頂点とした指揮命令系統に服する検察官同一体の原則」の組織で育った検事の攻防は、モハメド・アリとアントニオ猪木の異種格闘技の試合のような、締まらない展開になった。

泣く子も黙る特捜部に呼び出されれば、どんな大企業のエリート社員でも「自分だけは助けてくれ」と慈悲を乞うのがふつうである。取り調べを始めたところから、相手は降参の白旗を振っており、検事の「勝ち」は決まっている。だが怖いもの知らずのリクルート社員は勝手が違った。

「今日は大事なミーティングがあるんで、早く帰してもらえませんか。今日、決めないと査定に響くんです」

そう言って、検事を唖然とさせる強者《つわもの》もいた。

竹原は捜査が終結するまで、1回3時間の取り調べを計80回受けた。自分が最多記録だと思っていたが、後で聞いたら社長の位田が90回を超えていた。

特捜部は「総務部長の竹原、広報部長の坂本健、リクルートコスモス社長室長の松原が共謀して楢崎に賄賂を贈った」というシナリオを描いていたが、シナリオにハマる事実は一向に出てこなかった。

特殊部隊

しかし特捜部は捜査の過程で、リクルートの中に、ほかの会社にはない特殊部隊の存在を突き止めた。業務部だ。

社内でも何をやっているのかあまり知られていないこの部署の仕事は、リクルートのビジネスを監督する郵政省、厚生省、労働省、文部省などの中央官庁や、学生を管理している大学関係者、大口の広告主である大企業との「リレーションシップ」を取ること。営業セクションでやると生《なま》臭《ぐさ》過ぎてできない濃密な接待をして関係を深めることもあった。

業務部は「接待のプロ」である常務の間宮舜二郎と業務部長の辰巳《たつみ》雅朗《まさろう》のコンビが長く切り盛りしてきた。だが江副との仲が険悪になった辰巳が1986年4月に外され、敏腕営業マンの福田峰夫が後任に充てられた。辰巳はリクルート本体の社長室長に就任したが、社長と不仲な社長室長に仕事はない。不本意な人事に腹を立てた辰巳は、後任の福田にろくな引き継ぎをしなかった。

引き継ぎを受けていない福田はリクルートがコスモス未公開株をバラ撒いたときの経緯をほとんど知らない。そうとは知らない特捜部は「未公開株譲渡の全容を知る男」として福田をマークした。

福田は都合38回の取り調べを受けた。それは人生観を変える経験だった。検事は未公開株を配ったときの資料を出せという。

「資料は引き継いでいません」

福田が言うと、検事は激昂した。

「引き継いでないはずがないだろう。お前は俺をバカにしているのか！」

検事は福田の椅子を蹴った。

「ないものはない」と福田が頑張ると、今度は壁に向かって立たされた。壁ギリギリのところに長時間立っていると平衡感覚がなくなり、頭がボーッとしてくる。身に覚えのないことを「やったと言え」という理不尽な尋問が延々と続く。そのうち、福田は検事たちの思考パターンを理解した。

（自分たちで仮説を立てて、そこに都合のいいエビデンスをはめ込んで裁判官にプレゼンする。俺たちの企画書とよく似ている）

企画を通すときにも「ストーリー」は重要だ。仮説を立て、エビデンスを探し、ストーリーを組み立てる。仮説が面白くエビデンスがしっかりした企画書はクライアントを納得させる。リクルートとの違いは、特捜部ではエビデンスの重要性が低いところだ。福田は自分が薄っぺらな塀の上を歩いていて、エビデンスがなくても検事の胸三寸で「塀の向こう側」に落ちてしまうのではないかという不安に苛《さいな》まれた。

瀬島龍三に呼び出されたふたり

思うようにエビデンスが集まらない検事たちは苛立ったが、彼らには武器があった。コスモス未公開株の譲渡先リストである。未公開株の譲渡が犯罪だとは思っていないリクルートは、検察に言われるまま譲渡先リストを作って渡していた。検察はそれをエビデンスとして小出しに新聞にリークし、「疑獄」ストーリーを演出していった。

「未公開株の譲渡は法的に賄賂に当たるか」というもっとも本質的な部分に触れないまま、新聞は「ぬれ手でアワ」という流行語になった表現で世間の怒りを煽り立てた。

ヒステリー状態に陥ったメディアは、法的根拠などおかまいなしで「ぬれ手でアワ」を連呼し、先を争うようにコスモス未公開株を受け取った政治家や財界人に「リクルート汚染」の批判を浴びせていく。11月には衆参両議院に「リクルート問題調査特別委員会」が設置され、21日、江副は衆議院に証人喚問され証言台に立った。

連日、大物政治家や政府高官の名前が新聞紙上に躍り、国会は「リクルート疑惑」一色に染まった。朝日新聞の最初の報道から半年経った1988年12月、ついに蔵相の宮澤喜一が辞任し、ドミノ倒しが始まる。

昭和天皇の容体が悪化し、日本中が沈鬱なムードに覆われていた1988年12月のある日、江副の友人で未公開株を受け取っていた牛尾治朗と諸井虔をあの瀬島龍三が呼び出した。

「君たち、財界の役職から引いてくれ」

牛尾と諸井は経済同友会の副代表幹事を務めていた。

「われわれは民間人なんだから、民間人の江副くんから株をもらっても収賄にはならないはずですよ」

不服そうな牛尾に瀬島がきつい調子で言った。

「このままでは国会が持たない。一時的でもいいから、とにかく辞めてくれ」

牛尾は12月12日、諸井は13日に辞任を表明した。

その翌日、牛尾や諸井とともに新聞報道で名前が挙がっていたNTT会長の真藤恒が辞任した。

「真藤、辞任」の知らせを聞いた江副は青ざめ、慌てて電話をした。

「会長、私のせいで申し訳ありません」

真藤は思いのほか、明るい声で言った。

「俺はもう78だ。とっくに隠居していてもおかしくない。十分にご奉公はしたよ」

「しかし、会長の晩節を汚してしまいました」

「悪いことは何もやっとらんのだから、恥ずかしいことはない。こういうときは、グズグズせずにスパッと辞めちまったほうがいいんだ。なあに小石が当たったくらいのものだ。気にしなさんな」

真藤は１９８８年６月末の株主総会で社長を退き、筆頭副社長の山口開生が社長に就任していた。ＮＴＴ改革のシンボルとして代表取締役会長には留まるが、経営の実務は山口らに任せていた。

事件については、真藤は牛尾や諸井と同じように「民間企業のＮＴＴの会長が利益供与を受けても収賄罪の対象にはならない」と考え、道義的な責任をとる形で会長を辞任すれば刑事罰に問われることはないと踏んでいた。

過去最高益

日経の森田、蔵相の宮澤、ＮＴＴの真藤。辞任ドミノが続き、新聞、週刊誌には連日、「リクルート汚染」追及の見出しが躍る。いつしかリクルートそのものが不浄で、かかわりをもつこと自体が反社会的な〝穢《けが》れ〟であるかのような空気が生まれる。違法か合法かという論理ではなく、世間を支配する空気である。

リクルートの全社員が、かつて味わったことのない逆風にさらされる中、関西住宅情報事業部部長の蔵野孝行は部下に言った。

「カモメの社章は外すなよ」

上が何をやっていたかは知らない。しかし自分たち現場の人間は世の中の役に立つ仕事をしてきた。世間に恥じるようなことはしていない。蔵野はそう考えていた。それでも部下の結婚式に出ると、こんな囁き声が聞こえる。

「なんでリクルートの人なんかと……」

蔵野はスピーチで言った。

「新郎のようなたくましい人材がたくさんいるリクルートは大丈夫です」

蔵野の下で大手デベロッパーを担当していた高橋理人は、戦々恐々の日々を送っていた。

「業界トップの三井不動産販売が広告掲載を止めれば、他社も一斉に同調して『住宅情報』は立ち行かなくなる」

社内ではそう言われていた。三井不動産販売は高橋の担当である。

「今すぐ来て欲しい」

1988年末、三井不動産販売の副支店長から呼び出しがかかった。

（ついにきたか）

高橋が覚悟を決めて出向くと、副支店長が厳しい顔で待っていた。

「『住宅情報』はやめる」

（やっぱり）

高橋はがっくりうなだれた。すると副支店長が続けた。

「やめるのは、年末に出る合併号の前のいちばん薄いやつだけだ。年が明けたら『三井さんも一度はやめましたが、住宅情報抜きでは商売にならないので再開しました』と言いなさい」

「いつまでもあんな会社と付き合っていていいのか」

業界でリーダーである三井不動産販売はこのところ、大手6社の集まりで常に突き上げを食らっていた。しかし、今や『住宅情報』は日本の不動産市場でデベロッパーと消費者を結ぶ必要不可欠なメディアである。高橋ら若いリクルート社員の頑張りを認めていた副支店長は、1号だけ掲載をやめることを「けじめ」とし、あとは従来通りの付き合いを続ける決断をしたのだ。

「ありがとうございます、ありがとうございます……」

高橋は何度も頭を下げ、三井不動産販売のビルを出た。その瞬間、こらえていた涙がどっとあふれた。高橋は心の中で誓った。

（俺もこんな大人にならなければ）

「リクルート叩き」が燃え盛った1989年12月期、リクルートの売上高は前期比8・8％増の2928億円、経常利益は同16・8％増で過去最高の416億円を叩き出している。求人難のなか、就職情報誌の需要は旺盛で、住宅、旅行誌などを含めた情報誌の売上高は6％伸びた。江副が乾坤一擲ではじめた情報ネットワーク事業は30％近い伸びを見せている。

メディアが作る空気は反リクルート一色だったが、現実のビジネスはそうではなかった。多くの広告クライアントが三井不動産販売と同じように、陰ながらリクルートを支えた。新聞、雑誌の「リクルート疑惑」報道に熱狂する国民も、その一方で『ビーイング』『住宅情報』『エイビーロード』を買い続けた。

「目をつぶるな！　バカヤロー！　俺を馬鹿にするな！」

江副が特捜部による任意の取り調べを受け始めてから2ヵ月近くが経過した。1989年（平成元年）2月13日、その日も朝から都内で取り調べを受けていた江副が近所の中華料理屋で昼食のラーメンを食べて戻ると、検事に告げられた。

「あなたを逮捕します」

蔵相の宮澤の後、法相の長谷川峻《はせがわたかし》、経済企画庁長官の原田憲《はらだけん》も辞任している。自分の逮捕は時間の問題と思っていた江副に驚きはなかった。

江副の著書『リクルート事件・江副浩正の真実』（中公新書ラクレ）によると、逮捕の瞬間のやり取りは拍子抜けするほど穏やかである。

「歯医者の予約をキャンセルしていいですか」

「逮捕後の電話はダメですが、まあ医者ならいいですよ」

「逮捕されて気が楽になりました」

「あなたが容疑を認めていれば早く逮捕してあげたんだけどね」

任意の取り調べの間ずっと「逮捕するぞ！」と脅され続けた江副は、いざ逮捕されると冷静になった。

容疑はNTT長谷川寿彦と式場英への単純贈賄だ。取り調べでは真藤との関係を根掘り葉掘り聞かれていた江副は、小菅の東京拘置所に向かう車の中で検事に尋ねた。

「なぜ真藤さんの名前がないのですか」

検事は苦々しげに言った。

「秘書の村田が（未公開株の取得は）自分の一存でやったと言い張るんだよ」

江副は大恩ある真藤が逮捕を免れたことにホッとした。

江副を乗せた車は小菅の手前で渋滞にはまった。検事がイラつく様子で何度も時計を見る。

「マスコミには4時半に入ると知らせてあるのに」

検察は騒ぎを大きくするため、江副が拘置所の門をくぐる時間を事前にマスコミに教えていたのだ。車が東京拘置所に近づくと、頭上で複数のヘリコプターが旋回している。拘置所の前は黒山の人だかりで、カメラの放列が待ち構えていた。

「ここで君に手錠をかける。これから大勢のカメラマンが君を撮る。君のような立場の人は、正面を向いて胸を張って映されるほうがいいだろう」

検事のアドバイスどおり、江副は前を向いて拘置所の門をくぐった。

ポケットに入っていた財布や家の鍵、腕時計は入り口で取り上げられた。その後、着ているものを全部脱がされ、10人近くの看守が見守る中、全裸で四つん這いにさせられ、ガラスの棒を肛門に突っ込まれた。俗に「カンカン踊り」と呼ばれる。勾留前の〝儀式〟である。不快な痛みと言葉にできない屈辱感。「痔の検査」または「自殺用の薬物などを隠し持っていないかの検査」

が理由とされているが、怖いものなしの政治家や経営者も、ほとんどがこの儀式でプライドをへし折られる。

拘置所内で被疑者は番号で呼ばれる。江副に与えられた番号は「126番」だった。新聞、雑誌の購読は許されず、食事も時間が来るとトレーごと下げられてしまう。胃が弱いためゆっくり噛んで食べる江副は、いつも半分も食べないうちにトレーを下げられた。食べている最中に膳を下げられたら、犬でも怒るだろう。

江副は食事の時間のたびに惨めさを噛みしめた。

拘置所での取り調べは任意の聴取のときと打って変わって苛烈になった。検事が望む証言を拒むと、壁スレスレに立たされ「目をつぶるな」と命じられた。

「立てーっ！　横を向けっ！　前へ歩け！　左向けっ左っ！」

「目をつぶるな！　バカヤロー！　俺を馬鹿にするな！　俺を馬鹿にすることは、国民を馬鹿にすることだ！」

長い時間、瞬きせずにいると白い壁が黄色く見えてきて、悲しくもないのに涙が流れる。

検事が部屋の外へ出て行くと、調書をとっていた事務官が話しかけてくる。

「いま検事は煙草を吸いに行ったんですよ。しばらく帰って来ません。座っていいですよ」

江副が椅子に座ると事務官は続ける。

「単純贈賄は最高刑で3年です。おそらく執行猶予でしょう。江副さんは初犯ですから、もし刑務所に行くことになっても1年半ほどでしょう。ここでつらい思いをして、頑張られなくてもいいんじゃないですか」

これが検事と事務官のチームプレーであることを、江副は弁護士との接見で教えられた。

江副の勾留は113日間に及んだ。2019年に逮捕された日産自動車元会長、カルロス・ゴーンの勾留期間、108日より長い。ゴーンのときは、有罪と決まったわけでもない人間の自由を長期間奪う捜査手法に対して「人質司法」との批判が噴出した。江副の勾留期間はゴーンより長かったが、当時、疑獄の張本人と決めつけられた江副の「人権」に目を向ける者はいなかった。

2011年、大阪地検特捜部が厚労省、村木厚子局長の取り調べで証拠を捏造したことが明るみに出て、検察の強引な捜査に批判の声が上がった。だが江副が逮捕された当時の検察は「絶対正義」であり、拘置所は〝無法地帯〟だった。

真藤恒、逮捕

東京拘置所には「さがみや」と「池田屋」という指定の差し入れ業者がある。江副の秘書だった鶴宏明は「さがみや」に通い、厚手の布団やぬれ甘納豆やチョコレートを差し入れた。差し入れ屋の客には岩下志麻主演の映画『極道の妻たち』シリーズに出てくるような和服を着た女性が何人かいた。

ゴーンも不満を漏らしていたが、拘置所の房は寒い。食事が遅く食べている途中でトレーを下げられてしまうことでカロリー不足の江副には、これがこたえた。甘いものを欲しがる江副のために鶴はぬれ甘納豆とチョコレートをせっせと差し入れ、おかげで江副は113日の勾留の間に丸々と太った。

リクルートは会社のイメージを守るため、社として、辞任した江副を支援しなかった。差し入れは鶴の自腹である。

「拘置所の食事はまずくはないが、すっかり冷めている。食べている最中に食事の時間が終わりトレーを下げられる」

江副がそうこぼすと、鶴は看守と掛け合い、江副の房に食事が配られる順番を早くしてもらった。早く配られれば食事は温かいし、トレーが下げられるまでの時間も長くなる。

鶴はなぜ、そこまで頑張ったのか。

「目の前に獲得目標があると頑張ってしまうリクルートマンの性《さが》」だと本人は言う。江副は人質司法に屈せず、自分が「不当」と考える逮捕と戦うことを目標としていた。ならば元秘書である自分の目標はその江副を支えることである。目標が定まると、知恵と行動力が湧いてくる。鶴は小菅でリクルートマンシップを遺憾無く発揮した。

逮捕から3週間後の3月6日、江副は東京拘置所から足立区検察庁に連行され、そこで2度目の逮捕を言い渡される。容疑は真藤への贈賄だった。逮捕状に真藤の名前を見つけた江副は愕然とする。秘書の村田が「自分の一存」と言い続けたため、特捜部はまず江副と長谷川、式場を逮捕して捜査の時間を稼ぎ、満を持して真藤の身柄を拘束したのである。

「民間人が刑法の収賄罪で逮捕されることはない」

そう思い込んでいた真藤は、肝心なことを忘れていた。１９８４年に制定された日本電信電話株式会社等に関する法律（ＮＴＴ法）において、民営化後のＮＴＴ社員は「みなし公務員」（公務員ではないが、職務の内容が公務に準ずる公益性および公共性を有しているものや、公務員の職務を代行するものとして、刑法の適用について公務員としての扱いを受ける者）と規定されていた。真藤もみなし公務員であり、収賄罪の対象になり得た。

「検察は、どこまでやる気なんだ」

利益供与を受けただけでは収賄にはならない。その見返りにリクルートや江副に便宜を図った証拠が必要だ。それは楢崎の告発を受け、特捜部がリクルート社から押収した大量の資料の中から見つかった。

突破口を開いたのは内尾《うちお》武博《たけひろ》という若手の検事だった。検察用語で証拠を見つけるため押収した資料を読み込むことを「ブツ読み」という。佐渡にブツ読みを命じられた内尾は、リクルートの社長室から押収した資料の段ボール箱を漁り始め、１枚の資料を見つけ出す。それは江副が社内の幹部会議で話した時の発言草稿だった。

「情報通信事業に社運を賭ける」

江副はそこで、「ＡＬＬ　ＨＡＮＤＳ　ＯＮ　ＤＥＣＫ！」と叫んだ１９８５年の京都の緊急マネージャー会議のときと同じことを語っていた。

手始めがＮＴＴの回線リセールやスーパーコンピューターの時間貸し事業だ。江副は「ＮＴＴとの協力が大切」という文脈の中で、真藤、長谷川、式場と推測できるＮＴＴ幹部３人への工作を命じたとも受け取れる趣旨の発言をしていた。

内尾は草稿のコピーを持ち、廊下を挟んで向かい側にある佐渡の部屋に飛び込んだ。

だがこのシナリオにも無理がある。江副がＮＴＴを重要なパートナーと考えていたのは事実である。しかしそれはリクルートがＮＴＴに一方的に依存する片務的なパートナーシップではなかった。真藤曰く「殿様商売」しか知らないＮＴＴには、民間企業に「情報」を売って大きくなったリクルートのような、したたかな営業力がまったく備わっていない。ＮＴＴもまた、データ通信事業を立ち上げるために、情報誌事業で求人、不動産などのデータを膨大に持つリクルートの力を必要としていた。

むしろ世話になるのはＮＴＴのほうかもしれず、リクルートがＮＴＴに賄賂を贈る理由は見当たらないのだ。

しかし特捜部は「ベンチャーのリクルートが成り上がるために巨人ＮＴＴにすり寄った」というストーリーに固執した。そうでなければリクルートが譲渡した未公開株が賄賂にならないからだ。

江副が足立区検で再逮捕された3月6日、真藤は東京・池袋の病院の特別室にいた。佐渡が「逮捕する」と告げると、真藤は「ズボンも穿けないぐらい動揺した」と佐渡は語っている。

「検察は、どこまでやる気なんだ」

小菅の拘置所に向かう車の中で、真藤は佐渡に聞いた。

中曽根派と田中派の暗闘

真藤は、このリクルート事件が「NTT疑獄」に波及することを恐れていた。

民営化前、電電公社と、NEC・富士通・OKIなどの「電電ファミリー」と呼ばれる納入業者は自民党田中派の〝資金源〟だった。田中派は情報産業振興議員連盟（情議連）を通じて通信業界に影響力を行使し、多額の献金を吸い上げていた。田中派は民営化後のNTT社長に、中曽根首相を後ろ盾に大ナタをふるう真藤ではなく、旧体制の守護者である北原安定を推していた。

1985年2月に田中角栄が脳梗塞で倒れると、拮抗していた田中派と中曽根のバランスが崩れ、真藤の社長就任が決まった。

NTT民営化にあたっては社長人事以外にもうひとつの争点があった。分割である。

国内通信市場を独占する電電公社をそのまま民営化したのでは新規参入する企業は歯が立たず、競争にならない。そこで財界からは「米国に倣《なら》って分割せよ」という声が出た。米国は1984年、独占企業だったAT&Tを長距離通信のみの会社とし、地域通信は「ベビー・ベル」と呼ばれる8社に分割した。

NTTは「分割されれば研究開発が滞り、国際競争力を失う」と反対し、NECの関本忠弘社長を筆頭とする電電ファミリーと田中派も「分割反対」の論陣を張った。こちらの争いでは守旧派が勝ち、NTTの分割は1999年まで先送りされた。

真藤か北原か。分割か一体か。巨大利権NTTをめぐる論争は、田中vs.中曽根の代理戦争と化し、政界、財界を巻き込む権力闘争に発展した。その過程では未公開株どころか、とんでもない額の現ナマが飛び交っていたという。

「検察は、どこまでやる気なんだ」

東京拘置所に向かう車の中で、真藤が怯えるように発した問いは、「NTT利権にも捜査のメスが入るのか?」という意味だった。

「俺に向かって土下座しろ」

逮捕された後も江副は「真藤に便宜を図ってもらうために未公開株を渡した」という調書へのサインを拒み続けた。真藤の秘書、村田も「未公開株の購入は私の一存でやった。真藤はあずかり知らぬこと」と言い張った。捜査は行き詰まっていた。

3月18日午後6時、夜の取り調べが始まってすぐ、担当検事が突然、部屋を出て行き、20分ほどで戻ってきた。

「お前はウソをついていた！ 真藤はさっき落ちた！ 真藤はお前から直接電話を受けたと話している！ これまで俺にウソをついていたな！ 俺にこんな態度をとったのはお前が初めて

だ！」

そう言うと、検事は江副の椅子を蹴り飛ばし、取調室の窓側に立たせた。

「俺に向かって土下座しろ！」

検事のあまりの剣幕に恐怖を覚えた江副は、命じられるまま床にひざまずき検事に向かって両手をつき、頭を下げた。

「お前は真藤に直接電話している。忘れているだけだ。思い出したか。……思い出したなら席に着くことを許す」

検事のマインドコントロールにはまった江副は小さな声で言った。

「分かりました」

この一言を拠り所に調書が書かれた。

「私は、検事に土下座してお詫び申し上げます。いままで検事に対し、真藤さんに直接声をかけたことはない、村田さん個人にお譲りしたものであるなどとウソを申し上げてきました」

江副が調書に署名するとようやく取り調べが終わった。

現場は「江副が落ちた」と舞い上がったが、調書を受け取った本庁は「具体的な供述がない」と再度の取り調べを求めてきた。

翌日、検事が聴取すると江副は一転、「あまりにも、あなたの調べがひどいので、そう言うしかなかった」と主張し、再び容疑を否定した。この土下座事件を聞いたとき、その場にいなかった佐渡は「何という調べをしているのか」と思ったと後に語っている。

この取り調べは「切り違え尋問」だった可能性がある。真藤が落ちる前に「真藤が落ちた」と言って江副から調書を取り、江副が調書に署名したことを告げて真藤に自供を迫るやり方である。

本来、違法な捜査だが、当時の特捜部では、そうした手法で自白を取る検事が評価された。具体的な情報を持たず、いきなり被疑者や参考人を取り調べて犯罪の事実を自白させる「なし割り」が「最高の取り調べ技術」と称賛されていた。

真藤は1990年、NTT法違反の罪で懲役2年、執行猶予3年の判決を受ける。真藤は上告せず、そのまま刑が確定した。江副の調書が決め手となった。自責の念に駆られた江副は、真藤の裁判に証人として呼ばれたとき、被告席にいる真藤の顔をまともに見ることができなかった。

第13章　反転

もし真藤が失脚していなかったら

真藤が恐れた〝パンドラの箱〟はついに開かなかった。検察はNTTの政界工作疑惑には切り込まず、真藤ら幹部3人がリクルートに便宜を図った見返りに賄賂《わいろ》をもらったという贈収賄の摘発で捜査を終結した。後に佐渡はこう語っている。

「NTTをめぐる構造的な利権があったのは間違いないが、当時は、リクルートとNTT幹部の贈収賄容疑を固めるので精いっぱいで、とても手が回らなかった」

田中角栄が脳梗塞で倒れていなければ、新生NTTの初代社長は北原になり、「情報革命の同志」として真藤と江副が出会うこともなかった。NTT利権をめぐる田中vs.中曽根の権力闘争に江副が巻き込まれることもなかっただろう。

逆に真藤がリクルート事件で失脚していなかったら、NTTはもっと早い段階で分割され、日本の通信市場に競争の土壌が生まれたかもしれない。そうなれば日本にＧＡＦＡが生まれていた可能性もある。

ＡＴ＆Ｔを９社に分割した米国では通信コストがいち早く下がり、インターネット勃興の下地ができた。通信分野で世界の俊英を集め、数多《あまた》のノーベル賞受賞者を輩出したＡＴ＆Ｔのベル研究所も凋落し、ＡＴ＆Ｔに囲い込まれていた才能が西海岸でベンチャーを立ち上げた。真藤が失脚していなければ、同じことが日本で起きていたかもしれないのだ。

ＮＴＴの電話事業は儲からなくなるが、真藤は子飼いの長谷川寿彦、式場英を使ってＮＴＴデータ通信を核とした「データ通信のＮＴＴ」を作ろうとしていた。

しかし真藤、長谷川、式場の逮捕でその構想は瓦解した。真藤の側近は振り返る。

「親父（真藤）が逮捕されてからの、電電公社プロパーの手のひら返しは凄まじいものがあった」

真藤の辞任を受け、１９８８年（昭和63年）６月、社長に就任した山口開生は電電公社で電話網の普及に努めたバリバリの「電話屋」で、２年後に山口の後を引き継いだ児島仁《こじままさし》は「ＮＴＴ分割反対」の急先鋒だった。「電電公社始まって以来の乱暴者」と呼ばれた児島は、分割を阻止するために北海道大学の後輩にあたる郵政省通信政策局長の五十嵐三津雄《いがらしみつお》（のちに郵政次官）を恫喝したことで知られている。「組織に飼われた羊になるな」と競争を鼓舞した真藤イズムはＮＴＴからすっかり払拭され、昔のお役所体質が蘇った。

iモード

唯一の例外は1992年（平成4年）7月に営業をスタートしたNTT移動通信網株式会社（ドコモ）だった。

巨大なNTTから切り離された「ちっぽけな赤字会社」を率いたのは大星公二《おおぼしこうじ》。東大法学部を卒業してキャリア採用で電電公社に入社、順調に出世を重ねたが、社長への登竜門である経営企画本部長になったとき「国鉄は分割したからJRは成功した。巨大な民間会社で独占というのはいちばんダメ」と口を滑らせ、経営陣からも労働組合からも睨まれた。真藤に近い考えを持つ大星が赤字子会社のドコモに放り出されたのは、必然だった。

「島流し」で不遇をかこつ大星だが、本社の目が届かない流刑地《るけいち》は、新しいビジネスを始めるのにうってつけの場所でもあった。

1997年、大星は若手の榎啓一《えのきけいいち》を法人営業部長に起用し「法人向けの新しいビジネスを立ち上げろ」と命じる。

「何人くらいのチームですか」と榎が問うと、大星はしれっと言った。

「新しい仕事だから部下はいないよ。自分で探せ」

仕方がないので榎は外部から人材を集めた。リクルート『とらばーゆ』の編集長、松永真理《まつながまり》やインターネット関連ベンチャーの副社長をしていた夏野剛《なつのたけし》だ。

榎は寄せ集めのチームに「インターネットを使って携帯電話の液晶画面に文字情報を配信する」という課題を出した。

それまでパソコンでしか使えなかったインターネットを携帯電話でも使えるようにする。インターネットをポケットに入れて持ち運ぶという画期的なアイデアは、やがて「iモード」として結実する。世界に先駆けた画期的なサービスだった。携帯電話のショートメールより通信料が安く、「着メロ」「待ち受け画面」などの斬新な新サービスを伴ったiモードは若者の圧倒的な支持を集め爆発的なヒットになる。

明治大学文学部を卒業して1977年にリクルートに入社した松永は、江副の女性活用が生んだ傑物である。リクルート時代には3年に1冊のハイペースで新しい雑誌を創刊し将来を嘱望されていたが、榎に口説かれ42歳で自分が「とらばーゆ」した。

早稲田大学政治経済学部を出て東京ガスに就職した夏野剛は、1993年に退社してペンシルバニア大学ウォートン校でMBA（経営学修士）を取得。のちに『社長失格　ぼくの会社がつぶれた理由』を書いて有名になる板倉雄一郎のハイパーネットで海外事業担当の副社長を務めた後、松永の誘いでドコモに入社した。

「iモード」の名付け親は松永だ。空港の案内所などにある「i（インフォメーション）」の小文字のiからインスピレーションを得た。

iモードのコンセプトは「検索の結果として表示される広告は、ユーザーにとっては不必要なノイズではなく必要な情報だ」というもの。松永らは、『企業への招待』からはじまった江副の情報誌ビジネスを携帯電話に落とし込もうとした。

iモードの開発は松永、夏野ら外人部隊と、コンサルティング会社のマッキンゼーから派遣されたチームが主導した。公社育ちのドコモ社員は、外人部隊のペースにまったくついていけない。

松永が「ブレストやるわよ」と声をかけると、

「ブレストって何ですか」

「ブレーン・ストーミング。頭の中を引っ掻き回すアイデア会議」

「へえ」

こんな感じだ。

江副はその分野に興味のない人にとってはノイズでしかないマス広告を、「仕事を探している人」「住宅を探している人」「車を探している人」向けに編集することでターゲットをはっきりさせた。松永や夏野はそれをもう一歩進め「携帯電話で検索できるサービス」にした。グーグルの「検索サービス」を先取りしていた。

NTTの先祖返り

真藤が去って蘇ったNTTの官僚組織はiモードの成果を自分たちの手柄にし、外人部隊を追い出しにかかった。松永ら外人部隊の大半は3年でドコモを去り、大星の次の社長になった立川《たちかわ》敬二《けいじ》は、ベンチャー気風が漂うドコモに「営業利益率2割」を必達目標とする「計画経済」を持ち込んだ。

立川の硬直的な経営でドコモは、KDDI（au）に通話料の値下げ競争や「着うた」サービスで後れを取り、Jフォン（現・ソフトバンク）が写メールを大ヒットさせても、カメラ付き携帯電話に本気で取り組むまで時間がかかった。

立川は「iモードの技術がいらないという会社があったら、お目にかかりたい」と豪語し、各国の通信会社に次々と出資。その投資総額は2兆円に及んだ。だが公社体質に戻ったドコモの殿様商売が海外で通用するはずもなく、「iモード」は世界に根付かなかった。結局ドコモの海外展開は、1兆5000億円の損失を出して「打ち止め」になる。

ドコモの失敗で、iモード対応の携帯電話を海外で売ろうと意気込んでいた電電ファミリーも総崩れになる。2007年にアップルの「iPhone」が出た後も、電電ファミリーはドコモに義理立てして「ガラケー（旧式の携帯電話）」に固執したため、スマホへの対応が遅れた。これが致命傷となり、日本メーカーの携帯電話は世界市場で完敗することになる。

真藤が改革を完遂してNTTやドコモがまともな民間企業になっていたら、iモードの世界展開はまったく違う形になっていたはずだ。iモードが世界標準になれば、今ごろ、日本メーカーがファーウェイを押しのけて世界市場を席巻していたかもしれない。

パジャマ姿のままで

リクルート事件では政財界で多くの人が社会的生命を絶たれた。政界で最大の犠牲者は中曽根政権で官房長官を務めた藤波孝生だろう。中曽根の秘蔵っ子である藤波は、早稲田大学の雄弁会で活躍した後、和菓子屋を営んでいた三重県の実家で働き、伊勢青年会議所から県議を経て衆議院議員になった苦労人。労働大臣、内閣官房長官、自民党国会対策委員長を歴任し渡辺美智雄と並んで「中曽根派のプリンス」と呼ばれた。

孝堂の俳号を持つ俳人でもあった。

控え目に　生くる幸せ　根深汁

この句にも表れる清廉で思慮深い性格から人望が厚く「将来の首相」と言われていた。

江副が官房長官の藤波を官邸に訪ねたのは1984年3月。

民間企業の就職協定は「10月1日会社訪問解禁、11月1日選考開始」になっていた。一方、国家公務員上級職試験の合格発表日は10月15日だったが、発表日を繰り上げることが検討されていた。財界は「そんなことをされたら優秀な学生を全部、中央官庁に取られてしまう」と危機感を募らせていた。

そこで検察は江副が「国家公務員の採用時期の繰り上げはやめてほしい」と藤波に請託し、その見返りに額面総額2000万円の小切手とコスモス未公開株1万株を譲渡した、というストーリーを描いた。

1989年（平成元年）5月21日。佐渡は中野区検で藤波に聴取をし「明日、起訴します」と告げて容疑を説明した。たった2度の任意聴取で起訴するという異例の早さだ。検察庁の上部から「いつまで取り調べをやってるんだ」と圧力がかかっていた。藤波はのべ2時間ほどの聴取で起訴された。佐渡が起訴を告げたとき、藤波は静かにこう言ったという。

「佐渡君、やっつけってわかります？」

「知っています」

藤波は表情を変えずに言った。

「やっつけ仕事ですな」

起訴されて自民党を離党した藤波は一審で無罪となって復党するが、二審有罪で再び離党。1999年に上告が棄却され懲役3年、執行猶予4年の有罪が確定した。執行猶予期間中も議員を続け2003年に引退したが、かつての「首相候補」が要職に就くことはなかった。

中曽根が、自分の身代わりに腹心の藤波孝生の首を特捜部に差し出したという見立てをする事情通もいた。上告が棄却される前、中曽根が旅先の温泉で一言も発せず静かに藤波の背中を流したという逸話がある。藤波孝生は2007年に永眠、74歳だった。

1989年4月22日、政界に激震が走る。朝日新聞が夕刊1面で再びスクープを飛ばした。

〈竹下首相の元秘書名義で　江副から5000万円借金　62年の総裁選当時

竹下事務所「数ヵ月後に返済」〉

竹下の金庫番といわれた秘書の青木伊平が、1987年（昭和62年）に個人名義で江副から5000万円を借り、数ヵ月後に返済していた。

この直前、国会でリクルートからの利益提供を追及された竹下は、未公開株譲渡や政治献金などでリクルートから都合1億5000万円の資金提供を受けていることを公表し、「これ以外はない」と言い切っていた。その直後のスクープだけに衝撃は大きかった。

竹下はこの5000万円を隠していたわけではない。4月初旬、リクルートの家宅捜索で押収した資料の中から、この貸し借りを見つけた特捜部は、青木に聴取している。

竹下事務所の出納記録を抱えて出頭してきた青木は、5000万円の借金は「自分が個人ベースで借りたもので、返済済みである」と説明し、特捜部は「シロ」と判断した。このとき青木は、この借金についても竹下がリクルートから受けた利益供与の一部として公表すべきかどうか相談したが、特捜部は「それは、あなたたちが決めることだ」と答えている。このため青木はこの5000万円をリクルートからの資金提供に入れなかった。

だが正義感に燃える朝日新聞は特捜部が「シロ」と判断した5000万円を蒸し返し「1億5000万円と言ったのに2億円ではないか」と責め立てた。

当時、日本は大型間接税導入で揺れていた。1979年に大平内閣、1987年に中曽根内閣が導入に失敗した消費税（大平内閣時の呼称は「一般消費税」、中曽根内閣時は「売上税」）を、竹下は政治生命をかけて導入しようとしていた。与野党の攻防が大詰めを迎えた1988年12月9日に蔵相の宮澤がリクルート事件で辞任すると、竹下は自ら蔵相を兼務して何とか消費税法を成立させた。

しかし低所得層ほど負担が重くなる「逆進性」を伴う消費税は、国民に不評だった。その怨嗟《えんさ》から支持率が落ちていた竹下内閣にとって、朝日新聞の「5000万円借金」スクープは致命傷になる。1989年4月25日、竹下内閣は総辞職した。

その翌日、青木は東京・渋谷区の自宅の寝室で、パジャマ姿のまま左手首を切りネクタイで首をつって自殺した。

時の政権を倒し、ついに死者まで出した事件について、評論家の俵孝太郎《たわらこうたろう》は1989年5月24日付の読売新聞への寄稿で、こう語っている。

「なんの具体的な証拠もないのに、憶測や予断や偏見や政治的打算に基づいて、政治的、道義的責任を問うという美名のもとに個人攻撃を加えるのは、明らかな政治的リンチであって、法が支配する社会で許される行為ではない」

こうした冷静な論評は「巨悪を逃がすな」とばかり〝一億総特捜検察〟となった世論の前では、焼け石に水だった。

釈放

江副に対する人質司法はまだ続いていた。勾留が100日を超えたあたりから、江副は検察のチームプレーに抗えなくなっていく。若手検事が壁に向かって立たせたり、椅子を蹴り上げたり、土下座させたりしながら罵声を浴びせ、リーダーの宗像が「まあまあ」と入ってきて「あなたの悪いようにはしないから」と自白を促す。「僕らも上に言われて、いろいろ大変なんだよ」と打ち明ける宗像に、江副は共感すら覚えるようになっていた。

6月4日、小菅を訪れた宗像が言った。

「これに署名すれば、君を2日後に保釈する」

「保釈」という言葉に江副が反応する。

宗像が差し出した調書は、容疑をすべて認める内容だったが、弁護士に「起訴後に作成された調書は法的効力を持たない」と教えられていた江副は、拒否する気力もなく調書に署名した。

2日後の6月6日、再び宗像が若手検事とともに小菅にやってきた。

「捜査に協力してもらい、ありがとう」

宗像は満面の笑みで手を差し出した。ようやく保釈を確信した江副は、その手を握り返した。保釈金は2億円。カルロス・ゴーンの10億円には及ばないが、当時としては破格の金額である。

午後4時、江副は逮捕時に領置（拘置所預かり）されたスーツや身の回りのものを返却され、カンカン踊りをさせられた部屋の隣を抜けて拘置所の外に出た。もちろん「江副・保釈」の情報はマスコミにリークされており、江副は記者とカメラマンにもみくちゃにされながら、弁護士に守られてやっとの思いで車に乗った。頭上ではヘリコプターが舞っている。

特捜部は捜査開始から260日間に検事52人、事務官159人を動員して延べ3800人を聴取、80ヵ所を捜索した。威信をかけた大捜索だった。

刑事処分を受けたのは、以下の20人である。

政界　藤波孝生、池田克也（公明党）、服部恒雄（宮澤元秘書）、清水二三夫（安倍元秘書）、片山紀久郎（加藤六月秘書）、坂巻正芳（加藤六月の政治団体の会計責任者）

リクルート関係　江副浩正、間宮舜二郎（常務）、小野敏廣（前経営企画室付部長）、辰巳雅朗（元社長室長）、小林宏（前ファーストファイナンス副社長）、松原弘（前リクルートコスモス社長室長）、舘岡精一（リクルートコスモス取締役）

NTTルート　真藤恒、長谷川寿彦、式場英、村田幸蔵（真藤秘書）

労働省ルート　加藤孝（元事務次官）、鹿野茂（元職業安定局業務指導課長）

文部省ルート　高石邦男（事務次官）

政官財の大物ら20人を有罪にした一大疑獄の端緒を開いたのは1988年6月18日の〈「リクルート」川崎市誘致時　助役が関連株取得　公開で売却益1億円〉という朝日新聞のスクープ

だった。しかしこの記事で批判の矛先を向けられた川崎市助役の小松秀熙は逮捕も起訴もされていない。

また、これだけの大スクープにもかかわらず、朝日新聞のリクルート報道は新聞協会賞を受賞していない。「朝日新聞サンゴ記事捏造事件」と重なったからだ。

朝日新聞は1989年4月20日付の夕刊1面に、西表島《いりおもてじま》のサンゴ礁に「K・Y」と落書きしたダイバーがいるという記事を載せ〈百年単位で育ってきたものを、瞬時に傷つけて恥じない、精神の貧しさ〉と書いた。

ところがこれが、同社所属のカメラマンによる自作自演の捏造《ねつぞう》記事だったことが発覚した。この事件は、当時の一柳東一郎《ひとつやなぎとういちろう》社長が引責辞任するところまで発展し、新聞協会賞どころではなくなった。

しかし朝日新聞のみならず、当時のメディアは法的根拠もあやふやなまま、江副とリクルートを「悪の帝国」に仕立て上げた。生《い》け贄《にえ》を求める世論の後押しを受け、検察は江副を「人質司法」の祭壇に引っ立てた。

徹底抗戦

保釈の1週間後、江副は53歳の誕生日を迎えた。しかし誕生日を祝うどころか、拘禁反応うつ状態と診断され、自殺願望に苛《さいな》まれていた。リクルートコスモスが持つ元麻布のマンション、鹿島建設創業家、鹿島昭一から江副が購入した赤坂のゲストハウス「氷川」などを転々としたが、どこへ行ってもメディアが付きまとう。安比高原に出かけたとき、変装のためにカツラを被って東北新幹線に乗っているところを見つかって、その映像がテレビで大々的に報じられるなど、世間の「江副叩き」は相変わらずだった。

だが拘禁反応うつ状態が収まってくると、江副はリクルート西新橋ビル（Nビル）にある財団法人江副育英会の事務所に腰を落ち着け、新たな闘いの準備を始めた。

今度の相手はダイヤモンド社でも読売新聞でもなく国家権力。小菅で自分を素っ裸にし、カンカン踊りをさせた検察である。

拷問まがいの非人道的な取り調べに屈した江副は「分かりました」と小さく呟き、それが「真藤恒に直接、電話をしてリクルートへの便宜供与を求めた」という調書を認めたことになった。それは江副にしてみれば、検事の言葉による暴力から逃れたい一心で口をついた「偽りの自白」だった。

日本の刑事事件では起訴された事案の99・8％が有罪になる。裁判をしても0・2％しか勝ち目はないのだ。今回のケースは、江副が初犯であることを考えれば、罪を認めて有罪になってもほぼ間違いなく執行猶予がつく。ならば、一審で裁判を終わらせ、早く社会復帰したほうが得である。

しかし江副は「徹底抗戦」の構えを見せた。

江副は、113日の勾留期間中、拘置所内の様子や、その日の検事とのやり取りを詳細に記録した「房内ノート」をつけていた。２００９年にはこれをベースに、自分が受けた取り調べの一部始終を書いた『リクルート事件・江副浩正の真実』を出版した。その冒頭に、裁判で徹底抗戦した理由と、その内幕を出版するにあたっての心情を記している。

〈リクルートで働く人たちや私の子どもと孫たちのために、黙って死ぬわけにはいかない〉

江副は、考え得る最強の弁護団を作り上げた。弁護団長は、日野久三郎（68歳、当時、以下同）。共和製糖事件、協同飼料事件など大型刑事事件の弁護を数多く担当した。補佐役の多田武とともに、司法研修所で教官を務めた経歴もある。

キャップ格の石田省三郎（43歳）と小野正典（41歳）はロッキード裁判で田中角栄の控訴審の弁護を担当し、嘱託尋問調書の証拠能力をめぐって検察側と激しい論争を繰り広げた。若手には平和相互銀行事件の弁護を務めた大室俊三、東京・綾瀬の母子殺人事件で少年を弁護した栄枝明典などがいた。弁護団に加わる弁護士は最終的に18人になり、ロッキード事件の田中弁護団（14人）を上回った。

弁護団は、裁判開始1ヵ月前の１９８９年11月、箱根にあるリクルートの保養所で1泊２日の合宿を開いた。起訴されたのは江副を含む12人で、審判は政界ルート、ＮＴＴルート、労働省ルート、文部省ルートに分かれて同時並行で進められる。検察庁から弁護団に開示された証拠書類はＢ５判にして高さ6メートルに及んだ。江副は容疑を認めないつもりだから、長い戦いになる。合宿ではリクルート法務課長の武藤達也が、テレビＣＭ「リゲイン」の替え歌「闘う弁護団」を披露した。

ひまわりバッジは正義のしるし　24時間働けますか
弁護団　弁護団　ぼくらの弁護団
アタッシェケースに調書を詰めて　１５０冊読み切れますか
弁護団　弁護団　闘うぞ弁護団

リクルート裁判が決着したのは２００３年（平成15年）３月４日。１９８９年（平成元年）12月の初公判から、実に13年が経過していた。

判決の日、江副は弁護士の石田らに伴われ、江副育英会から裁判所に向かった。西新橋のビルの前は、報道陣に取り囲まれていた。裁判所の前で合流した弁護団のひとりは大きな鞄を抱えている。実刑判決が出たときに積み増し保釈金を支払うための現金が入っていた。

裁判は10時ちょうどに始まった。裁判長の山室恵が開廷を宣言し、起立している江副に判決を言い渡した。

「主文。被告人を懲役3年に処する。この裁判の確定した日から5年間刑の執行を猶予する」

「長くなりますから座ってください」

主文を読み上げた後、山室は江副に着席を促し、判決要旨を読み上げた。

「執行猶予付きの全面有罪」――それは弁護団にとっても検察にとっても控訴しにくいギリギリの線だった。

３２２回の公判、のべ１３０人超の証人が登場した日本の刑事裁判の歴史でも稀に見る大裁判だった。

「13年でしょ。それにしても長すぎる。もっと判決を早くできないものか」

翌日の日経新聞には、小泉純一郎首相のコメントが載った。

1兆8000億円

経営者としての江副浩正はリクルート会長を辞任した1988年7月6日で「終わった」ことになっている。あるいは贈賄容疑で逮捕された1989年2月13日という人もいるだろう。

しかし逮捕・起訴され被告人となっても私有財産のすべてを召し上げられるわけではない。江副は依然としてリクルートの発行済株式の30％強を保有する大株主であり、日本有数の資産家だった。

「保釈された時点で江副さんが保有していたリクルート株の評価額は約500億円。都内に保有していた20軒以上のマンションや他社の株など、リクルート株以外の資産が約500億円。しめて1000億円近い資産があった」

江副の側近はそう打ち明ける。2億円の保釈金など、痛くも痒くもないだろう。空前の大弁護団を組成する費用も難なく支払うことができた。

ただし被告人の江副は、表立ってリクルートを経営することはできない。そこで江副が裁判対策のため「出社」するリクルート西新橋ビルに、リクルートの経営陣が入れ替わり立ち替わり顔を出すようになった。社長の位田は「脱・江副」を叫んだが、子会社のリクルートコスモスとファーストファイナンスは、江副の逮捕後も、どんどんマンションを建て、購入者にローンを組ませた。超高収益のリクルートという後ろ盾があるリクルートコスモスとファーストファイナンスに、銀行はいくらでもカネを貸した。借入金は、いつしか1兆8000億円に達した。

バブル崩壊

江副の初公判が開かれた1989年の12月。日経平均株価は29日の大納会で、終値の最高値となる3万8915円87銭を付けた。同じ月、のちに「平成の鬼平」と呼ばれる三重野康《みえのやすし》が日本銀行総裁に就任する。三重野はインフレ退治に執念を燃やし、急激にマネーサプライを減らすとともに、公定歩合を引き上げた。

翌1990年8月にはイラクがクウェートに侵攻して湾岸危機が勃発する。1バレル15ドルだった原油価格は一気に40ドルまで高騰。金融引き締めとの相乗効果で株価の大暴落が始まった。10月になると日経平均は一時、2万円を割り込む。1989年末の大納会の時点で611兆円あった東証上場企業の株式時価総額は、1992年8月に269兆円まで萎《しぼ》んだ。2年半で342兆円が吹き飛んだのだ。

戦後、右肩上がりの経済成長に慣れきった日本人のほとんどは、こうした変化を「一過性のもの」と受け止めた。なにより、信用の源である地価が下がっていなかった。

そんな中、NHKが歴史に残る番組を放送する。

「NHKスペシャル　緊急・土地改革『地価は下げられる』」

1990年の10月10日から5夜連続で放送された番組は「大都市圏の地価を今の半分に引き下げるには」というテーマで、東京一極集中の排除や農地の宅地並課税など実効性のある土地政策を提言した。その大胆な提言は国民にも政府にも少なからぬ影響を与えた。

第1回の「土地本位制を崩せ」では、キヤノン販売会長で経済同友会副代表幹事の賀《か》来《く》龍《りゅう》三《ざぶ》郎《ろう》が登場し、こう語った。

「土地を持っていれば得だ、という『土地神話』が地価高騰の要因になっている」

この番組を家で観ていた江副は賀来のコメントに小さく「チッ」と舌打ちした。「土地は必ず値上がりする」ことは、江副の会社経営の大前提だった。景気や金利は上がったり下がったりするが、絶対量が限られた日本の土地は必ず値上がりする。だから江副は稼いだカネを自社ビルに注いだ。

新幹線の駅前に次から次へと建てたガラス張りのリクルートビルは、リクルートの名声を全国に轟かせると同時に、地価の上昇で含み益を生み、会社の信用を高めた。江副は自社ビルを利益を蓄えるダムに見立てており、その前提は「地価は上がり続ける」という信仰だった。

だが、リクルートにも「土地信仰」からいち早く抜け出した男がいた。リクルートコスモスの創業メンバーの一人、重田里志である。

　重田は1990年4月、久しぶりに東京に戻っていた。大阪支社長だった重田は、コスモス社長の池田の要請で、コスモスの住宅事業本部長に就任したのだ。リクルート事件の前、江副に請われてコスモス社長になった池田にはそもそも不動産事業の土地勘がない。マンションの売れ行きは悪くないが、なにやら雲行きがあやしい。そこでコスモスの次期社長含みで、重田を大阪から呼び戻したのである。

　長く不動産事業に携わってきた重田は、マンション販売に関して独特の嗅覚を持っていた。マンションの価格はちょっと安くすると、どっと客が集まり、ちょっと高くすると、サッと逃げる。

「消費者は自分の物差しを持っている」というのが重田の持論だった。

　1988年頃から重田は、マンションの価格が消費者の物差しから外れていくのを感じていた。それでもコスモスは、目を剝くような坪単価で建設用地を仕入れている。

（ちょっとおかしい）

大阪支社長だった重田は、支社の用地取得にブレーキをかけた。当然、現場は反発する。

「東京はどんどん仕込んでいるのに、大阪はなんであかんのですか」

「なんでって、君ら、高すぎると思わんか」

「でも、放っておいたらもっと上がりますよ」

「それは、そうだけど……。やっぱりおかしい。うちは手控えろ」

東京に戻った重田は、ゴールデン・ウイークをつぶして朝から晩までコスモスが仕入れた土地を見て回った。そして現場を訪れるたびに唸った。

「なんでこんな土地を……」

下を西武線が走っている法地《のりち》（斜面の土地）。近接駅がないうえに道路も付いていない千葉県八街《やちまた》市の土地は、社内で「八街、やっちまった」と呼ばれていた。土地バブルに煽られた現場は明らかに暴走していた。江副が「買え！」と言っているのだから、誰にも止められない。江副が一線を退いても、その勢いは衰えていなかった。

「なんとかしないと」

そして重田も江副と同じように、NHKスペシャル『緊急・土地改革』を観る。第1回が放映された翌朝、出社した重田は営業の現場に言った。

「仕込み中の案件、全部キャンセル！」

現場は驚愕した。

「そんなことしたら、商売できなくなりますよ！」

「いいから、半値八掛け二割引で今すぐ売れ。ぐずぐずしてたら潰れるぞ！」

「半値八掛け二割引」は証券市場の格言で「市場が暴落すると株価は高値×0・5×0・8×0・8、つまり3分の1まで下がる」という意味である。

コスモスは高額な違約金を支払って数ヵ月のうちに8000億円の契約を解除した。しかしすでに建ててしまったマンションはどうしようもない。NHKスペシャルの反響は大きく、マンションの売れ行きはパタリと止まった。放送から2ヵ月後の12月、コスモスの契約率は目標を

90%下回り、大量の完成在庫を抱え込んだ。

1992年になると地価下落は地方にも波及。路線価も下落した。「土地神話の崩壊」が始まった。

リクルートの場合、コスモスが売り切れなかった不動産は不良資産になり、ノンバンクのファーストファイナンスが不動産ブローカーに貸したカネは不良債権になった。しかし損切りが早かったので、ほかのノンバンクや住専（住宅金融専門会社。都銀などがつくった住宅ローンを扱う貸金業者）よりは傷が浅かった。コスモスとファーストファイナンスの借入金は合わせて1兆8000億円に上ったが、ブレーキを踏むのが数週間遅ければ、ゆうに2兆円を超えていた。そして1兆8000億円というのは、リクルートが背負えるギリギリの金額だった。

「リクルート本体が倒産する」

背負うべきか、背負わざるべきか。それが問題だった。

コスモスとファーストファイナンスの借金をリクルート本体が背負うべきかどうかについては、社内でも意見が分かれた。リクルートはコスモスとファーストファイナンスの大株主だが、江副を除くリクルートの取締役は両社の経営にほとんどタッチしていなかった。リクルート社長の位田や、役員の河野栄子（後に社長）は「リクルートと、コスモス、ファーストファイナンスの財布は別」と支援に後ろ向きだった。

しかしリクルートの支援がなければ、コスモスとファーストファイナンスはいつ倒産してもおかしくない。両社にはリクルートから出向、転籍した社員も大勢いる。江副は何度も位田と話し合ったが、議論は平行線を辿った。

そうしている間にもコスモスとファーストファイナンスの経営状況はどんどん悪化していく。「なんとかしなければ」というので、1991年秋には、江副、位田と、財務担当専務の奥住邦夫《おくずみくにお》、事業担当専務の河野、グループ社長会議長の大沢武志、社外取締役の亀倉雄策で構成する「最高経営会議」を立ち上げた。江副育英会の事務所がある西新橋ビル（Nビル）で開かれたため、通称「Nビル会議」と呼ばれた。

幸か不幸か、バブル崩壊の逆風にもめげず、毎年500億円を超える利益を叩き出していたリクルートには、コスモスとファーストファイナンスを支える体力があった。リクルートからコスモスに出向、転籍した昔の仲間たちは、完成在庫のマンションをリクルートに買い取ってもらうことを軸とする支援を望んでいた。

しかし位田や河野は「それではリクルートの社員が納得しない」と譲らない。金融業界に明るい奥住が苦しげに言った。

「高収益企業のリクルートが、コスモスを見捨てることはできません。銀行だけでなく、世間がそれを許しません」

それでも位田と河野は首を縦に振らない。ノンバンク事業を拡大するために江副が東洋信託銀行から引き抜いたファーストファイナンス社長の白熊衛《しらくままもる》は、この期に及んで強気だった。

「今こそ挽回のチャンス。不動産担保融資をストップしている銀行の代わりに、どんどん貸しましょう。間違いなく高い利ザヤが取れますよ。その利益で不良債権を償却しましょう」

位田は冷めた目で白熊を見た。

「それでは二次災害になります」

議論が嚙み合わないまま時間ばかりが過ぎていく。

1992年4月7日、白熊がNビル会議で衝撃の事実を打ち明けた。

「ファーストファイナンスの延滞債務は約4000億円、貸付金の70%が延滞債務になっています。正常債権の中にも利子の追い貸しをしている案件があります」

貸した金の7割が焦げ付いており、焦げ付きはさらに増えるというのだ。

このまま放置すればファーストファイナンスの不良債権がリクルート本体の資産や含み益を上回ってしまう。コスモスへの融資も止まり、すぐに倒産してしまうだろう。

ことここに至っては、リクルートがコスモスとファーストファイナンスの不良資産と不良債権を処理するしかない。だがそれをやるとリクルート本体も債務超過すれすれになる。資金繰りに詰まれば、最悪の場合、黒字倒産というケースもあり得る。銀行から出資を仰ぎ「銀行管理」になることは、誰も望んでいない。信用を補完するための「スポンサー」が必要だった。

第14章 「おまえら。もっといかがわしくなれ！」

元・文学青年

江副は個人としても問題を抱えていた。バブル崩壊で土地や株が暴落する中、投資家・江副もまた大きなダメージを受けていた。個人で100億円を超える借金を抱えていたのだ。

1992年（平成4年）のゴールデン・ウイークを江副は、いつものように安比高原で過ごした。5月2日、ホテル安比グランド最上階にあるペントハウスから電話をかけ、ある人物とのアポを取り付けた。リクルートの創業期から求人広告で世話になってきたダイエーの社長、中内㓛である。中内はリクルートの創業期から江副を可愛がり、1970年にはリクルートの株主にもなっていた。

5月5日の夕方、江副はダイエー浜松町オフィスの社長室に中内を訪ねた。社長室へ続く廊下の両側には、中内が世界中から集めた年代物の機械式キャッシュ・レジスターが並んでいる。中内の著書『わが安売り哲学』の冒頭にこんなくだりがある。

〈私にとってキャッシュ・レジスターの響きは、この世の最高の音楽である〉

廊下を抜け社長室に入ると、中内は笑顔で迎えた。紙コップに日本茶のティーバッグを放り込みポットの湯を注ぐと、中内はそれを江副の前にポンと置いた。

「お休みのところ申し訳ありません」

江副が詫びると、中内は素っ気なく言った。

「休みの日も店はやってますからな」

筋金入りの合理主義者を相手に、余計な前置きは不要である。江副は本題を切り出した。

「さっそくですが、実は、ご承知のような不動産不況でリクルートコスモスとファーストファイナンスが経営不振に陥ってしまいました。私は公判中の身で表に出られません。つきましては、私のリクルート株をダイエーにお買い上げいただき、位田の後見人として、中内さんにリクルートの会長にご就任いただけないかと考えまして……」

しばらく間があって中内が口を開いた。

「要は僕に借金のハンコをついてほしいという話やな。わかった。ほな、しばらく江副さんの株を預かりましょか」

江副が前々期にあたるリクルートの31期営業利益報告書の1株あたり純資産価格での譲渡を申し出ると、中内は「それでええですよ」とあっさり応じた。

中内は当時の経営者の中で誰よりも高くリクルートを評価していた。

戦時中、フィリピンで死線をさまよい、飢餓状態の中で「眠ったら隣の戦友に喰われる」という恐怖を味わった中内は、戦後、小さな薬局からスタートして「日本の小売り王」になった。このため「生まれついての商売人」と思われがちだが、出征する前の中内は神戸高商（現・兵庫県立大）時代、のちに国際ジャーナリストとなる同級生の大森実（元毎日新聞ワシントン支局長）とともに同人誌「葦牙《あしかび》」の編集に没頭する文学青年だった。

ダイエーで成功を収めた中内は1985年、ダイエーに出版部門を設立し料理雑誌の『オレンジページ』を創刊した。だが出版事業という意味では『住宅情報』『とらばーゆ』『ビーイング』などの「お化け雑誌」を持つリクルートに敵わない。中内にとってリクルートは「欲しくて仕方がない会社」であった。

「世間はわしのことを八百屋のオヤジと思っているが、こう見えて若いころは文学青年だった。江副さんは根っからの商売人や。本当ならワシがリクルートをやって、江副さんがダイエーをやるべきだったんだよ」

中内は後日、親しくなったリクルートの幹部にこう漏らしている。

四半世紀の付き合いがある中内と江副の交渉は、阿吽《あうん》の呼吸で決まった。江副が持つ1018万株のリクルート株は、仲介した三和銀行の資産査定により、1株当たり4467円、都合455億円でダイエーが買い取ることになった。

「毎日新聞の記事を止めてください」

問題はリクルート社内の反発だった。江副にとってリクルート、コスモス、ファーストファイナンスはどれも「自分の会社」で「財布はひとつ」。だがリクルートの取締役や社員にとって、コスモスとファーストファイナンスは「別の会社」だ。リクルート本体の経営が傾いているのならいざ知らず、自分たちは隆々と利益を上げている。「明日からリクルートはダイエーの子会社です」と言われても、納得いくはずがない。

最高経営会議では河野が反対の急先鋒に立った。

「私はセゾンのほうがいいと思います。ダイエーよりはリクルートの企業文化に合っています」

セゾンは堤清二《つつみせいじ》（西武鉄道グループ堤義明オーナーの異母兄）の側近を通じてリクルート事件のころから「江副さんが株をお売りになるのなら、ぜひウチに」と秋波を送っていた。だが江副は言った。

「中内さんは位田社長以下、リクルートの経営陣にはそのまま残ってもらう、と言ってくれています。堤さんでは、そうはいかないでしょう」

江副は頭を下げ続け、最高経営会議、常務会、グループ会社社長会までは何とか了承を取り付けた。外部に情報が漏れればダイエーとコスモスの株価が動き、出資の条件が変わってしまうので、江副は時間をかけて極秘裏の根回しをした。ようやく「あとはリクルート取締役会で承認を取り付けるだけ」というところまできた。

ところが取締役会の前日の夕方に思わぬ事態が発生する。リクルートとダイエーの動きを嗅ぎつけた毎日新聞が、事実確認を求めてきたのである。どこから漏れたのかはわからないが、毎日がぶつけてきた内容はほぼ正確だった。毎日は「22日付の朝刊に掲載する」と言っている。

江副と位田は5月21日の夜10時、全取締役をG8に招集し、緊急取締役会を開いた。

会議室の空気は息苦しいほどに張り詰めていた。時間をかけてコスモスとファーストファイナンスの経営が苦しくなっていく過程を見守ってきた最高経営会議のメンバーと違い、これまでの動きを知らされていなかった取締役たちにはまさに寝耳に水。「ダイエーの傘下に入る」という現実を受け止められず、感情を昂らせていた。

「中内さんが会長なんて、私は認めません。記事を止めてください!」

情報誌の統括役員の神山陽子《かみやまようこ》が声を震わせた。神山は1985年に河野栄子に次ぐ女性取締役に就任した女傑だが、この時ばかりは狼狽していた。

「江副さんはリクルートを見捨てるのか。みんなが認めても俺は認めない。『坂本は反対した』と議事録に書いておけ!」

ふだんは温厚な坂本健が叫ぶ姿に、ほかの取締役たちは目を丸くした。

取締役たちは、江副が作り上げたリクルートの企業文化に惹かれて集まった者たちであり、事件で江副が逮捕された後も江副を信じていた。その江副がリクルート株を売って、自分だけ助かろうとしている。彼らはそう受け止め、親に捨てられた子供のように傷つき、憤った。

「リクルートの信用を維持しつつ、コスモスとファーストファイナンスの危機を乗り切るにはこれしかない。どうか理解してほしい」

時計の針はとっくに午前零時を過ぎている。江副は言葉を尽くしたが、取締役たちは「会社を見捨てて逃げる男に用はない」といった雰囲気だ。

位田はこの間、一言も口を開かなかった。手元の紙に、黙って落書きをしている。自分が何かを喋れば、若い取締役たちの感情を刺激し、何倍もの反発で事態が収拾できなくなる。位田は、みんなに言いたいだけ言わせて、ほとぼりが冷めるのを待っていた。

午前1時が近づいた頃、事務局から連絡が入った。

「ダメです。毎日は止まりません。明日の、いや今日か。朝刊1面でダイエー傘下入りの記事が出ます」

その瞬間、部屋に充満していた熱気が、すうっと冷めた。全国紙の1面で報じられれば、ダイエーによる資本参加は既成事実になるだろう。リクルートの取締役はみな頭の回転が早い。彼らは、退路を断たれたことを悟った。

「もう時間も時間です。今日はこのくらいにして、続きは明日ということで」

議事進行をしていた経営企画室長の松村晶信《まつむらあきのぶ》が言うと、取締役たちは無言のまま、ぞろぞろと部屋を出て行った。「続き」がないことは会場の全員が知っていた。江副の株を江副が売ると言っているのだから、誰にも止めることはできない。緊急取締役会は流れ解散になった。

カリスマの本心

午前3時、自宅に戻った江副は冷蔵庫から缶ビールを出して飲んだ。明日は朝一番で位田とダイエーへの株売却を仲介する三和銀行の頭取、渡辺滉《わたなべひろし》を訪ねなければならない。だが興奮状態の頭は缶ビール1本くらいでは鎮まらない。ビールをもうひと缶空けた。江副は寝ることを諦め、無理して眠るより、起きて新聞を待つことにした。空が明るくなってきた。

5月22日、毎日新聞は朝刊1面トップでこのニュースを伝えた。

〈リクルートがダイエーの傘下に　江副浩正前会長が全所有株譲渡〉

記事はこう続く。

〈リクルート本体の91年3月期の業績は売上高3697億円、税引き利益234億円、情報産業としては国内最大の電通に比べ、売上高では3分の1足らずだが、利益では約1・4倍に達する〉

銀座のG8とG7のまわりはカメラを担いだテレビ局のクルーに包囲された。ここまで報道陣が集まるのはリクルート事件以来、3年ぶりである。社員たちはみな、足早にビルに駆け込んだが、運悪く新聞記者に囲まれた女性社員は迷惑そうな顔でこう言った。

「お相手がダイエーというのが、何だかしっくりこないんですよね」

10時30分にホテルオークラ「平安の間」で開かれた記者会見には400人の報道陣が詰めかけ

た。ステージに上がったのは中内、位田、江副の3人。

「胸が張り裂ける思いだ。リクルートは私の人生そのものだ」

記者から見て右に座った江副は正直に胸の内を語った。だが記者の関心は去りゆく江副ではなく、リクルートを買った中内に向かっている。この日の主役は中内だった。

「傘下に収めたリクルートをどう経営していくのですか」

そう問われると中内は、静かに答えた。

「リクルートを傘下に収めるという見方は当たりませんな。譲り受ける株式は全体の30％余りに過ぎません。あくまでお手伝いであり、リクルートの活力ある社風をなくさないようにするつもりです」

「あくまでお手伝い」という中内の言葉を、メディアやリクルートの社員たちは「社交辞令」と受け止めた。中内は、あの松下電器と家電製品の価格決定権をめぐって30年間にわたる戦争を繰り広げた男だ。今度の資本参加にも何か魂胆があるに違いない。

しかし中内は本気で「お手伝い」をするつもりだった。455億円はけっして小さな金額ではなかったが、機嫌のいいとき、中内はこんな軽口を叩いた。

「これまで、なんぼ苦労しても採れんかった東大卒が100人以上も手に入った。500億円くらい安いもんや」

「採用狂」の江副が創ったリクルートは超高学歴集団。叩き上げの社員が多いダイエーとは対照的だった。

中内はリクルートの若々しい社風も気に入っていた。「社員皆経営者主義」を掲げた江副は、新入社員からも「江副さん」と呼ばれていた。女子社員にいたっては「エゾリン」と呼ぶ者もいた。ダイエーで中内を「中内さん」と呼ぶ役員、社員はいない。

創業から15年たった1972年、ダイエーは大阪証券取引所から東京証券取引所一部に指定替えになった。この年には売上高で三越を抜いて「小売り日本一」の座に就き、1988年にはプロ野球の南海ホークスを買収した。中内も1991年には経団連副会長に就任している。

大いなる成功を収めた中内は、社内外ですっかり神格化されていた。社員は皆、忠実な僕《しもべ》だ。ある日、中内が視察に訪れた店舗で、ズボンのポケットに手を入れていた社員を叱りつけると、ダイエーの役員、幹部はズボンのポケットを縫って手が入らないようにした。「軍艦ビル」と呼ばれた東京本社の芝パークビル1階のエレベーターホールに中内が現れると、社員はエレベーターに乗り込む中内を直立不動で見送った。

そうしろと中内が命じたわけではない。周りが勝手に中内を侵すべからざるカリスマにした。だが、中内が社員に望んでいたのは、自分で考え自分で行動し、結果を自分で受け止めること。リクルートにはその空気があった。

「最後の最後、戦友を信じて眠った」

絶対的な存在をトップに頂く組織は、いったん方向を間違え悪いほうへ傾きだすと、取り返しのつかないところまで行ってしまう。

江副が創ったリクルートは、そうした日本的組織と正反対の性格を持っていた。江副が何かを言っても、入社数年目の女子社員が「それは違う」と平気で反論する。元人事部長の冨永兼司は言う。

「恥知らずの集団ですよ。上司や世間の目を気にせず、臆面もなく全力でバットを振る。でも全力で振り続けていれば、そのうちホームランが出る」

社員を一人前の大人として扱うリクルートのマネジメントは野球に例えればメジャーリーグ。一般的な日本企業の経営は、選手が一球ごとにベンチのサインを覗き込む高校野球型だ。選手はいつも監督の意向を忖度《そんたく》し、バットを振りたい気持ちを押し殺してバントをする。

中内は〝高校野球〟がやりたかったわけではないが、結果的にはそうなった。社員は自分の顔色ばかり窺って、バットを振ろうとしない。中内は社員に対し、常にライバルに勝ち売上の増大に貢献する戦士たれと求めたが、そのことが逆に社員を萎縮させた。中内の『わが安売り哲学』にはこんな言葉が並ぶ。

〈競争で敗れゆく者は無能者であるか、努力が足りないかのいずれかであり、劣敗者は力が足りなかった報いを受けるのが当然である。そこに同情の余地はない〉

「良いものをどんどん安く」のスローガンでダイエーを日本一の小売り企業に育てた中内は、「安売り」を嫌う松下電器産業などの巨大メーカーと戦い続けた闘士であり、ニーチェの『ツァラトゥストラかく語りき』を愛読する唯物論者でもあった。

「眠って戦友に食べられるか。眠らずに狂うか」

フィリピンの戦場で極限の飢餓状況に置かれた中内は、最後の最後、戦友を信じて眠った。疑って疑って、疑い抜いた末に人を信じる究極の楽観主義。これこそが経営者としての中内の原動力だ。

しかし役員や社員は中内の複雑な内面を理解せず、ただその苛烈な言葉を恐れ、足元にひれ伏した。息子の潤《じゅん》すら、中内を「ボス」と呼んで距離を置いた。巨大組織ダイエーで何万人の人間の頂点に立ちながら中内は言い知れぬ孤独を味わっていた。

一方、江副が作ったリクルートでは、超高学歴の若い社員がベンチのサインなど御構い無しでハツラツとバットを振りまわしている。中内にはそれが羨ましくて仕方なかった。

中内はリクルートをダイエーのような「大人の会社」にしたくなかった。中内は「ダイエーによる支配」のイメージを与えないため、「お預かりする」の発言を繰り返し、リクルート会長就任にあたっては腹心の高木邦夫《たかぎくにお》しか連れて行かなかった。

7月2日に芝グランドプラザで開いた中内とリクルート取締役との最初の懇親会。中内は場を和《なご》ませるため、贔屓《ひいき》にしている元宝塚星組トップスター鳳蘭《おおとりらん》を連れていき、自ら十八番《おはこ》の「青葉城恋唄」まで披露した。

守られた約束

そんな中内の心情をリクルートの社員は知るよしもない。毎日新聞が〈リクルートがダイエーの傘下に〉と報じた5月22日、川崎市梶ケ谷の男子寮は朝から騒然としていた。

「おまえ知ってた?」

新入社員の杉本哲哉《すぎもとてつや》(のちにマクロミルを創業)は朝食をかき込みながら、同期に聞いた。

「知るわけねえだろ」

入社してまだ1ヵ月。創業者の江副浩正に憧れて入ったのに、その江副が持ち株をダイエーに売る? コスモスとファーストファイナンスの存在さえ知らずに入社した杉本たちには、何が起きたかさっぱりわからない。

「俺たちも小売りをやるのかな」

「さあ」

「ロゴ(カモメの青色)はやっぱ(ダイエーの)オレンジ色になるのか」

「俺に聞くなよ」

杉本たちの上司に当たるマネージャーたちも同じようなものだった。リクルート会長に就任した中内は、そんな疑心暗鬼を取り除くため、都内のオフィスにマネージャーを集めた。集まったマネージャーの数はおよそ1000人。江副に代わる新オーナーが何を言い出すのか。綱紀粛正か、それとも人員削減か。会場の空気は張り詰めていた。

中内はリクルートに資本参加した経緯を簡単に説明した後、訥々《とつとつ》と語り始めた。

「あんたらは世間から『いかがわしい』とずいぶん叩かれた。シュンとしておる者もおるわな。しかしワシはリクルートのような若くて元気な会社が大好きや」

マネージャーたちは顔を見合わせ、キョトンとしている。

(このオヤジ、何を言い出すんだ?)

中内は滑舌の悪い関西弁で続ける。

「ワシのところもそうやったが、若い会社というのは、たいがい、いかがわしいもんや。でも、あの事件があってもお客様はリクルートを必要としてくれている」

「『いかがわしい』と言う奴らには、言わせておいたらええ。君らはそのままでええんや。ええか、おまえら。もっといかがわしくなれ!」

「うおーっ!」

1000人が立ち上がり、拳を突き上げた。

このスピーチで中内はリクルート社員の心を鷲掴みにした。あっという間に人気者である。中内が銀座のG8でエレベーターに乗ろうとすると、若い女性社員たちがワイワイと乗り込んでくる。

「中内さん、こんにちは!」

「あ、ああ」

「リクルートには慣れましたか?」

「ま、まあな」

それは彼女たちが江副にしていたのと同じ接し方だった。役員会では河野栄子や神山陽子がズケズケとモノを言い、中内の誕生日には松永真理が若い女性社員たちと一緒に花束とケーキを持って会長室に押しかけた。

「えっぷりでい、ロープライスやでえ」

人事部長の冨永は、宴席で中内の声音で関西訛りの英語を真似た。

「真似すんな!」

ぶっきらぼうに言う中内の目は笑っている。

ダイエーとリクルートのシナジー効果を狙う「暁の駱駝《らくだ》プロジェクト」では「採用の神様」と呼ばれていた小畑重和《おばたしげかず》や、江副のバンド仲間だった異才の人、東正任を起用し、福岡市にドーム球場やシーホークホテルを建設した。

ダイエーが経営不振に陥り、リクルートが株を買い戻した2000年までの8年間、中内は「お預かりする」の約束を守り、リクルートの経営には一切口を挟まなかった。江副が作り上げたリクルートという「いかがわしい」会社は、革命家・中内によって「いかがわしさ」を残したまま生き延びた。

一方、中内㓛は2001年、ダイエーの経営悪化の責任を取って退任。その後ダイエーは経営破綻し、産業再生機構の支援の下、イオングループに吸収されて消滅する。2005年9月19日、脳梗塞で倒れた中内は、安売哲学を貫いた生涯を閉じた。83歳だった。

ようやく時代が江副に追いついてきた

1995年7月1日、まだ事件の余韻が残るリクルートに、たった7人の小さな事業部が生まれた。

「電子メディア事業部」。通称「デメジ」である。

事業部長は常務の木村義夫《きむらよしお》。リーダー格のエグゼクティブプランナーは木村が九州から呼び寄せた高橋理人。1982年入社の高橋は、木村が大阪支社長だったころ、関西版『住宅情報』の営業で頭角を現し、この時は九州版『住宅情報』の編集長と九州支社次長を兼ねていた。「人格者」で知られる高橋の下には若い〝暴れ馬〟が配された。

たとえば1987年入社の薄葉康生《うすばやすお》と1988年入社の笹本裕《ささもとゆう》。

薄葉は東大工学部で情報工学を学んだ。リクルートに入社したあと、社費でロチェスター大学のサイモン・ビジネススクールに留学してMBA（経営学修士）を取得した。

笹本はバンコク生まれで英語が堪能。獨協大在学中に米3大ネットワークNBCの日本支社で通訳兼ニュースデスクをしていた。薄葉と同様、1993年に社費でニューヨーク大学に留学。MBAを取得して1995年に帰国した。ふたりとも、会社が「将来の幹部候補」と見込んでいた逸材である。

デメジにエース級を集めた位田は、新聞のインタビューで、その狙いを説明している。「印刷物に頼った出版という概念だけにとらわれてはいけない。情報提供業と考えれば紙媒体だけでなくインターネットなど多様なメディア、通信と融合したサービスも展開できる。当社は質量とも優れたソフト、情報を持っている。これをベースに『いつでも、どこでも、だれでも』有益な情報に接触できる情報サービスのインフラをつくり上げたい」

デメジが誕生した1995年は、優れたネットワーク機能を持つマイクロソフトのパソコンOS（基本ソフト）「Windows95」が発売された年であり、のちに「インターネット元年」と呼ばれる。その10年前に「紙の情報誌は終わる」と予言した江副が思い描いていた新しい情報産業の姿が、やっとおぼろげに見えてきた。

ちなみに江副時代にリクルートが出資した金融決済システムのベンチャー企業「ファイテル」で働いていたジェフ・ベゾスが、ヘッジファンドの「D・E・ショー」をやめて、オンライン書店の「カダブラ」（アマゾンの前身）を設立したのは、デメジが生まれる1年前の1994年7月。スタンフォード大学の学生だった楊致遠（ジェリー・ヤン）とデビッド・ファイロが「ディレクトリー（電話帳）」と呼ばれる「Yahoo！」を設立したのは1995年3月である。

江副が1985年の「ALL HANDS ON DECK！」の演説でオンライン・シフトを宣言してから10年。ようやく時代が江副に追いついてきた。

実は「情報サービスのインフラ」というアイデアを、社長の位田に持ち込んだのは薄葉だった。カーテン屋の息子だった薄葉は子供のころ、店のソロバンが電卓に置き換わったとき、「コンピューターってすげえ！」と目覚めた。大学卒業後はIBMに就職するつもりだったが、熊澤公平《くまざわこうへい》に「日本でいちばんたくさんスーパーコンピューターを持っている会社はリクルートだぞ」と誘われ、ついついリクルートに就職してしまった。

熊澤は希望どおり、元NASAのエンジニア、メンデス・ラウルが所長を務める「スーパーコンピュータ研究所」に配属されたが、薄葉の配属は経営企画部で、直属の部長はのちに社長になる当時30歳の柏木斉だった。

柏木の下で5年ほど秘書業務の修行をした薄葉は、社費留学を許されインターネットの勃興期を米国で過ごした。薄葉はそこで、「紙の終わり」を論理的に理解した。そして帰国した1993年、位田にこう進言した。

「リクルートの情報誌は、クライアントから、原価と乖離した法外な原稿料を取っています。そんなことができるのは書店やコンビニエンスストアで物理的な棚をリクルートが独占しているからですが、インターネットの時代になればこのアドバンテージが消えて今のような利益は稼げなくなる。われわれが率先してインターネットのビジネスを始め、潜在的な競争相手に進出する気をなくさせてしまうべきです。リクルートは出版社からインフォメーション・プロバイダーになるべきです」

位田の最大の使命は、江副が残した1兆8000億円の借金を返済することだった。銀行に融資を続けてもらうため、当時のリクルートは、毎年、営業利益から１０００億円を返済に充てていた。そのためには営業利益率30％というとてつもなく高い収益力が必要であり、位田自身も情報誌のコストを削減するため、製紙工場に交渉に出向いていた。

借金漬けのリクルートは新規事業など始められる状態ではなかったが、位田は薄葉の提案に可能性を感じた。そこでリクルートでも屈指の「人材の目利き」である常務の木村に「精鋭中の精鋭」を選ばせた。たった7人の小さなチームが「情報革命」の松明《たいまつ》を江副から引き継いだ。

河野栄子の家計簿経営

やがて中古車情報誌『カーセンサー』や書籍情報誌『ダ・ヴィンチ』がオンラインで読めるようになった。『カーセンサー』『ふぉれんと』（のちに『SUUMO賃貸』）『DigitalBing』（のちに『リクナビNEXT』）の主流サービスをネットにまとめたサイトは「Mix Juice（ミックスジュース）」と名付けられた。ミックスジュースは月間７５００万PV（ページ・ビュー）の人気サイトになり、7人で始まったデメジの部員数は50人に膨らんだ。

やがて、デメジの事業部長になった高橋は１９９９年1月にミックスジュースを刷新し、旅行、車、本など15分野１４０万件のデータベースを横断的に検索できる「ISIZE（イサイズ）」を立ち上げる。

ただこの時代のサイト運営者はPVを稼ぐことに夢中で、マネタイズ（収益化）が後回しになっていた。とにかく面白いコンテンツでPVを稼ぎ、「今、ページを見ている1000万人が月に1000円払うようになれば100億円」という仮想の数字で満足していた。だが実際に課金を始めると、利用者は潮が引くように逃げていく。

高橋は年会費2000円で紹介した飲食店やホテルなどの割引サービスが受けられる「ISIZE club e」で、広告収入以外の収益を探ったが、このクーポン・サービスが世の中で認知されるのは10年以上後のことだった。誰もが、インターネットでカネを稼ぐ方法を見つけられないでいた時代だった。

1997年6月、位田に代わって河野栄子が社長に就任した。河野は「何が何でも借金を返す」という鉄の意志を持つ経営者で、インターネットにはまったく興味を示さなかった。デメジ受難の時代が始まった。

「あなた、それ無駄じゃないの」

「それでいくら儲かるの」

江副はもちろん、摑み所がなくて宇宙人と呼ばれた位田にも、大阪商人の中内にも、経営にロマンを求める傾向があった。だが、けっして裕福ではない家庭で育った河野にその甘さはなかった。河野は目の前の現実しか見ない。「ケチ」と言われようと「石頭《いしあたま》」と言われようと、余分な経費は少しでも切り詰めて、すべてを借金の返済に回す。河野の経済観念のベースは「家計簿」だった。

麻雀好きの河野は社長になっても5時半にきっちり仕事を終わらせ、雀荘に向かった。勝負師の河野はロマンチックな役満には目もくれず、小さな手でコツコツ上がり、必ず勝ちを拾った。ゴルフも男顔負けの腕前だ。ある日、社員が聞いた。

「河野さんはどうしてそんなにゴルフがうまいんですか」

河野は「何を当たり前のことを聞くのか」という顔で答えた。

「あなたたちみたいに危ない場所に絶対、打たないからよ」

「そんなにうまいんだから、僕らと同じレギュラーティーからやりませんか」

「だって女性の権利だもん」

河野はいつもどおりにレディースティーから打ち、コンペの商品をさらっていった。

当然のことながら家計簿経営とデメジは相性が悪い。

「そんなにおカネがかかるんじゃダメね」

高橋が新しいビジネスプランを持ち込んでも、河野はゴーサインを出さない。その間隙をつくように、ヤフーを傘下に持つソフトバンク、楽天などが日本のネット市場を席巻していく。先行したはずのＩＳＩＺＥは後発組に追い抜かれた。

もどかしい状況が続く中、ＩＳＩＺＥのメンバーはひとり、またひとりとリクルートを去っていく。

笹本は１９９９年、ネットベンチャーのクリエイティブ・リンクに入社。翌年には取締役最高執行責任者（ＣＯＯ）として米ミュージック・ビデオ大手ＭＴＶの日本法人に移籍。代表取締役

ＣＥＯを務めた後、マイクロソフトを経て２０１４年、ツイッター・ジャパンの代表取締役に就任した。

　高橋は２００７年、ＩＳＩＺＥの経験を買われて楽天に入り、２０１６年までインターネット・ショッピング「楽天市場」の事実上の責任者として会社の成長を支えた。創業者の三木谷浩史は海外での企業買収からプロ野球まで多忙を極める。グループの中核である楽天市場の日常のオペレーションは高橋が受け持った。高橋が楽天市場の副事業長をしている間に、楽天の流通総額は９８１０億円（２００７年度）から3兆95億円に膨らんだ。

　デメジからＷｅｂ戦略室に移った薄葉は２００２年、日本ＩＢＭに移り、ＧＥコンシューマー・ファイナンスを経ていったんリクルートに復帰した。しかし、それも束の間、２０１１年にはグーグル日本法人のチャンネル・セールスの責任者に就任した。

　グーグルに移籍した薄葉は思った。

「江副さんが作りたかったのは、きっとこんな会社だったんだろうな」

　デメジの中核メンバーは空に飛んだタンポポの種が別の場所で花を咲かせるように、日本のネット産業のあちらこちらで、その才能を開花させた。

奇跡の会社

　河野の後を受けて社長になった柏木斉は、２００６年5月、リクルートコスモスの元社長、池田友之に電話をかけた。

「トモさん、ご無沙汰しています。長い間お待たせしましたが、今期でようやく再建が完了します」

「そうか。やっと終わったか。長い間、ご苦労様でした」

「いや、トモさんこそ」

「いいんだ、それは。知らせてくれてありがとう」

池田は万感の思いで受話器を置いた。

柏木が「トモさんこそ」と言ったのは池田が自己破産していたからだ。リクルートコスモスの社長になったとき、池田は借金をしてコスモス株を買った。バブル崩壊でコスモスの株価は暴落し巨額の借金だけが残った。コスモス再建のため社長を辞任すると、その借金を返す方法がなくなり、裁判所に自己破産を申し立てた。池田の後、社長になった重田も自己破産している。

こうした犠牲を払いながらも、リクルートはその圧倒的な収益力で1兆8000億円の借金を返し切った。池田は「絶対に無理だ」と言われていた再建をやり切った後輩を誇らしく思った。

リクルートの再建計画がスタートしてから15年目の2006年5月17日。2006年3月期決算発表の席上で柏木は静かにこう語った。

「前期で(コスモスの)再建支援はほぼ終了しました。次は2010年度に、グループの売上高で今の1・5倍の1兆円を目指します」

バブル期、金融機関を含め多くの企業が狂気の投融資を続け、バブル崩壊後は不良債権の重みに押しつぶされた。ゼネコンは数千億円単位で債務減免を受けた。住宅金融専門会社、いわゆる「住専」の母体である住友銀行などの大手銀行は、公的資金の注入、つまり税金によって救われた。

バブル崩壊直前に起きたリクルート事件で「不良企業」の烙印を押されたリクルートは、公的資金の救済を受けられるはずもない。13年余の歳月はかかったが、国を頼らず自力で1兆8000億円を返し切った。

位田はデメジでネット時代への可能性を残し、河野は家計簿経営で乾いた雑巾をさらに絞った。そして「プリンス」と呼ばれた柏木の時代に、ついに借金返済のゴールにたどり着いた。江副が去った後もリクルートは「奇跡の会社」であり続けた。

バブルの時代に狂ったように貸し出し競争を繰り広げ、天文学的な規模の不良債権を抱えた金融機関を救済するため政府は2度にわたって銀行に公的資金を注入した。1度目は大手銀行と地方銀行、計21行に総額約1兆8000億円。奇しくもリクルートが背負った借金と同額だ。2度目は99年3月、大手銀行と地銀の計15行に総額約7兆5000億円を注入した。経済学者の野口悠紀雄は著書『戦後日本経済史』の中で〈破綻金融機関の処理で確定した国民負担の総額は、2003年3月末までで10兆4300億円に上った〉と推定している。

リクルート事件を引き起こした江副浩正は日本の経済史に「巨悪」と刻まれたが、自分たちの栄達と保身のためにバブルを膨らませ、国民に10兆円を超える負担を強いた大銀行の幹部や行政の責任が問われることはなかった。

「信用できるのは大銀行や中央官庁で、起業家やベンチャーはいかがわしい」

この価値観もまた、バブル崩壊から30年経っても日本経済が停滞から抜け出せない根本的な原因のひとつなのかもしれない。

幻の冬季オリンピック

1991年6月16日の深夜、江副はホテル安比グランド最上階のスイートルームでテレビの画面に見入っていた。1998年冬季五輪開催地を決める国際オリンピック委員会（IOC）の総会がイギリスのバーミンガムで開かれている。

「The City of Nagano !」

会長のサマランチが高らかに「長野」の名前を読み上げた。

「決まった以上はですね、われわれ、約束したことを実行して、みなさんの期待に応えたいと思います」

テレビの画面は日本オリンピック委員会会長の古橋廣之進《ふるはしひろのしん》の紅潮した顔を映し出す。お祭り騒ぎの映像を見ながら、江副は寂しげな笑みを浮かべた。

1998年の冬季五輪に名乗りを挙げることになった日本で、国内の候補地が決まったのは1988年6月のこと。リクルート事件の皮切りとなる朝日新聞「川崎市助役に未公開株」の記事が出た直後だった。

最終的に絞り込まれた有力地は長野市と盛岡市。リクルート事件前で絶頂期にあった江副は、安比高原スキー場のある岩手県に五輪を誘致するため水面下で動いていた。一方の長野を推していたのが、八方尾根や白馬にスキー場を開発した東急グループの五島昇だった。

誘致活動で江副の手足になったのが、1987年入社の田中耕介《たなかこうすけ》である。早稲田大学スキー部で国体選手として鳴らした田中は、その腕を見込まれてリクルートに入社した。田中の最初の任地は大阪支社。担当は『住宅情報』の営業だったが、江副の密命を受け、五輪誘致活動に加わっていた。

田中は岩手県安代《あしろ》町出身で、当時は明治大学のスキー部に所属していたノルディック複合のエース、三ケ田礼一《みかたれいいち》（1989年リクルートに入社）や、アルペンスキーの世界的なスター選手、イタリアのアルベルト・トンバを追いかけてスキーのワールドカップ会場を飛び回り、選手やIOCの委員をつかまえては安比のパウダースノーをアピールした。長野に勝てる最大のセールスポイントだった。

国内の候補地選びでキャスティングボートを握っていたのが西武グループの堤義明だった。西武グループは長野に志賀高原スキー場、岩手に雫石スキー場を持つ。

リクルート事件に足を掬われた江副は何もできず、機を見るに敏な堤は、五島の側についた。国内候補はあっさりと長野に決まった。

「江副さんへの見せしめですよ」

安比にはアイヌ語で「安住の地」という意味がある。亀倉雄策とともに山を切り開き、ゲレンデをデザインし、ホテルを建て、レストランで出す皿の一枚一枚にまで心血を注いだ安比は江副にとってまさに「安住の地」であり、リクルート事件で一線を退いたあとは、ここで過ごす時間が長くなっていた。

原田知世主演の映画『私をスキーに連れてって』のヒットで空前のスキーブームが到来、1992年にはシーズン150万人を超えた安比の来場者は、2002年には83万5000人まで落ち込んだ。安比スキー場や岩手グランドホテルを経営するリクルートの子会社、岩手ホテルアンドリゾートも赤字が続いた。

借金返済に追われるリクルートにとって安比は「お荷物」になっていた。そこで江副は密かにリクルートから安比を買い取る算段をしていた。前述のとおりリクルート株をダイエーに売ったことで、江副は1000億円を超える資産を持っていた。

ところが2003年1月31日、リクルートは「岩手ホテルアンドリゾートの全保有株を、リゾート運営会社の加森観光（札幌市）に譲渡することで合意した」と発表した。河野栄子の判断だった。江副には寝耳に水だ。

「なんで売るんだ！　なんで加森なんだ！　なんで相談してくれなかったんだ！」

江副は報告に来たリクルート執行役員のネクタイを摑み、怒りをぶちまけた。だが取締役でも大株主でもない江副が何を言おうと、もはや河野は聞く耳を持たなかった。加森観光社長の加森《かもり》公人《きみひと》とともに盛岡市で記者会見した河野は冷めた表情で言った。

「岩手ホテルアンドリゾートが勝ち残るために、業界に精通した加森観光に経営を譲ったほうがよいと判断しました」

売却金額は公表されなかったが、関係者の間では30億円程度と噂された。開発に投じた600億円を考えればタダ同然である。岩手ホテルアンドリゾートの借入金など金融債務約150億円は、譲渡前に増資を引き受ける形でリクルートが処理した。つまりは「損切り」である。余分なものはすべて切り捨て、巨額の借金返済に邁進する河野らしい決断だった。

地元岩手には激震が走った。安比高原スキー場は地元で最大級の産業であり、雇用の受け皿だったからだ。県商工労働観光部の照井《てるい》崇《たかし》部長は、新聞のインタビューでこう語っている。

「本県でこれだけ観光産業が発展したのは、リクルートの経営が大きな力となっていた。私が観光地PRをしていたころは、本県でスキーやゴルフは浸透していなかった。そんな中でリクルートがリゾート事業を展開して安比が日本を代表するスキー場になり、県が企業誘致する際にも大きな武器になった」

スキー場がオープンした時の安代町助役で、売却が決まった時には町長だった北舘義一《きただてよしかず》は江副の功績を讃えた。

「江副さんは、カネは出すけど口は出さない、というバックアップ体制で地元のために尽くしてくれた」

北館の前の町長はこう語っている。

「豪雪の地域で生まれ、ずっと雪を恨んで暮らしてきた。それが今では、雪が降るとありがたいと思う。スキー場のおかげで出稼ぎもなくなった。江副さんのおかげです」

江副への恩義を口にする地元の反応とは対照的に、リクルートの対応は冷たいものだった。

「リゾート事業への展開は江副が決めたことだが、江副は今、当社と何の関係もない」

地元紙の取材にリクルートの広報担当者はこう答えている。

実は加森観光以外にも安比を買いたいという会社はあった。江副とゆかりのある森ビルの森稔やゴールドマン・サックス証券の日本法人社長、持田昌典《もちだまさのり》も大いに関心を示していた。しかも彼らがリクルートに提示した買収金額は、加森観光をはるかに上回るものだった。

だが河野は安比を江副の友人に売らなかった。河野には、リゾート開発にうつつを抜かした江副が作った1兆8000億円の借金を「自分たちが肩代わりさせられた」という強い憤りがあったのだろう。安比がそれなりの金額で売れれば、江副のリゾート開発は成功だったことになる。

コスモスのOBは言う。

「河野さんは、安比を加森観光にタダ同然で売ることで、あのプロジェクトは失敗だった、と世間に示したかったんでしょう。江副さんへの見せしめですよ」

江副の右腕で、岩手ホテルアンドリゾートの副社長だった高塚猛も、売却の直後に解任された。

1兆8000億円の借金を返すと決めた河野は、何があっても怯まない。労組の怨嗟を浴びながら英国病を乗り越えたサッチャーと同じように「鉄の意志」を持つ女性だった。

加森観光は2016年、中国などの投資家と日本の建設・投資会社、アジアンゲートホールディングスが共同出資した特定目的会社（SPC）に岩手ホテルアンドリゾートを売却した。そのときの売却額は100億円。リクルートから加森への売却金額がいかに安かったかがわかる。

江副と政官財の要人との密会の場でもあったG8地下のバー「パッシーナ」も、江副の逮捕後すぐに取り壊され、社員が机の上に置いていた「自ら機会を創り出し、機会によって自らを変えよ」のプレートも撤去された。巨匠・亀倉雄策がデザインしたカモメのロゴも使われなくなっていく。

リクルートは、借金を返済しながら「江副の匂い」を徹底的に消していった。

最後のスキー

2013年1月31日、木曜日。前日から安比に入った江副は、平日の空いたゲレンデで朝いちばんの滑走を楽しんだ。プロのコーチに付き添われ、1・3キロメートルのコースを一気に滑降する。江副は「もう1本行こう」と言ったが、江副の体力を心配したコーチが「今日は私が疲れてしまいました」と気を遣い、この1本でおしまいになった。

盛岡駅で13時7分発のやまびこ28号に乗り、16時24分東京駅に到着した。新幹線の中で缶酎ハイを2本空けた。酒に弱い江副にしては珍しい酒量である。

ボストンバッグを新幹線の網棚に置き忘れたまま、江副は改札口に向かってホームをよろよろと歩いた。酩酊していたのかもしれない。スキー板を履くとシャキッとするが、歩くときはすっかり歩幅が狭くなり、明らかにふらつく。アルツハイマー患者特有の症状だ。

突然、江副の身体がぐらりと傾き、後ろ向きに倒れて後頭部を強打した。

駅員が駆けつけ辺りは騒然となるが、昏倒している男があの江副浩正だとは誰も気づかない。救急車が呼ばれ、千代田区にある駿河台日本大学病院に運び込まれた。新幹線から回収されたボストンバッグの中には、江副が肌身離さず持っていた『会社四季報』と100万円近くの現金が入っていた。

リクルート関係者で真っ先に病院に駆けつけたのは、最後まで付き合いのあった東正任だった。東のはからいで、すでに離婚していた碧にも連絡が行った。

1週間の昏睡が続いた後、江副は2月8日に息を引き取った。死因は頭部を打ったことによる急性硬膜下出血、くも膜下出血、それに伴う肺炎だった。76歳。グーグルより38年早く「検索サービス」を始めた男の、あまりにあっけない最期だった。経団連会長・稲山嘉寛に「虚業」だと言われた1984年の冬のように、このシーズンもよく雪が降った。

117億円。遺族が相続した江副の遺産の総額である。相続税の43億円を差し引くと残りは74億円。稀代の起業家が遺した金はたったのそれだけだった。

2014年10月16日、リクルートは東京証券取引所第一部に株式を上場した。公募価格

3100円に対し、3170円の初値がついた。株式時価総額は1兆8200億円である。個人の大株主だった位田や河野は、上場した時点で400億円（2019年11月時点の株価では1400億円）を超える資産を手にした。1992年に江副が中内にリクルート株を売って得た金額とほぼ同額である。

2020年11月24日時点のリクルートの株式時価総額は7兆8506億円で国内10位。「第二電電」から江副を締め出した稲盛和夫のKDDI（7兆991億円）を上回っている。

天才・江副浩正がつくった青緑の組織

本当に買いたい物の広告は、おカネを払ってでも手に入れたい「情報」になる。グーグルが登場する38年前に、江副は「マッチング（需要と供給を出会わせる機能）」の可能性に気づいた。心理学を学んだ江副はトップのカリスマ性や社員の忠誠心に頼る日本的経営の限界にも気づいていた。

「自ら機会を創り出し、機会によって自らを変えよ」

江副の組織論はこの社訓に凝縮されている。「世の中は自分より優秀な人間ばかりだ」というコンプレックスを抱えていた江副は、年間に60億円超のコストをかける「狂気の採用」で、日本中から優秀な学生を集めた。

そして「君はどうしたいの？　じゃあそれは君がやって」と新しいアイデアを出した本人にそ

の仕事を任せた。「言い出しっぺ」のカルチャーは若い社員たちに「圧倒的な当事者意識」を植えつけた。

2018年に日本でもベストセラーになったフレデリック・ラルーの『ティール組織』は、人間が作る組織の進化を「カリスマが率いる衝動型（レッド）」「軍隊式のヒエラルキー型（アンバー＝琥珀）」「成果主義型（オレンジ）」「人間関係重視型（グリーン）」「進化型（ティール＝青緑）」に分類する。ティール組織は「強力な権限を持つリーダーが存在せず、現場のメンバーが多くのことを決定する」ことが特徴とされる。

日本企業の多くはいまだ「レッド」か「アンバー」に属するが、江副の「社員皆経営者主義」は50年前から「ティール」だった。

革新的なビジネス・モデルと、心理学に根ざした卓越したマネジメント理論。江副の手によってこのふたつを埋め込まれたリクルートは、江副が去った後も成長を続け、日本の情報産業を牽引する企業になった。2012年に1000億円で買収した米国の求人サイト「Ｉｎｄｅｅｄ（インディード）」の爆発的な成長で、2019年3月期には連結売上高2兆3000億円のうち1兆円を海外で稼いだ。江副が成し得なかったグローバル化にも成功したのである。

江副が「ＡＬＬ ＨＡＮＤＳ ＯＮ ＤＥＣＫ！」と叫んだ20年後の2005年、紙の『リクルートブック』が廃刊になり、ネットの「リクナビ」がそれに取って代わった。

そのころ、Ｇ８のオフィスのあちこちに、1枚のポスターが貼られた。小さな女の子が乗る三輪車に轢かれた人事担当役員の関一郎《せきいちろう》が、アメリカのカートゥーン（漫画）のようにペラペラになっており、こんなキャプションがついている。

「リクルートの中で偉くても、しょうがなかったりして」

リクルート事件がなかったら、ペラペラにされていたのは江副だったかもしれない。

会社の主役は一人ひとりの社員。

江副浩正が創ったリクルートはそんな会社である。

エピローグ

元号が令和に変わってはじめての冬。その日の盛岡は快晴だった。東北自動車道を松尾八幡平インターチェンジで降り、西岩手カルデラの美しい稜線を望みながら国道282号線を北上する。雪道を20分ほど走ると「APPI」の看板が見えてくる。安比高原スキー場を目指して左折する。右に曲がれば「安比高原ゴルフクラブ」だ。緩やかな上り坂を10分ほど走ると、白銀のゲレンデを背負ってすっくと立つレモンイエローのタワーが姿を現した。「ホテル安比グランド」だ。江副はいつも、このホテルの最上階に所有するペントハウスに宿泊していた。

2013年1月31日も江副はここに泊まり、1泊2日のスキー旅行を楽しんで帰京した。東京駅で新幹線を降り構内を歩いていた時に転倒して頭骨を骨折。そのまま昏睡状態になり、2月8日に帰らぬ人となった。

快晴ながらマイナス4度。車の外に出ると冷たい空気が肌を刺す。湿り気のない雪が、足元でキュッ、キュッッと小気味の良い音を立てる。サラサラの粉雪はわずかな風で、ふわりと舞い上がる。「アスピリンスノー」とも呼ばれる安比の粉雪は、世界中のスキーヤーから高い評価を受けている。この極上の雪質こそ、「日本一のスキーリゾート」を目指した江副が安比を選んだ理由だった。

総面積282ヘクタール、21コース（総滑走距離45・1キロメートル）からなる日本屈指のスキー場には、ブームが去った今も年間30万〜40万人が訪れる。ゲレンデとホテルは直結しており、スキーやスノーボードを楽しんだ宿泊客は、そのままホテルのロッカー・ルームに滑り込んで自分の部屋や温泉に直行する。開業当時の日本では画期的な作りだった。

記録的な小雪となった2019年は、全国のスキー場が雪不足で営業停止に追い込まれた。しかし有数の豪雪地帯である安比は、暖冬にもめげずほとんどのリフトが稼働し、スキー客で賑わっていた。

ゲレンデを見渡すと、外国人の姿が目立つ。遠目には日本人と見分けがつかないが、すれ違いざまに中国語や韓国語が耳に飛び込んでくることもある。ゲレンデの麓では8人乗りのゴンドラが、さまざまな国籍の家族連れやカップルを次から次へと運んでいく。

1981年にスキー場が開業するまで、この地は、地元岩手の人間でも滅多に足を踏み入れることのない場所だった。それが今では年に10万人を超える外国人が訪れるインバウンドの町になった。しかしここを訪れる客のほとんどは、誰がこのスキー場を作ったのか知らない。

さすがの江副もインバウンド需要までは予測していなかっただろうが、江副が「ここにスキー場を作ろう」と言わなければ、町の男たちが「出稼ぎ」から解放されることはなかった。

ホテル安比グランドからゲレンデに向かって右を見ると、高さ10メートルほどのポールが立っている。四角いブロックが積み上げられた形で、それぞれのブロックの中にはピンクの花、緑の鳥、黄色のドングリ、白いウサギをあしらった三角形のイラストが並び、そこに「ＡＰＰＩ」の文字。江副の盟友、亀倉雄策がデザインした安比のロゴだ。

35年前に描かれたこのロゴは今も古びていない。スキーが大ブームだったバブル期には、「ＡＰＰＩ」のステッカーを貼った車を東京都内でもよく見かけた。

快晴でも気温は氷点下である。スキーもせず、ただ歩いているだけでは、ものの数分で手足の先が痺れてくる。

慌ててホテルに駆け込むと、そこは別世界だった。10メートルはあろうかという吹き抜けの天井が開放感を生み出し、間接照明が落ち着いた空間を演出する。適温に保たれたロビーにはクラシック音楽が静かに流れている。亀倉が「世界に通用するリゾートホテルを」との思いを込めてデザインしたホテルは、開業から36年目に入った今もゴージャスだ。

従業員は男女とも、糊の効いた白いシャツに黒いネクタイを締め、ぴんと背筋を伸ばしている。高級ホテルの趣である。私はフロントの女性従業員にあるものの場所を尋ねた。

「この辺りに江副浩正顕彰碑というのがあるはずなんですが。ここから歩いて行けますか」

「エゾ……？　スミマセン……」

「江副浩正。このホテルを作った人の記念碑です」

「スミマセン。ショウショウ、オマチクダサイ」

フロントの女性は、後ろの先輩らしき女性に助けを求める。

「失礼しました。こちらで承ります」

「江副浩正顕彰碑を探してるんですが」

「ケンショウ……?」

「顕彰碑。業績をたたえる碑。モニュメントのことです」

「ハア……?」

制服についた名札を見ると、ふたりとも日本人ではなかった。最初の女性はベトナム系、ふたり目は中国系の名前だ。困って額を寄せ合うふたりを見かねて、奥から黒服の男性が出てきた。

「顕彰碑ですか? 何年か前にできたやつですね。駐車場の前の国道を3キロほど下ってもらうと、最初の信号の右手にあります。ローソンが目印です」


夕日が前森山の向こうに沈もうとしていた。ローソンの駐車場は滑り終わって都会へ帰る車でごった返していた。レジにはスナック菓子や缶コーヒーを持つ客の長い列ができている。

顕彰碑はローソンの駐車場の裏側にあった。5メートルほどの碑は下半分が雪に埋まっている。5、6個のブロックを積み重ねた形の碑は、ゲレンデにあったポールと同じ意匠だ。一つひとつのブロックの中心がくり抜かれ、その中に緑、青、オレンジの幻想的な照明が灯る。腰の高さまで積もった雪をかき分けて近づくと、石に一首の短歌が刻まれていた。

こころよき　疲れなるかな　息もつかず　仕事をしたる後のこの疲れ

石川啄木だ。

息もつかず、リクルートという大きな仕事をした江副も、ある時期までは「こころよき疲れ」を感じていただろう。だが富と名誉が大きくなるにつれ、こころよき疲れは「眠れぬ不安」に姿を変え、江副の心を蝕んだ。

前森山に日が沈み、顕彰碑のランプがゆらゆらと輝き始めた。だが、私のほかそれに気づく者はいない。

今から30年以上も前に「情報が人間を熱くする」と叫んだ天才の碑に、雪がしんしんと降り積もる。

江副浩正　関連年表

西暦・和暦	月　日	江副浩正とリクルート関係	月　日	世の中のうごき
1936・昭和11年	6月12日	江副浩正、大阪市天王寺区上本町8丁目で、数学教師の父・良之とその教え子だった母・マス子の長男として誕生	2月26日	「昭和維新」を掲げる青年将校に率いられた陸軍部隊が、反乱（二・二六事件）
1939・昭和14年		浩正3歳。マス子、療養のため今治市の実家へ	7月7日	盧溝橋事件勃発、以降、日中戦争が拡大の一途
1941・昭和16年		佐賀県佐賀市に疎開。佐賀市立赤松国民小学校に入学	12月8日	日本軍、ハワイ真珠湾空襲、マレー半島上陸。対米英に宣戦布告
1945・昭和20年	6月	良之、再婚相手の咲子と6歳下の弟を連れて佐賀に疎開し、浩正と再会。戦争が終わると一足先に良之が大阪に戻る	8月15日	昭和天皇、終戦の詔書放送。9月2日、降伏文書調印
	11月	良之、咲子、浩正、弟、阪急デパートに勤める野田きくゑ、良之の親戚らと豊中の借家で同居。48年、咲子、弟とともに出て行く		
1946・昭和21年			5月7日	東京通信工業（現・ソニー）の設立
1949・昭和24年	4月	甲南中学に進学		
1950・昭和25年			6月25日	朝鮮戦争勃発
1955・昭和30年	4月	東大に入学	9月	盛田昭夫と井深大の東京通信工業、半導体・トランジスタを実用化したラジオ、TR-55を発売
1956・昭和31年	6月	東京大学新聞でアルバイトを始める	7月17日	経済企画庁、経済白書に「もはや戦後ではない」と記す
1957・昭和32年	4月	教育学部教育心理学科に進む。神戸大学法学部から、のちの創業メンバー大沢武史が編入	9月	中内㓛、大阪・千林にダイエー1号店（主婦の店・ダイエー薬局）開店
1958・昭和33年	6月18日	大学4年。東大新聞第2面に「丸紅飯田　就職説明会御案内」の広告	1月	東京通信工業、社名をソニーに変更、世界最小のラジオ、TR-610が50万台を超える大ヒット

年	月日	江副浩正関連	月日	社会の出来事
1959・昭和34年			4月	稲盛和夫、京都セラミック株式会社（現・京セラ）を設立
			6月25日	巨人の長嶋茂雄、昭和天皇が観戦した「天覧試合」の対阪神戦でエース村山実からサヨナラ本塁打
1960・昭和35年	3月31日	「大学新聞広告社」を創業、事務所は、港区芝佐久間町（現・西新橋）の森ビルの屋上にある物置小屋	6月15日	全学連主流派、国会突入。樺美智子死亡。19日、新安保条約、自然承認。23日、岸信介首相、退陣表明
	10月	父親が出した60万円を資本金に「株式会社大学広告」を立ち上げる	7月19日	池田勇人内閣発足。政治から経済施策へ。所得倍増計画を閣議決定（12月27日）
1961・昭和36年	4月	大阪営業所開設	5月25日	アメリカ大統領ジョン・F・ケネディ、1960年代が終わるまでに人間を月に到達させると演説
	8月	『企業への招待』の企画構想まとまり、営業を開始	6月	トヨタ、大衆車「パブリカ」発表
			6月12日	世界最高峰の二輪レース「マン島TTレース」で250ccクラス、125ccクラスでホンダが完全優勝
1962・昭和37年	4月	『企業への招待』（後に『リクルートブック』に誌名変更、「リクナビ」の前身）創刊	6月2日	ばい煙規制法公布。全国で大気汚染（スモッグ）ほか公害問題が深刻化
1963・昭和38年	4月	社名を「日本リクルートメントセンター」に。さらに8月26日、「日本リクルートセンター」と社名変更。中内㓛と阪急神戸線西宮北口駅の「主婦の店・ダイエー」で初めて会う	11月22日	米ケネディ大統領暗殺
1964・昭和39年	4月26日	西田みどりと結婚（仲人、三木安正東大教授）、京都都ホテルで挙式。新居は目黒区のワンルームマンション	10月10日	オリンピック東京大会開会式。10月1日には東海道新幹線が開業していた
1965・昭和40年	4月	『企業への招待』高校版創刊、下田雅美入社	5月28日	昭和40年不況。田中角栄蔵相が山一證券に日銀特融

1965・昭和40年	6月	知的能力テスト、事務能力テストを開発	10月21日	朝永振一郎教授、ノーベル物理学賞受賞
	9月	ニュー八重洲ビル9階、10階を購入。初の自社ビル、昭和40年不況で貸し机業	10月24日	ホンダ、F1メキシコグランプリで初優勝
1966・昭和41年	3月	IBM1230型光学式マーク読み取り採点機を導入	10月	トヨタ、「カローラ」発表。同車は発売後17年で累計台数1000万台を突破、モータリゼーションに火をつける
	11月	江副、ダイヤモンド社社長に『就職ガイド』の発刊を「やめてくれ」と直訴		
1967・昭和42年	1月	日経新聞に全面広告。「学生は会社のことを知りたがっています」	3月	日経新聞、「電子計算機部」を新設
			10月	ダイエー中内功、松下電器（現・パナソニック）を独禁法違反の疑いで公正取引委員会に提訴
1968・昭和43年	5月	社訓・社是・社章制定。社訓は「自ら機会を創り出し、機会によって自らを変えよ」	6月15日	東大で医学部学生らが安田講堂を占拠。翌69年1月19日、警視庁機動隊によって封鎖解除
1969・昭和44年	2月	『企業への招待』を『リクルートブック』に誌名変更	1月	南ベトナム派遣の米軍が最大規模の55万人に。ベトナム戦争泥沼化
	4月	重田里志入社	1月25日	中内功、『わが安売り哲学』刊行
	7月7日	長女誕生	7月20日	アポロ11号、月面着陸に成功
	12月	河野栄子入社	10月	アメリカで国防総省主導のプロジェクトARPANETが始動（インターネットの原形）
1970・昭和45年	9月28日	次女誕生	3月15日	大阪・吹田市の千里丘陵で日本万国博覧会開催（～9月13日）
			5月21日	東京・牛込柳町で排気ガス鉛害問題発生。7月18日には杉並で全国初の光化学スモッグ発生。公害深刻化
1971・昭和46年	5月	リクルートコンピュータプリント（現・リクルートコミュニケーションズ）設立	8月15日	米ニクソン大統領、ドル・金の交換の停止などドル防衛策を発表（ニクソン・ショック）

1971・昭和46年	9月	GIB（ゴールインボーナス）制度発足	10月1日	日経新聞、市況情報センター（現・QUICK）を設立
			11月19日	日経新聞、「アネックス（Automated Nikkei Newspaper Editing & Composing System）」を導入。世界初、新聞製作のコンピューター化
1972・昭和47年	5月	鹿児島県志布志町にリクルートファーム開設	2月	札幌オリンピック開催
	8月	リクルート西新橋ビル（Nビル）竣工	7月7日	田中角栄内閣発足。田中の著書『日本列島改造論』はミリオンセラーに
1973・昭和48年	春	池田友之、復職	10月16日	第4次中東戦争が引き金となり第1次オイルショック。OPEC加盟6ヵ国、原油公示価格を70%値上げ
	7月	設立10周年記念社員総会で竜ヶ森プロジェクト発表	10月19日	閣議、オイルショック対策のため紙使用節約運動推進を決定、トイレットペーパーのパニック起きる。狂乱物価
			10月23日	江崎玲於奈氏、ソニー研究員時代の「半導体のトンネル効果」研究でノーベル物理学賞受賞
1974・昭和49年	2月	環境開発（後のリクルートコスモス）設立	5月15日	東京都江東区豊洲にセブン-イレブンの1号店がオープン
	8月31日	74年8月期決算で、売上高103億7900万円で、100億円を突破	10月10日	月刊『文藝春秋』11月号に評論家・立花隆の「田中角栄研究——その金脈と人脈」掲載
	10月	ニューヨーク出張所開設。PC（プロフィットセンター）制度導入	11月26日	田中総理、辞意を表明。12月9日、三木武夫内閣が発足
1975・昭和50年	6月	中途採用、転職者のための『就職情報』（後の『ビーイング』）創刊	4月	マイクロソフト社設立
			4月30日	サイゴン陥落。ベトナム戦争終結
1976・昭和51年	1月	『住宅情報』創刊	4月	アップル社設立
	4月	週休二日制導入	7月27日	田中角栄前首相、ロッキード事件で逮捕

1976・昭和51年	9月	財団法人江副育英会発足	12月24日	総選挙惨敗の責任を取って三木内閣総辞職、福田赳夫内閣成立
	4月	ノンバンクのファーストファイナンス設立	6月	アップル社、「AppleII」発売、ベストセラーとなりアップル成長の原動力に
1977・昭和52年	5月	盛岡グランドホテル経営権取得	7月	鄧小平復活（前年10月には毛沢東夫人の江青ら「四人組」逮捕）
	12月	株式会社就職情報センター設立（中途採用事業部が独立）	9月28日	日本赤軍が日航機をハイジャック、29日、日本政府は拘留中の赤軍派など9人を釈放、身代金600万ドルを払う
1978・昭和53年	10月	第1回竜ヶ森ジャンボリー開催	12月7日	大平正芳内閣発足
1979・昭和54年	7月	IBM4331国内第1号機導入	3月28日	アメリカ、スリーマイル島原発事故
	9月	『住宅情報』週刊化	6月28日	東京サミット（第5回先進国首脳会議）
			10月1日	省エネルギー法施行。政府さかんに省エネ運動を推進
1980・昭和55年	2月	『とらばーゆ』創刊	5月23日	稲山嘉寛・新日本製鐵会長、土光敏夫（石川島播磨重工業社長、東芝社長など重職を歴任）の後任として第5代経団連会長に就任
	10月	第三セクター「安比総合開発」設立（リクルートの出資率は48％）	5月31日	大平首相、衆参同日選挙遊説中に倒れ、6月12日死去。選挙は自民党の圧勝
	10月4日	朝日新聞（日本リクルートセンター　とんだ〝内職〟学生名簿、企業に売る）社会面トップで報道	7月17日	鈴木善幸内閣発足
	12月31日	売上高500億円を突破（1980年12月期売上高502億1300万円）	9月12日	第二次臨時行政調査会（第二臨調、会長は土光敏夫）設置閣議決定
1981・昭和56年	3月	リクルート銀座8丁目ビル、通称G8竣工	1月	土光敏夫に請われ、真藤恒、電電公社総裁に就任
	6月5日	江副良之、南麻布の江副邸で死去、享年77	3月16日	第二臨調、初会合。国鉄、電電公社、日本専売公社の三公社民営化を推進

1981・昭和56年	12月	安比高原スキー場オープン	5月	対米自動車輸出を168万台に自主規制。日米貿易摩擦は80年代に激化の一途
1982・昭和57年	2月	技術者向けの転職情報誌『ベルーフ』創刊	1月25日	トヨタ自工とトヨタ自販が合併覚書調印（7月1日トヨタ自動車発足）
	11月	アルバイト情報誌『フロムエー』創刊（10月に株式会社リクルートフロムエー設立）	11月27日	中曽根康弘内閣発足
1983・昭和58年	2月22日	「打倒Y　総決起集会」。Yは読売の意	2月23日	『読売住宅案内』創刊、表紙は巨人のエース・江川卓。テレビCMには伝説の4番打者・王貞治が起用される
	3月	第1回RING全国大会	4月	ARPANETから軍事関係の通信を担うMILNETが分離
	10月	住宅情報オンラインネットワーク（JON）サービス開始	10月12日	ロッキード事件で田中角栄に懲役4年、追徴金5億円の実刑判決。田中側控訴
1984・昭和59年	1月	経団連会館で稲山嘉寛会長と面談。「情報誌産業は虚業」と言われる	1月1日	AT&T（アメリカ電信電話会社）分割
	4月	「日本リクルートセンター」から「リクルート」に社名変更	1月24日	アップル社、パソコン「マッキントッシュ」発売。オーウェルの『1984』をもじったテレビCM
	10月	海外旅行の総合情報誌『エイビーロード』、車選びの自動車情報誌『カーセンサー』創刊	6月1日	第二電電発足（第二電電企画設立）。リクルートは同社の大口出資者から外される
	11月	リクルートG7ビル完成（日軽金から買った同社の本社ビルを改装）	7月23日	ミシンメーカー「リッカー」倒産。負債総額826億円（会社側の発表）
	12月	環境開発（リクルートコスモス）未公開株を、小松秀熙・川崎市助役ら39人（財界の友人、知人）に譲渡	12月25日	電気通信事業法公布（NTTへの民営化、通信事業の自由化）
1985・昭和60年	2月	リクルートUSA発足	2月27日	田中角栄、脳梗塞で東京逓信病院に入院
	3月	「環境開発」、「リクルートコスモス」に社名変更	3月17日	科学万博（つくば博'85）開催（〜9月16日）

1985・昭和60年	3月	日本経済新聞社と地図情報オンラインサービスの「マップデータ」設立	4月1日	NTT（日本電信電話株式会社）、JT（日本たばこ産業株式会社）発足
	4月1日	創立25周年記念社員総会で「(法人) 申告所得が163億3000万円となり電通を抜いた」と発言	8月12日	羽田発大阪行の日航ジャンボ機、群馬県御巣鷹山山中に墜落、死者520人
	7月	I&N事業部、設立	8月13日	三光汽船、倒産。負債総額は1兆円で当時史上最大
	8月	池田友之、「リクルートコスモス」社長に就任	9月22日	日米英仏西独の主要5ヵ国蔵相・中央銀行総裁会議がドル高是正で合意（プラザ合意）。翌86年8月、1ドル152円55銭の円高に
	9月	IBM3090-200（1号機、2号機）、富士通のFACOM M-380を導入		
		RCS（リモート・コンピューティング・サービス=時間貸し）事業開始		
	10月	写真週刊誌『フォーカス』10月25日号に〈女連れ「新財界人」たちの沖縄行〉愛人を同伴した江副氏らの写真と記事が掲載		
	12月19日	読売新聞、社会面で〈リクルートグループ巨額資金の底地買い 宅建法違反で事情聴取へ〉、以降、リクルートの「底地買い」追及報道		
1986・昭和61年	4月	金哲彦、入社。のちに有森裕子が所属する「リクルートランニングクラブ」を創設	2月	読売新聞、『読売住宅案内』廃刊。住宅情報誌から撤退
	6月	紀尾井町の料亭「ふくでん」で開かれた中曽根後援会のひとつ「山王クラブ」の会合に出席	4月1日	男女雇用機会均等法施行
	8月	富士通のスーパーコンピューターFACOM VP-400導入	4月26日	ソ連チェルノブイリ原子力発電所で大事故
	10月30日	リクルートコスモス上場（店頭市場に公開）。公開1ヵ月前までに、コスモス未公開株を83人に76万株譲渡	7月6日	衆参同日選挙で中曽根自民党、衆議院304議席の圧勝

1986・昭和61年	11月	クレイのスーパーコンピューターX-MP216導入	9月30日	国土庁が基準地価公表。東京都23区の商業地が40%、世田谷区などの宅地で60%の異常な高騰
1987・昭和62年	1月23日	夜8時、南麻布の江副邸に発煙筒が投げ込まれる。『とらばーゆ』広告掲載でのトラブルとの関係をめぐって警視庁が捜査	1月30日	東証平均株価、2万円を超える
	4月	元アメリカ海軍大学院大学数学科助教授のメンデス・ラウル入社、スーパーコンピューター研究所（ISR）所長に。オンラインの国際決済システムをもつ「ファイテル社」に12%出資。のちに買収。ジェフ・ベゾスが当時、同社の日本法人を担当	3月30日	安田火災（現・損害保険ジャパン）がゴッホの「ひまわり」を58億円で落札
			4月22日	2月に上場したNTT株、318万円の高値を記録
			9月	タテホ化学工業の国債先物取引による巨額損失をめぐるインサイダー取引が発覚。これが契機となり証券取引法改正（1989年4月施行）
			11月6日	竹下登内閣発足、宮澤喜一、副総理・蔵相就任
1988・昭和63年	1月	『ビーイング』（『就職情報』と『ベルーフ』を合併）創刊	1月5日	六本木のディスコで1・6トンの照明器具が落下、3人死亡
	1月14日	江副が代表取締役会長に、位田尚隆が代表取締役社長に就任		
	3月	リクルート川崎テクノピアビル竣工（ロンドンーニューヨークー川崎の日米欧3極テレポート構想）	3月13日	世界最長（当時）の青函トンネル開業（53・85キロメートル）
	6月	リクルート企業CM「情報が人間を熱くする」（2週間で打ち切り）	6月13日	朝日新聞横浜支局デスク・山本博、川崎市助役のリクルートからの収賄疑惑の記事化を決断
	6月18日	朝日新聞、リクルート事件第一報〈「リクルート」川崎市誘致時　助役が関連株取得　公開で売却益1億円　資金も子会社の融資〉	6月20日	小松秀熙・川崎市助役解職

1988・昭和63年

7月7日	江副、代表取締役会長辞任、相談役に就任
7月23日	江副、『AERA』の取材を受けるが、24日、本紙朝刊1面で〈リクルート関連株で江副氏語る「政治家への譲渡」否定せず〉と報道される
7月26日	江副、抑うつ症状で半蔵門病院に入院
8月10日	南麻布の江副邸を赤報隊が銃撃
8月30日	リクルートコスモス社長室長・松原弘、楢崎弥之助の議員宿舎に呼び出され、贈賄シーンを隠し撮りされる
9月5日	松原弘、リクルートコスモス社長室長辞任
10月12日	江副、衆議院税制問題等調査特別委員会の病床質問を受ける
10月20日	松原前コスモス社長室長、贈賄申込の容疑で逮捕（11月10日起訴）
11月7日	江副、半蔵門病院で東京地検検事の事情聴取を受ける
11月21日	江副、衆議院リクルート問題特別委員会の国会証人喚問
12月31日	88年12月期決算で、売上高2000億円を超える（2692億3200万円）

6月24日	森喜朗元文相、コスモス株で売却益の報道
7月6日	中曽根康弘前首相、安倍晋太郎自民党幹事長、宮澤喜一蔵相の各秘書へのコスモス株売買の報道 コスモス株を譲渡されていた森田康日経新聞社長辞任
7月23日	海上自衛隊「なだしお」衝突事故、遊漁船沈没、30人死亡
7月	社民連、楢崎弥之助がリクルートに未公開株の譲受人名簿提出を求める
9月5日	楢崎が記者会見。同日夜、日本テレビ NNNニュースプラス1（徳光和夫アナ）が「隠し撮り映像」を放映
9月19日	昭和天皇、重体に
9月30日	公文俊平東大教授辞任
10月11日	加藤孝前労働事務次官、コスモス株譲渡の報道
10月19日	東京地検、リクルート本社を家宅捜索
10月29日	藤波孝生元官房長官秘書、渡辺秀央官房副長官への未公開株譲渡報道。11月1日真藤恒NTT会長秘書、2日池田克也（公明党）、上田卓三（社会党）、3日高石邦男（前文部事務次官）と続く
11月15日	衆院にリクルート問題調査特別委員会、設置
12月9日	宮澤喜一蔵相　リクルート事件で辞任

年	月日	江副浩正・リクルート	月日	社会の出来事
１９８８・昭和63年			12月14日	ＮＴＴ真藤会長、リクルート事件で辞任。12日牛尾治朗、13日諸井虔が経済同友会副代表幹事を辞任を表明
			12月24日	消費税導入など税制関連法案、国会を通過
１９８９・昭和64年 平成元年			1月7日	昭和天皇、崩御
	2月13日	江副、逮捕。江副宅および半蔵門病院、家宅捜索。小林宏（ファーストファイナンス副社長）、式場英、長谷川寿彦逮捕	1月24日	原田憲経済企画庁長官、辞意
	2月15日	間宮舜二郎リクルート常務、舘岡精一リクルートコスモス取締役逮捕	2月24日	昭和天皇、大喪の礼
	2月18日	小野敏廣リクルート秘書室長逮捕	3月6日	真藤恒、村田幸蔵（真藤秘書）逮捕
	3月8日	辰巳雅朗（リクルート社長室長）逮捕	3月8日	加藤孝前労働事務次官、逮捕
	6月6日	江副、保釈（保釈金2億円）。勾留１１３日	3月28日	高石邦男前文部事務次官、逮捕
	12月31日	89年12月期決算で、過去最高の売上高２９２８億６１００万円、経常利益は前期比16・８％増の４１６億円に	4月25日	竹下登首相退陣表明、翌日の26日、竹下秘書・青木伊平自殺
			5月22日	藤波孝生元官房長官、池田克也代議士を在宅起訴。29日、東京地検　捜査終結宣言
			6月2日	竹下内閣総辞職。3日、宇野宗佑内閣発足。7月24日、女性問題で退陣、後継首相は海部俊樹
			12月2日	地中海マルタ島でブッシュ米大統領、ゴルバチョフソ連共産党書記長が東西冷戦の終結を宣言
			12月29日	日経平均株価が３万８９１５円の史上最高値
１９９０・平成2年	1月	国内旅行情報誌『じゃらん』創刊	3月27日	地価暴騰対策として、大蔵省（橋本龍太郎蔵相）が不動産向け融資の総量規制実施を決定
	2月	学習情報誌『ケイコとマナブ』創刊	8月2日	イラク軍がクウェートに侵攻

年	月日	江副・リクルート関連	月日	社会の動き
1990・平成2年			10月3日	東西ドイツ統一
			10月9日	真藤恒前NTT社長、有罪判決（懲役2年執行猶予3年）
1991・平成3年			1月17日	湾岸戦争勃発。アメリカを中心とする多国籍軍、イラク空爆。日本政府、多国籍軍に総額135億ドルの拠出を決定
			6月20日	野村證券を皮切りに「四大証券」による大口法人顧客への巨額損失補填発覚
1992・平成4年	4月7日	ノンバンク「ファーストファイナンス」が抱え込んだ延滞債務が4000億円におよぶことが明らかに。リクルートグループの負債総額は1兆8000億円	2月14日	東京佐川急便事件。政界にヤミ献金をバラ撒き、暴力団稲川組系企業などに多額の融資をしていた渡辺広康前社長らを東京地検が逮捕
	5月5日	江副、ダイエー中内㓛と面談、江副保有のリクルート株の譲渡を打診	3月16日	日経平均株価終値、2万円割る。バブル崩壊
	5月15日	リクルート最高経営会議でダイエーへの株式売却を提案	7月	NTT移動通信網株式会社（現・NTTドコモ）営業開始
	5月22日	毎日新聞が「江副前会長が全所有株譲渡、リ社、ダイエー傘下に」とスクープ。午前10時30分、ホテルオークラ平安の間で江副、位田尚隆、中内が記者会見		
1993・平成5年			8月9日	非自民連立の細川護熙内閣発足
1994・平成6年			4月	「ヤフー」誕生（翌95年3月に法人化）
			6月30日	社会党・村山富市を総理とする自民・社会・さきがけ連立内閣発足
			7月	ジェフ・ベゾス、「アマゾン社」創業
1995・平成7年	7月1日	位田尚隆、電子メディア事業部を創設	1月17日	阪神・淡路大震災。死者6432人、家屋全壊11万7489棟
			7月	アマゾン社、オンライン書籍販売サービスを開始

年	月日	江副・リクルート関連	月日	社会の出来事
1995・平成7年			11月	マイクロソフト社、日本で「Windows95」発売。インターネットの本格普及始まる
1996・平成8年	4月	電子メディア事業部、「デジタルビーイング」を創設	1月11日	村山首相が退陣し、橋本龍太郎内閣が発足
			4月	ヤフージャパンが検索サービスを開始
1997・平成9年	6月30日	河野栄子、リクルート社長に就任	9月	グーグルの検索サイト始動。98年9月に法人化
	9月17日	小野敏廣に有罪判決（懲役2年6月執行猶予4年）	11月	三洋証券、北海道拓殖銀行、山一證券が経営破綻
1999・平成11年	1月	電子メディア事業部、「ISIZE（イサイズ）」を立ち上げる	2月	ドコモ、iモードのサービス開始
	11月19日	辰巳雅朗、有罪判決確定、懲役1年執行猶予3年（最高裁が上告棄却）	3月27日	日産、ルノーとの資本提携に調印。事実上、経営権はルノーが握り、カルロス・ゴーンが派遣される
			10月5日	小渕恵三首相、自民党・自由党・公明党で連立政権
2000・平成12年	10月1日	岩手観光ホテルと安比総合開発を統合して岩手ホテルアンドリゾート設立	4月2日	小渕首相が脳梗塞で緊急入院、5日、森喜朗内閣発足
			9月	グーグルが日本語での検索サービスを開始
2001・平成13年	1月30日	中内㓛が引退。リクルート専務の高木邦夫がダイエー社長に	4月26日	小泉純一郎内閣発足。竹中平蔵が経済財政担当大臣に
			9月	ヤフージャパンが高速インターネット接続のADSLサービスを開始。ソフトバンクグループが通信事業に参入
2002・平成14年			5月28日	経団連と日経連が統合、日本経団連が発足。初代会長に、奥田碩トヨタ会長
2003・平成15年	3月4日	江副浩正、有罪判決（懲役3年執行猶予5年）。控訴せず18日に判決確定。13年もの長期裁判		

年	月日	江副浩正・リクルート関連	月日	社会の出来事
2003・平成15年	4月	リクルート、岩手ホテルアンドリゾートを加森観光に売却		
2004・平成16年	6月30日	柏木斉、リクルート社長に就任	2月	フェイスブック誕生
2005・平成17年	9月19日	中内㓛死去。享年83	2月	グーグル社がグーグルマップのサービスを開始
2006・平成18年	5月17日	柏木社長、1兆8000億円の負債を完済、コスモスの再建支援の終了を宣言	1月23日	堀江貴文ライブドア社長らを東京地検特捜部が証券取引法違反容疑で逮捕
			6月5日	証券取引法のインサイダー取引容疑で、村上ファンド・村上世彰代表を逮捕
			7月	ツイッター社がTwitterのサービスを開始
			9月26日	第1次安倍晋三内閣発足
2007・平成19年	12月	スタッフサービス創業者・岡野保次郎の持ち株(80・14%、1700億円)を買収し子会社化。現・リクルートスタッフィング	1月	アップル社がiPhone発表
2008・平成20年	1月	グランドトウキョウサウスタワーに本社移転	9月15日	リーマン・ショック。世界同時金融危機に。日経平均株価も大暴落
			10月	グーグル社の携帯端末用OS、アンドロイドを搭載したスマートフォンがアメリカで発売
2009・平成21年	4月	コスモスイニシア(旧リクルートコスモス)私的整理の手続き開始	8月30日	総選挙で民主党が圧勝。9月16日、鳩山由紀夫内閣、発足
2010・平成22年	10月	STAFFMARK HOLDINGS(米国)買収	1月19日	日本航空が会社更生法の申請、2月20日上場廃止
	12月	Advantage Resourcing America(米国)とAdvantage Resourcing Europe(オランダ)を買収	11月28日	ウィキリークスが公開したアメリカ政府の機密情報の数々に世界で反響が広がる
2011・平成23年			3月11日	東日本大震災、福島第1原発事故。死者は12都道県で1万5897人、行方不明者は6県で2533人

2012・平成24年	6月30日	峰岸真澄、リクルート社長に就任	5月22日	東京スカイツリー開業
	10月	Indeed（米国）買収	12月16日	総選挙で自民党圧勝、26日第2次安倍晋三内閣、発足
2013・平成25年	2月8日	江副浩正、1月31日に東京駅で昏倒。駿河台の日大病院に搬送されるも、1週間の昏睡ののち死去。享年76	6月22日	エドワード・スノーデン、アメリカ政府がインターネットや電話の盗聴・監視を行っていることを告発
2014・平成26年	10月16日	リクルート東証一部上場	6月5日	欧州中央銀行がマイナス金利を導入
2021・令和3年	1月13日	出木場久征がリクルート社長に就任と発表（同年4月1日付）		

主要参考文献

『かもめが翔んだ日』(江副浩正、朝日新聞社)
『リクルートのDNA　起業家精神とは何か』(江副浩正、角川書店)
『リクルート事件・江副浩正の真実』(江副浩正、中央公論新社)
『取調べの「全面可視化」をめざして　リクルート事件元被告・弁護団の提言』(江副浩正他、中央公論新社)
『不動産は値下がりする！「見極める目」が求められる時代』(江副浩正、中央公論新社)
『江副浩正』(馬場マコト・土屋洋、日経BP社)
『亀倉雄策』(亀倉雄策、DNPグラフィックデザインアーカイブ)
『朱の記憶　亀倉雄策伝』(馬場マコト、日経BP社)
『心理学的経営　個をあるがままに生かす』(大沢武志、PHP研究所)
『経営者の条件』(大沢武志、岩波書店)
『スペシャリスト時代　サラリーマン生き残りの条件』(森村稔、実業之日本社)
『採用の実務』(土屋洋、日本経済新聞出版社)
『リクルートという奇跡』(藤原和博、文藝春秋)
『戦後日本経済史』(野口悠紀雄、新潮社)
『わが安売り哲学』(中内㓛、日本経済新聞社)
『現代の経営』(ピーター・ドラッカー、ダイヤモンド社)
『創造する経営者』(ピーター・ドラッカー、ダイヤモンド社)
『「経済人」の終わり』(ピーター・ドラッカー、ダイヤモンド社)

『私の鉄鋼昭和史』（稲山嘉寛、東洋経済新報社）
『勝負の分かれ目　メディアの生き残りに賭けた男たちの物語』（下山進、講談社）
『挑戦者』（渋沢和樹、日本経済新聞出版）
『追跡リクルート疑惑　スクープ取材に燃えた121日』（朝日新聞横浜支局、朝日新聞社）
『朝日新聞の「調査報道」　ジャーナリズムが追及した「政治家とカネ」』（山本博、小学館）
『リクルート残酷物語』（矢杉実、エール出版社）
『リクルートの深層』（大下英治、イースト・プレス）
『正義の罠　リクルート事件と自民党――20年目の真実』（田原総一朗、小学館）
『僕は君たちに武器を配りたい』（瀧本哲史、講談社）
『君に友だちはいらない』（瀧本哲史、講談社）
『財界総理側近録　土光敏夫、稲山嘉寛との七年間』（居林次雄、新潮社）
『NTTを創る　若い仲間のために』（真藤恒、東洋経済新報社）
『NTT改革』（宮津純一郎、NTT出版）
『ハード・シングス　答えがない難問と困難にきみはどう立ち向かうか』（ベン・ホロウィッツ、日経BP）
『Rの総括　リクルートの犯罪性と疑獄の再検証』（岡留安則編著、木馬書館）
『企業危機管理　実戦論』（田中辰巳、文藝春秋）
『全学連と全共闘』（伴野準一、平凡社）
『六〇年安保闘争の真実　あの闘争は何だったのか』（保阪正康、中央公論新社）
『走る意味　命を救うランニング』（金哲彦、講談社）
『かもめ名語録150　月刊かもめ通巻500号記念特別編集号』（リクルート）
『The Roots of JJ』（リクルート）
『月刊かもめ別冊リクルート創業25周年記念誌』（リクルート）
『原点探訪リクルート学　月刊かもめ別冊　リクルート創業三〇周年記念』（リクルート）

『新創業期へ向けて　10周年記念メッセージ集』（リクルート住宅情報事業部）
『カリスマ　中内㓛とダイエーの「戦後」』（佐野眞一、新潮社）
『メディアの興亡』（杉山隆男、文藝春秋）
『第三の波』（アルビン・トフラー、中央公論新社）
『あぶく銭師たちよ！　昭和虚人伝』（佐野眞一、筑摩書房）
『経営者　日本経済生き残りをかけた闘い』（永野健二、新潮社）
『経団連　落日の財界総本山』（安西巧、新潮社）
『情報ネットワークが会社を変える』（式場英、有斐閣）
『世界標準の経営理論』（入山章栄、ダイヤモンド社）
『グーグル秘録　完全なる破壊』（ケン・オーレッタ、文藝春秋）
『ゼロ・トゥ・ワン　君はゼロから何を生み出せるか』（ピーター・ティール、ブレイク・マスターズ、ＮＨＫ出版）
『マイ国家』（星新一、新潮社）
『ｉモード事件』（松永真理、角川書店）
『電通とリクルート』（山本直人、新潮社）
『リクルート疑惑の構造　虚業生む政財界の深層海流』（佐高信、社会思想社）
『リクルート・イズム　イノベーションを起こした25人の軌跡』（経済界特別編集部、経済界）

文中敬称略

【著者紹介】
大西康之（おおにし　やすゆき）
ジャーナリスト。1965年生まれ。愛知県出身。1988年早稲田大学法学部卒業、日本経済新聞社入社。欧州総局(ロンドン)、日本経済新聞編集委員、日経ビジネス編集委員などを経て2016年4月に独立。著書に『稲盛和夫　最後の闘い　JAL再生にかけた経営者人生』『ファースト・ペンギン　楽天・三木谷浩史の挑戦』(以上、日本経済新聞出版)、『三洋電機　井植敏の告白』『会社が消えた日　三洋電機10万人のそれから』(以上、日経BP)、『ロケット・ササキ　ジョブズが憧れた伝説のエンジニア・佐々木正』(新潮社)などがある。

起業の天才！
江副浩正　8兆円企業リクルートをつくった男

2021年 2月11日　第1刷発行
2021年11月12日　第8刷発行

著　者――大西康之
発行者――駒橋憲一
発行所――東洋経済新報社
〒103-8345　東京都中央区日本橋本石町 1-2-1
電話＝東洋経済コールセンター　03(6386)1040
https://toyokeizai.net/

装　丁…………秦　浩司
ＤＴＰ…………アイランドコレクション
印　刷…………東港出版印刷
製　本…………積信堂
編　集…………加藤企画編集事務所
校　正…………髙松完子
写真提供………江副　碧
編集担当………桑原哲也

ISBN 978-4-492-06216-6
